팀 플래너리 박사님과
엠마 플래너리 박사님이 들려주는

사라진 생물 이야기

팀 플래너리,
엠마 플래너리 글
모드 게슨 그림
천미나 옮김
박시룡 감수

# 멸종 생물 대탐험

### 글쓴이 팀 플래너리

오스트레일리아의 탐험가, 고생물학자, 포유류학자, 대중 과학 저술가이자 기후 위기 전문가입니다. 오스트레일리아박물관 전문 학예사로 일하면서 사람의 발길이 잘 닿지 않는 곳으로 탐험을 떠나 30종 넘는 새 포유류 종을 찾아내고 공룡 화석과 포유류 화석을 발견하기도 했습니다. 사우스오스트레일리아박물관 관장과 매쿼리대학교 교수 등을 역임했고, 오스트레일리아 기후 위원회를 이끌면서 기후 위기를 해결하기 위한 전문적 조언과 강연, 저술, 방송 출연 등 다양한 활동을 펼쳤습니다. 지은 책으로 《동물 세계 대탐험》, 《심해 동물 대탐험》, 《자연의 빈자리: 지난 5백 년간 지구에서 사라진 동물들》, 《경이로운 생명》, 《기후 창조자》, 《지구 온난화 이야기》 들이 있습니다.

### 글쓴이 엠마 플래너리

오스트레일리아의 탐험가, 과학자이자 작가입니다. 지구에 존재하는 진귀한 화석과 동식물을 찾아 세계 곳곳의 동굴과 숲과 바다를 탐험했습니다. 대학원에서 지질학, 화학, 고생물학 분야를 연구한 경험을 바탕으로 학술지와 어린이책, 박물관의 교육용 교재를 펴내기도 했습니다. 대학과 정부 기관, 박물관에서 근무했으며, 독립 큐레이터 서비스인 '뮤지오필리악(Museophilliac)'의 공동 설립자로서 시드니시와 오스트레일리아박물관을 위한 프로그램을 제작했습니다.

### 그린이 모드 게숑

프랑스의 일러스트레이터입니다. 브라사르예술대학에서 그래픽 디자인과 일러스트레이션을 공부한 뒤, 파리에서 일러스트레이터로 활동하기 시작했습니다. 지금은 자연과 풍차와 자전거로 둘러싸인 네덜란드의 호로닝언에 살면서 유머와 생기가 가득한 그림을 그리고 있습니다.

### 옮긴이 천미나

이화여자대학교 문헌정보학과를 졸업하고 지금은 어린이책 전문 번역가로 활동하고 있습니다. 그동안 옮긴 책으로는 《심해 동물 대탐험》, 《지구의 모든 지식》, 《나무가 되자》, 《도대체 학교는 누가 만든 거야?》, 《대중교통 타고 북적북적 도시 탐험》, 《명화 탐정 위조 그림의 비밀을 찾아라!》 들이 있습니다.

### 감수 박시룡

한국교원대학교 명예교수로, 황새생태연구원장을 지내며 오랫동안 황새 살리기에 힘써 왔습니다. 어린이와 어른을 위한 다양한 동물 관련 책의 집필과 감수와 번역을 맡았으며, 《박시룡 교수의 끝나지 않은 생명 이야기》, 《황새가 있는 풍경》에는 직접 그린 수채화가 실리기도 했습니다. KBS '동물의 왕국' 감수 교수로 활약하고 있습니다.

팀 플래너리 박사님과
엠마 플래너리 박사님이 들려주는

사라진 생물 이야기

# 멸종 생물 대탐험

팀 플래너리,
엠마 플래너리 글
모드 게슨 그림
천미나 옮김
박시룡 감수

별숲

일러두기
- 이 책의 생물명은 국립국어원 표준국어대사전과 두산백과의 표제어를 기준으로 표기하되, 정착되지 않은 이름은 통상적인 이름 짓기 방식에 따라 붙였습니다.
- 기존의 '난쟁이' 같은 비하어가 들어간 이름은 새로운 이름으로 바꾸었습니다.

## 중생대
### 72

## 신생대
### 140

## 낱말 사전
### 236

## 찾아보기
### 238

# 들어가며

자연계는 경이로운 일들로 가득하지만, 지구상에 존재했던 가장 크고, 가장 사납고, 가장 놀라운 생명체들은 이제는 모두 멸종되고 없어요. 우리는 아주 작은 시간의 조각 속에 살고 있고, 만약 지금껏 살았던 가장 놀라운 생명체들을 만나고 싶다면 그들이 살았던 수천 년 전으로 돌아가야만 해요. 실제로는 불가능하지만 상상으로는 가능하지요.

악어들 가운데 가장 큰 악어와 헤엄을 쳐 볼까요? 작은 비행기만 한 익룡들과 함께 하늘을 날 수도 있겠네요. 이런 일들은 우리가 과거로 여행을 떠났을 때 할 수 있는 모험 중 극히 일부일 뿐이에요.
화석은 한때 지구상에 살았던 놀라운 생명체들의 흔적이랍니다.

전갈과 지네의 친척인 최초의 육지 동물들이 바다에서 뭍으로 모습을 드러낸 순간, 여러분이 바닷가를 거닐고 있다고 상상해 보세요! 또는 그 최초의 개척자들이 나타나고 얼마 지나지 않아 육지를 지배한 나무들만큼이나 거대한 균류로 가득한 숲속을 걷는다면요? 아니면 지금껏 살았던

**화석화된 뼈나 껍데기를 들고 있으면 꼭 마법의 부적을 손에 쥔 기분이에요. 한때 이들이 살았던 잃어버린 세계를 상상하게 해 주거든요.**

화석은 나만의 타임머신을 타고서 이 생명체들이 살았던 과거로 여행을 떠나게 해 주지요. 화석을 발견한다는 것은 정말 놀라운 경험이에요. 화석은 여러 곳에서 발견되니까 누

구나 찾을 수 있어요. 어떤 지역은 유난히 화석이 많이 나오기도 해요! 만약 여러분이 화석을 파낸다면 그 화석의 최초 발견자가 되는 거예요. 그 생명체가 수천 수백만 년, 심지어 수억 년 전에 땅속에 묻힌 이래로 말이죠! 처음 성게 화석을 발견했을 때, 나는 신나서 심장이 쿵쿵 뛰었고 나의 상상력은 호기심으로 불타올랐어요.

나는 화석 유적지가 많은 오스트레일리아 멜버른에서 자랐어요. 대단한 행운아였던 셈이죠. 꼬마였을 때 동네 해변 바위에서 신기한 흔적을 발견했어요. 당시에는 화석인 줄은 모르고 그냥 바위에 새겨진 희한한 무늬라고만 생각했죠. 나중에서야 그곳이 500만 년 전에 멸종된 갑각류의 서식지였다는 사실을 알았어요. 조금 더 커서는 멜버른 도심에서 가까운 공원에 놀러 갔다가 바위에서 또 다른 흔적을 발견했어요. 꼭 작은 톱을 납작하게 눌러놓은 듯한 모양이었는데, 단단한 점판암에 나 있던 그 자국은 알고 보니 약 4억 년 전에 물 위를 떠다녔던 바다 생명체의 잔해였어요! 내 눈이 닿는 곳마다 화석이 있는 것만 같았지요! 사람들은 대부분 모르고 지나치지만, 화석 사냥꾼들이 잘하는 말로 '눈이 화석에 꽂혀서' 확인을 하지 않으면 도저히 그냥 지나가지 못했어요.

여덟 살 때는 일생일대의 발견을 했어요. 바닷가(내 심장을 뛰게 했던 바로 그 바닷가)에서 화석화된 성게를 발견해 멜버른의 빅토리아박물관으로 가져간 나는 하얀 가운을 입은 아저씨를 따라 화석을 모아 놓은 방으로 갔어요. 아저씨는 내가 찾은 화석이 로베니아 포르베시(*Lovenia forbesi*)라면서, 500만 년에서 1000만 년 전에 살았던 성게라고 했어요. 우리 집 근처 해변에 가면 비슷한 화석이 아주 많다고도 했지요. 절벽이 빙 둘러싸고 있어서 한 번도 가 본 적이 없는 해변이었어요. 그래서 빨리 가 보자고 엄마를 졸랐어요. 덕분에 나에겐 가방 몇 개를 가득 채울 정도로 많은 화석이 생겼답니다. 로베니아뿐만 아니라 화석화된 고래의 뼛조각들과 상어 이빨까지요. 나는 우연히 고대의 흥미로운 모습을 간직한 포트필립만을 만나 온전하게 화석화된 환경을 접하게 된 거예요.

그곳의 화석층은 대부분 수 미터 깊이의 바닷속에 있어요. 나는 화석을 찾고 싶은 마음이 너무 간절해서 스쿠버 다이빙을 배웠고, 틈만 나면 그곳으로 달려가 1000만 년 전으로 돌아간 사람처럼 포트필립만의 경이로운 세계를 탐험했어요!

**상상 속에서 멸종된 고래들과 거대 상어들과 헤엄을 치던 나는 놀라운 화석들을 발견했어요. 그중에는 길이가 1m나 되는 멸종된 고래의 턱뼈와 내 손바닥만 한 상어 이빨도 있었어요!**

나는 박물관의 단골손님이 되었어요. 퀴퀴한 냄새를 풍기는 낡은 진열장에 가득한 화석들의 이름표를 얼마나 읽었는지, 나중엔 거꾸로도 외울 수 있을 정도가 되었어요. 지역의 화석을 알아내는 데 도움이 되는 책이 많지는 않았지만, 찾아내기만 하면 몽땅 읽어 치웠어요.

얼마 지나지 않아 나는 정말 뜻밖의 장소에서도 화석이 발견될 수 있다는 것을 알았어요.

### 엄마를 따라 시내에 갔을 때 고층 건물을 올려다보다 건물 외벽의 석회암 속에서 화석화된 조개껍데기를 발견한 거예요.

심지어 건물의 사암 덩어리에서도 화석화된 나뭇조각들이 보였어요. 나는 점점 화석광이 되어 가고 있었어요. 마음속에서 화석화된 생물이 살았던 그때로 돌아가서 그 생물들이 어떻게 존재했고, 죽었으며, 또 묻혔는지 상상하기를 좋아했어요. 그런데 내가 상상을 즐기는 시간을 모두가 반긴 건 아니었어요. 학교에 가면 쓸데없는 공상을 한다며 혼나기 일쑤였지만 어쩔 수가 없었어요. 고대 화석들의 세계가 교실보다 훨씬 흥미로웠으니까요!

열네 살 때는 박물관의 화석 부서에서 자원봉사를 할 수 있다는 걸 알았어요. 그때부터 짬만 나면 화석들 틈에서 시간을 보냈어요. 자원봉사자가 되기란 어렵지 않았어요.

그런데 박물관 큐레이터들은 처음엔 지루한 일을 시켜서 자원봉사자들을 시험해 봐요. 군말 없이 주어진 일을 해내는 봉사자라야 진짜 고생물학 연구를 할 수 있게 교육할 만한 사람이라는 판단을 내리지요. 얼마 후, 나는 신성한 임무를 맡게 되었어요. 암석에서 화석을 파내는 일이었어요. 나는 산(酸)도 써 보고, 치과에서 이를 긁어 낼 때 쓰는 뾰족한 도구 등 다양한 도구를 사용했어요. 일을 제법 잘 해낸 덕분에 박물관의 척추동물 화석 큐레이터이자 나의 멘토인 톰 리치 박사님이 나를 화석 탐험대에 끼워 주었어요. 우리는 센트럴오스트레일리아의 소금 호수와 퀸즐랜드 외곽, 그리고 태즈메이니아에도 갔어요. 나는 눈썰미가 좋아서 화석을 곧잘 찾아냈어요. 나는 꿈꾸던 삶을 살고 있었어요!

민물 돌고래와 홍학, 숲에 사는
유대류의 화석을 발견했을 땐 사막이
광활한 민물 호수와 열대 우림이라는
풍요로운 땅으로 탈바꿈했어요.
물론 내 마음속에서요.

했는데, 그중에는 나와 함께 연구 논문을 발표했던 6000만 년 된 앵무조개도 있어요.

두 아이 모두 나를 따라 과학과 과학 커뮤니케이션 분야에서 일하고 있어서 아버지로서 얼마나 뿌듯한지 몰라요. 특히 이 책을 딸 엠마와 함께 쓸 수 있어서 참 보람되게 생각해요.

학교를 졸업하고 직업을 고를 시기가 되었을 때, 내가 정말로 하고 싶은 일은 유일하게 과학자였고, 그중에서도 고생물학자가 되고 싶었어요. 그런데 고생물학 분야는 일자리가 드물고 찾기도 어려워서 결국 포유동물학자가 되었어요. 하지만 지금까지도 나는 화석 발굴을 아주 좋아한답니다!

나는 우리 아이들이 어렸을 때부터 함께 화석을 찾으러 다녔어요. 첫째 아이와 둘째 아이는 정말 중요한 화석을 여럿 발견

화석 발굴에 관심이 있으면 미리부터 보는 눈을 길러야 해요. 먼저 화석이 발견되는 암석의 종류를 구분할 수 있어야 하죠. 화석은 화산암이나 화강암처럼 지각 깊숙한 곳에 있는 암석보다는 퇴적암에 많아요. 그다음에는 퇴적암에서 특이한 모양과 색깔과 형태를 찾아낼 수 있어야 해요. 약간의 연습이 필요하지만, 오래지 않아 여러분만의 화석을 발견하게 될 거예요. 일단 화석이라고 생각되면, 지역 도서관이나 박물관으로 가세요. 그곳에 가면 전문가에게 조언을 들을 수 있고, 그러다 보면 어느새 화석 사냥꾼의 길로 들어서게 될 거예요.

*Tim Flannery*

# 기본 개념

## 화석이란?

간단히 말하면 과거에 살았던 생명체의 잔해나 흔적이에요. 생명체가 화석이 되는 방법은 여러 가지예요. 화석은 땅속에서 발견되는데, 주로 암석에서 발견돼요. 그런데 오래되었다고 아무 돌에나 있는 건 아니고 흔히 퇴적암 속에서 발견되죠. 퇴적암은 모래, 진흙, 자갈과 같은 무수히 많은 작은 퇴적물 조각들로 이루어져 있어요. 퇴적물은 종종 바다나 호수, 또는 강 속의 흙 위로 가라앉아요. 시간이 흐르면서 가라앉은 퇴적물이 딱딱하게 굳어 암석이 되지요.

## 체화석

운이 좋으면, 고대 동물의 사체가 온전하게 간직된 체화석을 발견할 수도 있어요. 완전한 체화석의 예로는 '호박'이라는 광물 속에 보존된 곤충이나 꽁꽁 얼어붙은 털매머드(네, 실제로 있는 일이에요!)가 있어요. 체화석에는 피부와 내부 기관을 비롯해 부드러운 조직도 잘 보존되어 있어서 과학자들이 동물의 생김새를 잘 알 수 있어요.

동물의 뼈대나 껍데기로 만들어진 체화석도 있어요. 보통은 이처럼 생물체의 단단한 부분이 오랫동안 보존이 돼요.

화석은 몸 전체보다는 부분적인 조각만 남을 가능성이 훨씬 커요. 한 생명체가 어디에서 어떻게 죽었을지 생각해 보세요. 포식자에게 먹혔을 수도 있고, 사후 수백만 년이 흐르면서 사체가 분해되었을 수도 있어요. 죽어서 화석으로 발견될 때까지 동물의 잔해에는 많은 일이 일어날 수 있답니다.

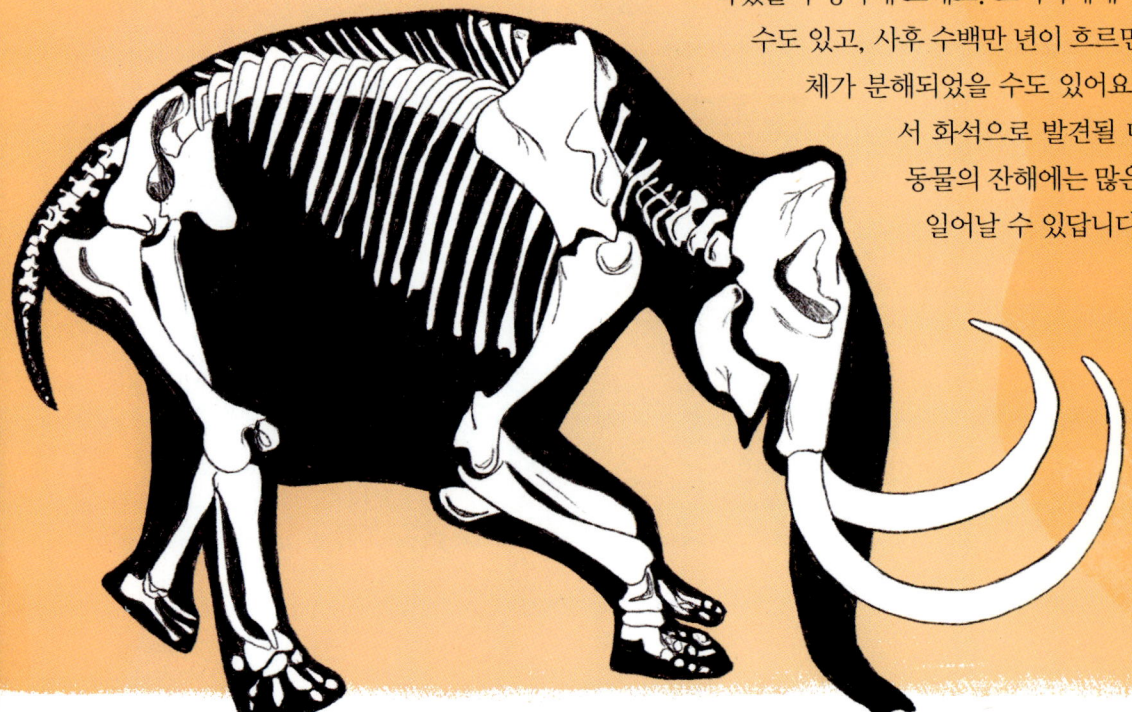

## 주형과 주물

혹시 뼈가 부러져서 팔이나 다리에 석고 붕대(깁스)를 한 적이 있나요? 부러진 뼈가 다 낫고 석고 붕대를 풀면 붕대 안쪽에는 팔 모양이 그대로 남아요. 석고 붕대 속에 팔의 주형(틀)이 생긴 셈이지요! 화석도 주형과 주물로 보존될 수가 있어요. 이런 식으로 화석화가 이루어지면 뼈나 껍데기 같은 본래 물질은 분해되어 없어진 지 오래예요. 남은 것은 생명체의 모양을 그대로 담은 틀이나 자국뿐이죠. 때때로 이 빈 틀 속에 모래나 진흙이 채워져요. 이로써 오래전에 사라진 생명체의 모양을 보여 주는 입체적인 주물이 만들어진답니다.

### 플래너리 박사님의 탐험 수첩

#### 신선한 물고기 화석

멜버른 인근의 쿤와라 유적지에는 1억 2000만 년 전 고대 호수에 형성된 퇴적물이 남아 있어요. 이곳은 화석이 풍부하고, 그중엔 아름답게 보존된 물고기 화석도 있어요. 이판암 조각을 쪼개서 화석을 찾는데, 몇 시간을 쪼개도 찾기가 힘들어요. 그러다 어느 순간, 더없이 아름다운 표본이 모습을 드러내요. 나는 정어리만 한 물고기 한 마리를 발견했는데, 은빛 배와 검은 등 그리고 눈, 턱, 지느러미까지 빠짐없이 보존되어 있었어요. 마치 일부러 판지 사이에 끼워서 납작하게 말린 정어리처럼요! 내가 그 암석을 쪼개기 전까지는 1억 2000만 년 동안 그 누구의 눈에도 띈 적이 없었고, 1억 2000만 년 전에 연못 바닥으로 떨어져 죽은 이래로 햇빛을 본 것도 그때가 처음이었을 거예요.

과학자들은 사체가 분해되고 없어도 주형 화석과 주물 화석을 연구함으로써 그 동물의 생김새를 알아낼 수 있어요.

똑똑해!

# 광충 작용

화석은 광충 작용(鑛充作用)으로도 만들어져요. 이렇게 만들어진 화석은 생명체의 몸이 죽었을 때와는 다른 물질로 바뀌어 있어요! 화석이 새로운 물질에 그 자리를 내주는 주형 역할을 하는 셈이에요.

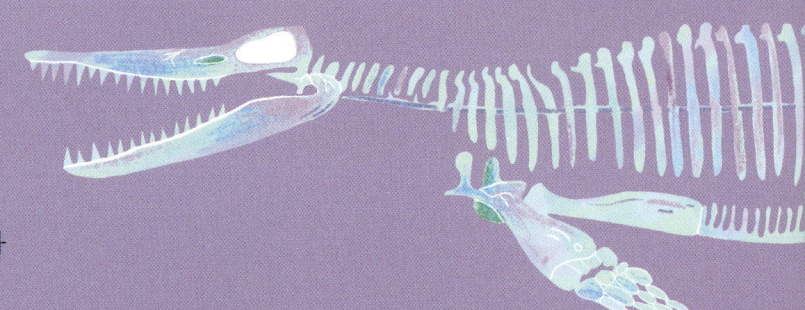

놀라운 예 중 하나가, 원석의 일종인 오팔로 대체된 1억 년 된 플리오사우루스(Pliosaurus)의 뼈대예요. 오팔은 아름다운 무지갯빛으로 반짝이는 광물인데, '실리카'라는 광물질로 이루어져 있어요. 물을 타고 땅속을 이동하던 실리카가 빈 곳으로 흘러들어 오팔이 만들어져요. 뼈 화석과 나무 화석을 포함해 화석에는 작은 구멍들이 많은데, 이러한 구멍 속에서 오팔이 생겨나요. 때때로 암석 깊숙이 파묻힌 화석은 완전히 썩으면서, 생물의 모양을 그대로 본뜬 구멍을 남기기도 해요. 오팔은 이와 같은 큰 구멍 속에서 만들어지기도 해요.

플리오사우루스는 바다의 포식자예요. 크기는 물범과 비슷한데, 사우스오스트레일리아의 우무나·쿠버 페디 오팔 광산에서 그 유해가 발견되었어요. 이 화석은 아주 유명해서 '에릭'이라는 이름까지 있어요. 시드니의 오스트레일리아박물관에 가면 볼 수 있어요. 에릭은 학생들이 모금 활동을 해서 박물관에 기부한 돈으로 구입한 화석이랍니다!

## ◆ 플래너리 박사님의 탐험 수첩 ◆

### 오팔화된 오리너구리

오스트레일리아박물관에서 큐레이터로 근무를 시작했을 무렵, 한 광부가 오팔이 가득 든 가방을 들고 박물관을 찾아왔어요. 오팔에 묻어 있던 흙을 벗겨 내니 오팔 조각들이 무지갯빛으로 반짝거렸어요. 동료 큐레이터가 광부가 탁자 위에 쏟아 놓은 오팔 가운데 특별히 중요한 오팔 하나를 알아보았어요. 바로 고대 오리너구리의 턱뼈였어요. 오팔화에는 긴 과정이 필요해요. 먼저 화석이 퇴적물 속에 묻혀야 하고, 그 화석이 지하수에 포함된 산에 부식되어 자연적인 주형을 남겨야 해요. 이 주형이 다시 지하수에 용해된 실리카로 대체되면서 오팔을 만들어 내지요.

그 턱뼈는 유리같이 맑은 데다 속은 보라색으로 반짝였는데, 얼마나 투명한지 이빨의 뿌리까지 다 보일 정도였어요. 아름다운 보석으로 손색이 없었지요! 박물관에서 오리너구리 턱뼈를 구입했고, 나와 동료들이 그 화석을 기술하게 되었어요. 우리는 그 화석에 '번개 같은 이빨'이라는 뜻의 스테로포돈(Steropodon)이라는 이름을 붙였어요. 1억 년 된 그 화석은 공룡 시대에서 왔으며, 뉴사우스웨일스주 라이트닝 리지의 오팔 매장 지대에서 발견되었어요. 오늘날의 오리너구리는 어른이 되어도 이빨이 없지만, 그 조상에게는 이빨이 있었다는 사실을 화석을 통해 알게 되었답니다.

# 흔적 화석

가끔은 생물체의 몸은 없고, 살아 있는 무언가가 살았었다는 흔적만 남기도 해요. 공룡 발자국, 달팽이가 지나간 흔적이나 굴을 떠올려 보세요! 이런 것들을 흔적 화석이라고 해요. 흔적 화석은 실제 생명체가 아닌, 오래전에 사라진 한 동물의 '행동'을 보존해요.

과학자들은 흔적 화석을 통해 하나의 생명체에 대해 많은 사실을 알아내요. 예를 들면, 발자국의 길이와 간격을 보고 이동 속도는 물론이고 몸 크기까지도 짐작할 수 있죠. 만약 발자국이 여러 개라면 사회적인 동물인지, 또는 단독 생활을 좋아하는 동물인지도 알아낼 수가 있어요.

때로는 하나의 장면이 흔적 화석으로 보존되기도 해요. 퀸즐랜드의 라크 채석장에서는 1억 년 전에 몰려다녔던 공룡들의 발자국이 발견되었어요. 이곳에서는 닭과 에뮤만 한 작은 공룡 180여 마리가 강에서 무서운 대형 육식 공룡들에게 공격을 받았어요. 당황한 작은 공룡들은 필사적으로 달아났지요! 이런 일이 있고 얼마 되지 않아 강물이 불어났어요. 공룡 발자국은 모래와 진흙으로 덮였고, 시간이 흐르면서 암석으로 바뀌어 공룡들이 떼 지어 달리던 광경이 수백만 년 동안 그대로 보존되었던 거예요.

## 고생물학자

화석을 연구하는 과학자를 고생물학자(palaeontologist)라고 해요. *Palaeo*는 그리스어로 '고대, 아주 오래된'이라는 뜻이에요.

# 분석

웩, 이게 똥이라니!

화석화의 마지막 유형은 근사하다고 하긴 곤란하지만, 중요하게 여겨지는 화석이에요. 다름 아닌 보존된 똥이랍니다! 화석화된 똥을 '분석(糞石)'이라고 하는데, 분석을 보면 그 동물이 어떤 먹이를 좋아했는지 알 수 있어요. 물론 똥 주인부터 알아내야겠지만요!

## 화석의 운명

지금까지 존재한 생명체 가운데 극소수만이 화석으로 보존이 돼요.

다른 동식물보다 보존이 더 잘되는 동물이나 식물도 있어요. 그건 그들이 살았던 시기와 몸을 이루는 성분 그리고 그들이 집이라고 부르는 환경에 따라 달라질 수 있어요. 무엇보다도 우리 인간이 수백만 년 뒤에 그 화석을 찾아낼 정도로 운이 좋아야겠지만요! 많은 선사 시대 동물들이 단 하나의 화석을 통해 우리에게 알려져요. 앞으로 신기하고도 멋진 미지의 생명체들이 얼마나 더 많이 세상에 모습을 드러내게 될까요? 여러분이 그 발굴의 주인공이 되어 줄래요?

## 끝없는 논쟁

고생물학자들은 과거에 대한 궁금증을 잘 해결해 주지만, 고생물학자들끼리 의견이 다른 경우도 매우 흔해요. 화석이 한 생명체에 대해 많은 사실을 알려 주긴 해도 전부를 말해 주는 건 아니니까요. 예를 들면, 화석화된 생명체의 색깔이나 행동 방식은 알아내기가 쉽지 않아요. 과학자들은 이용 가능한 정보를 가지고 경험에서 우러난 추측을 하는 경우가 많아요. 따라서 한 생명체에 대한 화석이 더 많이 발견될수록 그것이 어떤 종류의 동물이었으며 어떻게 살았는지를 더 잘 알 수 있답니다.

## 멸종이란?

한때 지구상에 살았던 생명체가 완전히 자취를 감추는 것을 멸종이라고 해요. 멸종은 수많은 이유로 일어날 수 있어요. 기후 변화, 소행성과의 충돌, 화산 폭발, 포식(다른 동물에게 먹이로 먹히는 일)이나 먹이 경쟁 등이 원인이 되기도 한답니다.

# 화석 탐정

고생물학자는 탐정과도 비슷해요. 뼛조각 한 개, 발자국 한 개도 화석이 될 수 있거든요. 그러니 화석의 주인을 알아내려면 얼마나 어렵겠어요? 고생물학자들은 새롭게 발견된 화석을 박물관에 있는 화석들과 비교하는 일에 오랜 시간을 쏟아요. 그런 과정을 거쳐야 과학계에 처음으로 등장한 생명체인지 알 수가 있어요. 화석 조각을 그와 밀접한 관계가 있는 오늘날의 동물들과 비교해서 오래전에 사라진 생명체의 생김새를 재구성하기도 하고요.

예를 들어 하늘을 나는 새 중에 가장 큰 새로 꼽히는 아르겐타비스 마그니피센스(Argentavis magnificens, 168~169쪽 참조)는 팔뼈 한 개만 발견되었어요. 그렇다면 어떻게 그 새의 크기를 알 수 있을까요? 아르겐타비스와 가까운 친척의 팔뼈와 비교를 해 보는 거예요. 만약 그 친척 새에게 전체적인 골격이 있다면, 아르겐타비스의 크기도 추정해 볼 수 있어요.

생명체에 대한 단서는 주변 환경에서 찾기도 해요. 화석 근처에서 발견된 식물과 꽃가루 화석을 통해 그 동물이 살았던 환경을 짐작해 보는 거예요. 이를테면 울창한 열대 우림인지, 아니면 건조한 초원 지대인지 말이죠. 화석이 발견된 암석을 통해서도 그 생명체가 어떤 식으로 살았는지 실마리를 얻을 수 있어요. 얕은 바다에서 나온 모래라면 해안 근처에 살았을 가능성이 크고, 고운 진흙이라면 심해 서식지를 선호하는 생물일 수 있어요. 수집된 정보가 많을수록 그 생물에 대해 더 많이 밝혀낼 수 있답니다!

과학자들은 실험실에서 특별한 장비로 화석을 연구하기도 해요. 기발한 도구들을 이용해서 동물의 먹이와 서식지를 알려 주는 과거의 화학적 특징을 밝혀내지요.

# 놀라운 발견

가끔은 완벽하게 보존된 화석군이 발견되기도 해요. 여린 몸의 부드러운 부분이나, 심지어 동물들이 모인 공동체를 마치 과거에 찍은 한 장의 사진처럼 볼 수 있어요. 아주 잘 보존된 화석 산지를 라거슈테트(Lagerstätte)라고 해요. 독일어로 '저장소'라는 뜻으로, 고대 생명체에 대한 놀라울 정도로 방대한 정보가 보존되어 있다고 해서 붙여진 이름이에요! 그중 한 곳이 독일의 메셀 피트(Messel Pit)인데, 4700만 년이나 된 동식물이 보존되어 있는 화석이 대단히 풍부한 유적지랍니다. 본래는 많은 동물이 갈증을 달래기 위해 찾던 호수였지만, 동물들은 이곳이 죽음의 덫이라는 사실을 몰랐어요. 호수 주변에 화산이 여러 개 있는데, 이 산들이 가끔 보이지 않는 유독 가스를 뿜어내 호수 위로 치명적인 공기층을 만들어 낸 거예요. 물을 마시러 왔던 동물들이 이 유독 가스를 마시고 죽었어요. 우리로서는 다행스럽게도, 호수 밑바닥은 죽은 동물들의 몸을 보존하기에 완벽한 조건을 갖추고 있었어요. 그동안 메셀 피트에서는 놀라운 생물들이 발견되었어요. 수천 마리의 물고기를 비롯해 수많은 개구리와 악어, 새, 포유동물, 식물, 심지어 개미까지요. 짝짓기하는 모습을 그대로 간직한 아홉 쌍의 거북 화석은 더더욱 진기한 발견으로 꼽힌답니다!

기본 개념

# 학명

여러분이 좋아하는 사자, 코뿔소, 캥거루, 상어, 나비와 같은 동물들의 이름은 친숙할 거예요. 그런데 이와 같은 일반명은 과거에 살았던 생명뿐만 아니라 현재를 사는 모든 생명을 기술하기에 아주 좋은 방법은 아니에요. 지구상에 존재하는 생명은 너무나 많거든요! 일반명은 세상에 하나밖에 없는 이름이 아닌 경우도 많고요. 예를 들어 까치는 우리가 잘 아는 새의 일반명이지만, 전 세계적으로 그 종류만 20종에 달해요. 그냥 까치라고만 부른다면 어떤 까치를 말하는 건지 알기 힘들겠죠?

따라서 과학자들은 학명으로 세상의 모든 동식물을 기록해요. 학명은 '속명'과 '종명'으로 이루어져 있어요. 예를 들어, 사자의 학명은 판테라 레오(*Panthera leo*)예요. 판테라는 속명이고 레오는 종명이에요. 속명은 대문자로 쓰고, 속명과 종명 모두 이탤릭체로 표기해요. 누구나 한눈에 학명이라는 것을 알아볼 수 있도록요. 학명은 생물 사이의 관계를 알려 주기 때문에 매우 유용해요. 만약 두 종의 속명이 서로 같다면 그 둘은 매우 가까운 친척이라는 뜻이에요. 예를 들어, 판테라 티그리스(*Panthera tigris*)는 호랑이의 학명이에요. 사자와 호랑이는 둘 다 속명이 판테라이므로 서로 가까운 친척이 분명하답니다!

과학계에 새롭게 알려진 동물이나 화석을 발견한 과학자에게는 학명을 붙일 수 있는 기회가 생겨요. 학명은 주로 라틴어나 그리스어를 쓰는데, 재미있는 뜻이 숨겨져 있는 경우도 많아요. 때로는 중요한 인물의 이름을 따서 붙이기도 하고요. 영국 찰스 왕세자의 이름을 딴 청개구리도 있답니다. 바로 힐로시르투스 프린세칼레시(*Hyloscirtus princecharlesi*)라는 개구리예요. 만약 여러분이 새로운 동물을 발견한다면 어떤 학명을 붙이고 싶은가요?

### 선캄브리아대

디킨소니아 렉스 (*Dickinsonia rex*)

45억 년 전

레인지오모프 (*Rangeomorphs*)

### 고생대

삼엽충

5억 4100만 년 전

틱타알릭 로제 (*Tiktaalik roseae*)

디메트로돈 그란디스 (*Dimetrodon grandis*)

2억 5200만 년 전

# 지질 연대

45억 년 전에 태어난 지구는 살면서 믿을 수 없을 만큼 많은 생명이 나타났다 사라지는 광경을 지켜보았어요. 시간을 기록하기 위해 하루를 24시간으로 나누듯이, 지구의 과거를 설명하기 위해서는 지질학적으로 시간을 구분해요. 시간의 척도는 수백만 년에 걸쳐 지구에 쌓인 암석층(그리고 암석에 포함된 화석들)을 기준으로 삼는데, 우리는 이를 지질 연대라고 불러요. 지질 연대는 4개의 누대로 나뉘어요. 지질학에서 누대는 상상하기 어려운 아주 긴 시간을 나타내요. 가장 오래된 시간순으로 명왕 누대, 시생 누대, 원생 누대, 현생 누대로 구분하고, 처음 3개의 누대를 합쳐서 선캄브리아대라고 해요. 선캄브리아대에 형성된 생명체들은 매우 작거나, 또는 몸이 좀 더 크고 부드러웠어요.

현생 누대는 현재 우리가 살고 있는 누대로, 지금으로부터 5억 4100만 년 전에 시작되었어요. 현생 누대에 이르러서야 새롭고 흥미진진한 형태의 동식물이 폭발적으로 등장했어요. 이 시기에는 워낙 많은 일이 벌어졌기 때문에 우리는 이를 다시 3개의 더 작은 시대로 나누어요. 고생대(고대의 생명), 중생대(고생대와 신생대 사이의 생명), 신생대(새로운 시대의 생명)로요. 이 책에서는 시기별로 신기하고도 멋진 생명체들을 보여 줄 거예요. 읽다가 어느 시기인지 궁금해지면 아래에 있는 지질 연대를 확인해 보세요.

## 지질학

지구는 여러 종류의 수많은 암석으로 이루어져 있어요. 이러한 암석을 연구하는 학문을 지질학이라고 불러요. 지질학은 가장 작은 광물에서부터 가장 큰 대륙에 이르기까지 지구의 물리적 역사를 탐구하는 과학의 한 분야랍니다. 지질학자들은 시간이 지남에 따라 지구의 모양과 구성 물질들이 어떻게 변화해 왔는지를 연구해요.

## 중생대
- 파라푸조시아 세펜라덴시스 (*Parapuzosia seppenradensis*)
- 크로노사우루스 (*Kronosaurus*)
- 티라노사우루스 렉스 (*Tyrannosaurus rex*)

## 신생대
- 스밀로돈 파탈리스 (*Smilodon fatalis*)
- 티타니스 왈레리 (*Titanis walleri*)
- 맘무투스 프리미게니우스 (*Mammuthus primigenius*)

6600만 년 전 | 현재

# 이 화석은 어떻게 여기까지 오게 되었을까?

우리 발밑의 땅은 그 느낌이 단단하지만, 지구의 땅은 활발하게 움직이고 있어요. 땅이 끊임없이 변화한다는 뜻이에요. 지구는 내핵, 외핵, 맨틀, 지각과 같은 여러 개의 층으로 이루어져 있어요. 지각은 맨틀의 가장 꼭대기로, 거대한 퍼즐과도 조금 닮았어요. 여러 개의 지각판으로 이루어져 있거든요. 이 지각판들은 천천히 움직이고 있으며 떨어져 나가기도 하고 서로 충돌하기도 해요. 산맥과 심해의 해구를 포함한

우리가 사는 세상 속 많은 자연 지형은 이러한 지각판이 움직여서 만들어진 산물이에요. 이러한 움직임 때문에 살아 있을 당시의 서식지와는 전혀 다른 환경에서 화석이 발견되는 일이 종종 생겨나요. 예를 들어 한 대륙 위에서 지각판 2개가 충돌하면 엄청난 힘을 받고 휘어지면서 수백만 년에 걸쳐 산맥이 형성될 수 있어요. 이 과정에서 얕은 바다에서 온 조개 화석은 높은 곳으로 밀어 올려지다가 결국 산꼭대기까지 이르게 된답니다!

기본 개념

산맥

대륙 지각    대륙 지각

암석권    암석권

암류권

### • 플래너리 박사님의 탐험 수첩 •

## 바닷속 산호에서 시골의 언덕까지

여덟아홉 살 때쯤 사촌인 존과 함께 삼촌을 따라 멜버른의 우리 집에서 차로 한 시간 거리인 릴리데일에 간 적이 있어요. 그곳에는 존과 내가 예전에 들어 본 석회암 채석장이 있는데, 화석을 찾으러 꼭 한 번 가 보고 싶었거든요. 채석장으로 바뀌기 전에는 깊이를 알 수 없는 동굴이 하나 있었다고 해서 지역 원주민들 사이에서는 유명한 곳이에요. 안타깝게도 채석장이 건설되면서 동굴은 파괴되고 말았지만요. 동굴이 한때 관통했던 석회암은 4억 년 이전에 살았던 고대 산호초로부터 형성되었어요. 우리는 화석화된 조개껍데기 몇 개를 발견해 박물관으로 가져갔어요. 그 조개 화석을 확인해 준 분의 말로는 고대 산호초가 깊은 바닷속에 있는 화산 꼭대기에서 자랐다고 해요. 멜버른은 활화산이나 산호초와는 거리가 먼 데다 유칼립투스로 뒤덮인 언덕이 옛날엔 열대 바다였다니 상상이 되질 않았어요. 화산 폭발로 화산 꼭대기에서 수 킬로미터 길이의 산호초가 통째로 떨어져 나갔고, 바다 깊은 곳으로 미끄러져 들어가 그곳에서 진흙에 뒤덮여서 화석이 된 것이랍니다.

*놀라워!*

## 종이란 무엇일까?

서로 종류가 다른 동물과 식물을 '종(species)'이라고 해요(16쪽 '학명' 참조). 같은 종끼리는 비슷한 특징이 있고, 상호 교배를 할 수 있어서 같은 종을 더 많이 만들어 내요. 아프리카코끼리나 자이언트팬더와 같은 종들은 여러분도 많이 들어 봤을 거예요. 알아차리긴 어렵지만, 시간이 흐르면 종도 변할 수 있어요. 한 종이 다른 종이 되기도 하고, 심지어 2개의 새로운 종으로 나뉘기도 하지요. 이것을 '종 분화'라고 해요. 종 분화는 환경의 변화로 일어나요. 날이 몹시 더워지거나 몹시 추워지면 말이죠. 섬이 생겨날 때처럼 한 집단이 나머지 동물들과 분리되면서 일어나기도 하고요.

종 분화는 같은 종이라도 모든 개체가 정확히 똑같은 건 아니기 때문에 일어나요. 여러분의 가족이나 친구들을 보세요. 키가 큰 사람, 키가 작은 사람, 머리숱이 많은 사람 등등 모두 조금씩 모습이 달라요. 같은 종이라도 개개인이 모양과 성질이 다를 수 있는데, 이를 '변이'라고 해요. 변이는 부모에게서 자손에게로 전해져요. 그래서 부모를 닮은 아이들이 많은 거예요!

# 간단히 말해서 진화란?

## 생명의 나무

진화라는 용어는 '진화하다'라는 단어에서 왔으며, 진화한다는 것은 시간이 지나면서 차차 변화한다는 뜻이에요. 진화는 지구상의 모든 생명체를 이해하는 열쇠와도 같아요. 복잡하지만 진화가 없다면 우리도 지금 여기에 있지 못했을 거예요! 지구는 지금까지 50억 종류가 넘는 식물과 동물의 집이었어요(50억을 숫자로 풀어 쓰면 5,000,000,000이에요! 이 숫자가 얼마나 큰지 생각해 보세요). 이 모든 동식물은 '생명의 나무'라는 특별한 표 속에서 서로 연결되어 있어요. 생명의 나무란 지구상의 모든 생명을 나타낸 그림이자, 거대한 가계도처럼 식물과 동물이 서로 어떠한 관련이 있는지를 보여 주는 표예요. 태초부터 현재까지 지구상에 나타났던 생명체는 대부분 멸종되고 없어요(219쪽 '멸종' 참조). 오늘날 지구상에 존재하는 동식물은 약 900만 개가 전부예요. 오늘날의 동식물뿐만 아니라 먼 과거의 동식물도 모두 서로 관련이 있어요(28~29쪽 '루카' 참조). 다시 말해, 우리 인간은 아주 작은 미생물에서부터 거대한 참나무에 이르기까지 오늘날 생명을 가진 모든 것들과 그 역사를 함께한다는 뜻이지요. 이 모든 동물과 식물이 어떻게 생겨난 걸까요? 그 답은 바로 진화에 있답니다.

# 자연 선택

하나의 동물이 가진 특징이나 행동의 변이는 '자연 선택'이라는 과정을 만들어 내요. 고대의 대초원에서 사냥 중인 검치호(스밀로돈)를 상상해 보세요. 검치호는 숨어 있다가 기습적으로 공격해 먹잇감을 잡는 잠복 포식자예요. 숨기도 잘하고, 거기에 무척 날카로운 이빨까지 있다면 그만큼 먹잇감을 잡는 운도 더 따르겠지요. 이러한 개체들은 살아남을 가능성이 더 크고, 자신의 특징을 자손들에게도 물려줄 거예요. 이것을 자연 선택이라고 해요. 여러분이 잘 아는 오늘날의 동물들이 먹잇감을 얼마나 잘 잡고, 또 포식자를 얼마나 잘 피하는지를 생각해 보세요. 이는 수백만 년에 걸친 자연 선택의 결과예요.

자연 선택은 외부 환경에 달려 있기도 해요. 환경이 바뀌면 생존에 도움이 되는 특징들도 따라서 바뀌어요. 빙하기에 갑작스럽게 추워진 지구를 상상해 보세요. 어쩌다 보니 조금 더 굵은 털이 난 동물들이 영하의 기온에서 살아남을 가능성이 아무래도 높았을 거예요. 이후에는 털이 더 굵은 새끼들을 갖게 될 테고, 그러다 보면 서서히 점점 굵은 털을 가진 새로운 종류의 동물이 나타날 수 있어요. 추운 환경에 딱 어울리는 동물들로는 털매머드(208~211쪽 참조)와 털코뿔소(196~197쪽 참조)가 있어요! 하나의 생물이 주어진 환경에 적합하도록 변해 가는 과정을 '적응'이라고도 해요.

대단해!

## 수렴 진화

때로는 서로 밀접한 관련이 없는 생물끼리 생김새가 비슷하게 변화하기도 해요. 이것을 '수렴 진화'라고 하는데, 비슷한 환경 조건에 적응하는 과정에서 생겨나요. 예를 들면 나비와 박쥐는 둘 다 날개가 있고 하늘에서의 생활에 적합하지만, 그렇다고 그 둘이 가까운 친척은 아니에요. 고생물학자들은 새로운 종을 기술할 때 수렴 진화에 주의해야 해요. 잘못하다가는 생명의 나무 어디에 두어야 할지 헷갈릴 수 있거든요!

기본 개념

# 새로운 종 기술하기

여러분이 덥고 습한 머나먼 정글을 걷는 과학자라고 상상해 보세요. 여러분은 지금 새로운 종, 즉 과학계에 아직 기록되지 않은 동물이나 식물을 찾고 있어요. 그리고 몇 날 며칠을 찾아다닌 끝에 대박을 터뜨렸지요. 처음 보는 개구리를 발견한 거예요! 이 작은 녀석은 새로운 종이 될 수 있을까요? 알아낼 방법은 단 하나, 직접 조사를 해 보는 거죠. 개구리에 관한 모든 책과 과학 논문을 읽어야 해요! 여러분보다 먼저 이 개구리를 발견한 사람이 있었을까요? 그렇지 않다면 그 개구리는 새로운 종일 가능성이 있어요. 이제 여러분은 세상 모두가 그 개구리의 존재를 알 수 있도록 논문을 써서 개구리의 특징을 기술해도 좋아요! 과학 논문에 이 새로운 생명체를 기술하려면 생명의 나무에서 위치를 결정하고, 또한 그 개구리와 가장 가까운 친척이 누구인지도 결정해야만 해요.

## 격리를 통한 새로운 종의 진화

식물이나 동물 집단이 고립되면 새롭고 흥미로운 종으로 진화할 수 있어요. 고립은 새로운 섬(섬은 화산 활동이나 해수면 상승과 같은 다양한 이유로 만들어져요)이 생겨나면서 일어나요. 이렇게 생겨난 섬에 사는 생물들은 본토의 친구들과 분리가 되고, 시간이 흐르면서 생김새와 행동이 변화해요. 만약 섬에 갇힌 포식자가 없다면 초식 동물들은 훨씬 마음이 편해지겠죠. 다른 신기한 일들도 일어날 수 있어요. 예를 들면 작은 동물들이 커지기도 하고, 큰 동물들이 작아지기도 해요! 화석이 된 신기한 섬 생물이 궁금하다면 호모 플로레시엔시스 (Homo floresiensis, 180~181쪽 참조)와 하체고프테릭스 탐베마(Hatzegopteryx thambema, 124~125쪽 참조)를 보세요.

섬에서는 먹이나 물을 찾기 어려운 경우가 많아서 생물들은 끼니를 해결하기 위한 혁신적인 방법을 알아내야만 해요. 그 좋은 예로 오늘날 갈라파고스 제도에 사는 바다이구아나가 있어요. 바다이구아나는 육지의 이구아나에서 진화했고, 본래 육지 이구아나는 육지 식물을 먹고 살았어요. 그런데 육지 식물이 많지 않은 섬에 고립이 되자, 바다이구아나의 조상들은 다른 먹을거리를 찾아야만 했지요. 바로 바다에 사는 해조류였어요! 바다이구아나는 해조류를 찾아 바다로 뛰어들면서 새로운 섬에 적응했어요. 그런데 해조류를 먹으면 문제가 생길 수 있어요. 해조류를 씹다 보면 어쩔 수 없이 염분을 아주 많이 삼키게 되는데, 염분이 지나치면 동물에게 해로워요. 따라서 바다이구아나는 혈액 속의 염분을 제거하려고 특별한 적응을 해요. 코에 분비샘을 진화시켜 재채기를 통해 몸에 쌓인 염분을 뿜어내는 거예요! 바다이구아나는 섬 환경에 매우 적합해요. 그들의 조상인 육지 이구아나와는 너무나 달라서 완전히 새로운 종이 되었답니다.

진화는 참 놀라워!

# 선캄브리아대:

## 지구상에 나타난 가장 초기의 생명

여러분의 나이를 세려면 손가락과 발가락만으로도 충분하겠지만, 여러분이 지구라면 발가락이 40억 개는 더 있어야 할 거예요! 우리의 지구는 여러분이 태어나기도 훨씬 전부터 흥미진진한 삶을 살았어요. 여러분도 어렸을 때의 모습과 지금의 모습이 똑같지 않듯이, 지구도 항상 우리가 아는 그 모습은 아니었어요. 변화하는 기후에서 움직이는 대륙에 이르기까지, 수없이 다양한 모습들이 존재했지요. 지구는 오랜 세월에 걸쳐 끝없이 이어지는 경이로운 생명의 컨베이어 벨트를 목격해 왔어요. 지금껏 지구상에 존재했던 모든 동식물 가운데 99% 이상이 멸종되었어요. 그렇다면 오래전에 사라지고 없는 생명을 우리는 어떻게 알 수 있을까요? 한때 지구상에 살았던 생명체들이 남긴 잔해나 흔적이 그대로 보존된 화석 속에 그 답이 있답니다.

선캄브리아대 초기, 탄생 이후 첫 10억 년 동안 우리의 지구는 생명이 살 수 없는 곳이었어요. 엄청나게 뜨거운 데다 화산들로 가득했거든요. 뜨거웠던 지구가 식고 세상이 평온해지고 나서야 생명이 시작될 수 있었어요. 지구상에 생명이 살기 시작한 때는 40억 년 전으로 여겨지지만, 생명에 대한 최초의 화석 증거는 약 35억 년 전으로 거슬러 올라가요. 당시의 지구는 오늘날 우리가 아는 지구와는 매우 달랐어요. 지구 전체가 바다로 둘러싸여 있었고, 지구상의 최초의 생명체는 이 바다에서 살았어요.

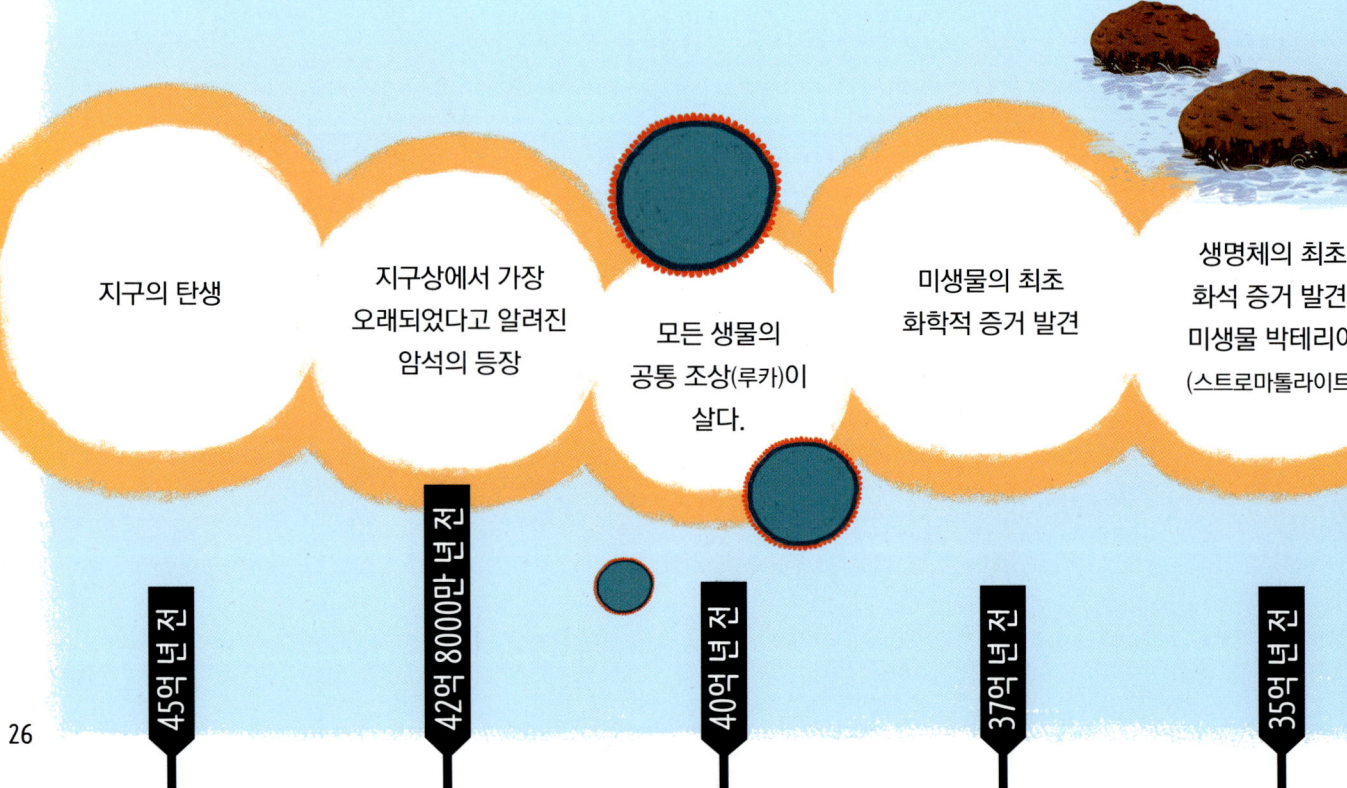

지구의 탄생

지구상에서 가장 오래되었다고 알려진 암석의 등장

모든 생물의 공통 조상(루카)이 살다.

미생물의 최초 화학적 증거 발견

생명체의 최초 화석 증거 발견: 미생물 박테리아 (스트로마톨라이트)

45억 년 전

42억 8000만 년 전

40억 년 전

37억 년 전

35억 년 전

우리 몸은 단세포 수백만 개가 합쳐져서 이루어진다는 사실을 알고 있나요? 세포는 혈액 세포, 피부 세포, 뇌세포 등등 그 종류가 매우 다양해요. 세포는 너무 작아서 맨눈으로는 볼 수가 없어요. 세포는 블록 쌓기와도 같아서 인간의 몸은 30조 개가 넘는 서로 다른 세포로 구성되어 있어요. 상상하기 어려울 정도로 많은 수예요. 그런데 최초의 생명체는 단 하나의 세포로만 이루어져 있었어요! 육안으로는 볼 수 없는 이 작은 단세포 생물들이 수십억 년이나 지구를 지배했던 거예요. '루카(LUCA, 28~29쪽 참조)'라고 불리는 우리와 먼 친척뻘인 단세포 생물도 있었어요. 다른 단세포 생물들은 '스트로마톨라이트(stromatolite)'라고 불리는 큰 돌 더미 속에 함께 살았는데, 놀랍게도 이들은 오늘날까지도 발견되고 있답니다.

하나 이상의 세포로 이루어진 보다 큰 생물들은 선캄브리아대 말에 나타났어요. 현재의 생명체와 비교하면 우리가 보기엔 외계인이나 마찬가지지만요! 하나같이 흐물흐물한 몸에 모양도 이상했거든요. 레인지오모프(rangeomorph, 33쪽 참조)처럼 한자리에 붙어 있는 것들도 있지만, 디킨소니아 렉스(Dickinsonia rex, 34~35쪽 참조)처럼 해저를 따라 천천히 움직이는 생물들도 있었어요. 이들은 동물일까요, 식물일까요? 아니면 동물과 식물 사이의 희한한 무엇일까요? 선캄브리아대가 끝나 갈 무렵, 이 이상한 동물들은 모두 멸종했고, 현대에는 그 친척이 하나도 남아 있지 않은 것으로 여겨지기도 해요. 다행스럽게도 가장 초기의 이 생명들은 화석으로 보존이 되어 있어요. 과거의 어느 한 순간을 포착해 낸 사진 한 장을 찾아낸 셈이랄까요!

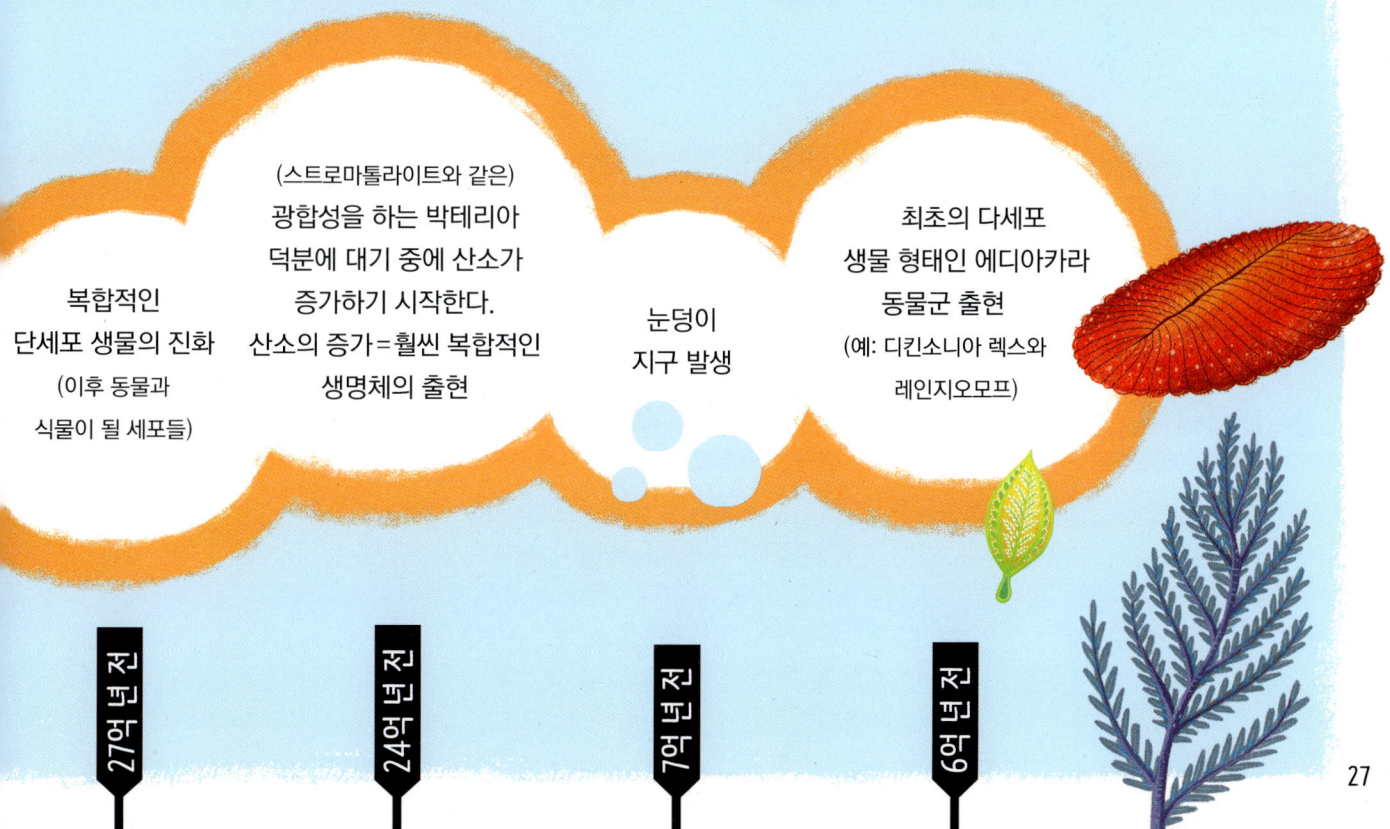

복합적인 단세포 생물의 진화
(이후 동물과 식물이 될 세포들)

(스트로마톨라이트와 같은) 광합성을 하는 박테리아 덕분에 대기 중에 산소가 증가하기 시작한다. 산소의 증가 = 훨씬 복합적인 생명체의 출현

눈덩이 지구 발생

최초의 다세포 생물 형태인 에디아카라 동물군 출현
(예: 디킨소니아 렉스와 레인지오모프)

27억 년 전 | 24억 년 전 | 7억 년 전 | 6억 년 전

# 모든 생물의 공통 조상, 루카

## 안녕, 우리의 친척!

여러분에게 가장 친숙한 조상은 조부모님일 테고, 당연히 형제자매나 사촌들과도 조상이 같을 거예요. 그런데 세대에서 세대로 계속해서 시간을 거슬러 올라가다 보면, 모든 인간에게는 하나의 공통된 조상이 있어요. 마치 증조-고조-현조-방조(…) 할머니처럼요. 맞아요, 여러분과 여러분의 친구, 여러분과 길 건너 이웃, 여러분과 여러분이 좋아하는 영화배우, 모두 다 하나의 공통된 친척이 있답니다!

우리는 다른 인간들뿐만 아니라 포유동물, 도마뱀, 새…, 심지어 식물과 미생물 같은 단세포 생물과도 그 조상이 같아요. 사실, 지구상의 모든 생물에겐 하나의 공통된 조상이 있어요. 그런데 그 조상은 하나의 식물이나 동물은 아니에요. 그것은 모든 생물의 공통 조상(Last Universal Common Ancestor), 줄여서 루카(LUCA)라고 불리는 아주 특별한 미생물이랍니다.

동물, 식물, 균류

박테리아

고세균류

단순 세포

## 옛날 옛날, 아주 **먼** 옛날에

많고 많은 세대를 거슬러 올라 옛날 옛적으로 떠나면 루카를 만날 수 있을까요? 아마도 그럴 거예요. 루카는 여러분이 태어나기 40억 년 전까지 살았거든요.

## 유전자를 공유한다고?

우리는 주변 사람들과 유전자를 공유해요! 지구 반대편에 사는 사람들까지도 모든 인간은 유전자를 공유해요. 물론 어머니나 형제자매처럼 생물학적으로 관련이 있는 사람들과는 유전자를 공유하는 비율이 더 높겠지요. 일란성 쌍둥이는 정확히 똑같은 유전자를 가지고 있어요. 쌍둥이가 똑같아 보이는 게 바로 그 때문이랍니다!

# 극한을 사랑하는 루카

루카는 우리와는 전혀 달랐어요. 루카는 숨을 쉴 수도 없고, 햇빛을 볼 수도 없는 곳에 살았어요. 루카는 극한성 생물, 다시 말해 극한 환경을 사랑하는 생물이었을 거예요! 루카는 열수 분출공에 있을 때가 가장 편했어요. 열수 분출공은 해저의 매우 뜨거운 암석을 뚫고 바닷물이 뿜어져 나오는 구멍을 말해요. 우리 생각으로는 아늑함과는 거리가 먼 환경이지요! 루카의 집은 광물이 풍부한 심해였어요. 광물은 바닷물 속에 용해되어 있는데, 열수 분출공 근처는 그 농도가 훨씬 높았어요. 루카는 이러한 광물과 화학 물질을 이용해 스스로 에너지를 만들었을 거예요. 오늘날 대부분의 생물들과는 달리 우리의 먼 친척은 생존을 위해 태양이 필요하지 않았어요.

## 미생물이란?

미생물이라는 단어는 '마이크로(micro)'에서 왔으며, 여기에는 '아주아주 작다'라는 뜻이 담겨 있어요! 박테리아와 같은 오늘날의 미생물은 우리 주변 어디에서나 발견되고, 심지어 우리 몸속에도 있어요. 인간의 몸에 질병을 일으키는 미생물도 있지만, 배 속에 살면서 소화를 도와주는 미생물도 있지요! 다른 미생물들은 심해, 정원의 흙, 심지어 높은 하늘에도 살아요. 지구상에 나타난 최초의 생명체와 마찬가지로, 오늘날의 미생물들은 하나의 세포로 이루어져 있어요. 미생물들은 크기가 너무 작아서 현미경으로만 볼 수 있지요. 미생물을 이루는 세포는 동물과 식물을 구성하는 세포보다 더 단순해요.

## 우리는 어떻게 루카에 대해 알 수 있을까?

루카는 화석도, 그 어떤 물리적인 증거도 발견되지 않아요. 그렇다면 우리는 어떻게 루카에 대해 알 수 있을까요? 그 답은 우리의 유전자에 있어요. 27쪽에서도 말했지만, 우리 몸은 혈액 세포, 피부 세포, 뇌세포를 포함해 작고도 전문화된 수많은 세포로 구성되어 있어요. 유전자는 이보다 훨씬 더 작은데, 우리 몸속의 모든 세포에는 다 합해 약 2만 5000개의 유전자가 있어요. 유전자가 너무 작아서 과학자들은 실험실에서 전문 장비로 연구를 해요. 유전자는 매우 중요해요. 유전자에는 머리카락 색깔에서부터 혈액형, 심지어 성격에 이르기까지 우리 몸을 만드는 데 필요한 모든 명령이 포함되어 있거든요. 우리 삶의 요리책이라고 할까요!

루카에 대해 더 많은 정보를 알아내기 위해 과학자들은 지구상의 모든 생명체가 공유하는 유전자를 찾아보았고, 루카의 것으로 생각되는 공유 유전자 30개를 찾아냈어요. 과학자들은 더욱 복잡한 방법을 써서 루카가 어떻게 살았는지 알 수 있는 '고대 유전자'를 약 350개 더 발견해 냈답니다.

# 지구상에서 가장 오래된 화석

### 스트로마톨라이트

**플래너리 박사님의 탐험 수첩**

나는 참 행운아예요. 지구상에서 가장 오래된 생물로 꼽히는 스트로마톨라이트와 헤엄을 쳤거든요! 스트로마톨라이트는 웨스턴오스트레일리아주 샤크만의 아주 짜고도 뜨거운 물속에서 자라요. 그곳의 환경은 너무 극단적이라 다른 생물들은 살아남기가 어려워요. 버섯처럼 생긴 검은 스트로마톨라이트 사이에서 헤엄을 치니 마치 뜨거운 짠물을 채운 욕조에서 헤엄치는 기분이었어요. 스트로마톨라이트 옆을 둥둥 떠다니면서 태초에 생명을 낳는 웅덩이 속에 있다는 상상을 해 보았어요. 조금 있으니 너무 뜨거워서 가까운 농가를 찾아 뜨거운 짠물을 씻어 내야 했지만요.

루카가 우리의 가장 오래된 친척이라면, 지구상에서 가장 오래된 화석은 무엇일까요? 바로 스트로마톨라이트(stromatolite)예요. 그중엔 35억 년 가까이 된 것도 있으며, 웨스턴오스트레일리아주 필바라에 가면 볼 수 있어요. 꼭 무덤처럼 생겼는데 우리가 아는 그 어떤 동물이나 식물과도 달라요. 동물도 식물도 아닌, 박테리아가 모여서 만들어진 생물이거든요! 박테리아 중에서 우리를 아프게 만드는 박테리아는 1%도 안 돼요. 대부분은 세계 어디에나 존재하는 무해한 작은 생명체들이지요. 스트로마톨라이트는 얕은 물에서 군집 생활을 하며, 층을 이루어 햇빛을 향해 자라요. 이 층들은 박테리아를 비롯해 주변 퇴적물과 광물로 이루어져 있고, 커다란 돔 형태로 성장해요. 지구에서 가장 오래된 화석이 바로 스트로마톨라이트 돔이랍니다.

# 산소를 줘서 고마워

이 책을 읽는 동안 잠시 우리가 쉬는 숨에 관심을 기울여 보세요.

폐에 공기를 가득 채우고, 숨을 들이마시고 내쉬면 기분이 좋지 않나요? 그런데 지구의 공기가 항상 숨쉬기에 좋은 것은 아니었다는 사실을 알고 있나요? 믿거나 말거나, 오늘날의 공기를 우리가 숨 쉴 수 있는 공기로 만들어 준 건 고대 **스트로마톨라이트**랍니다! 스트로마톨라이트를 구성하는 박테리아는 태양에서 에너지를 얻고, 그 과정에서 산소를 만들어 내요. 산소는 우리를 비롯해 수많은 신기하고 멋진 생명체들의 생존에 없어서는 안 되는 존재예요! 약 35억 년 전, 지구의 표면을 뒤덮은 스트로마톨라이트는 대기 중에 산소를 만드느라 바빴답니다.

고마워, 작은 친구!

## 살아 있는 화석

오늘날에도 **스트로마톨라이트**가 살고 있다는 건 참 놀라운 일이에요. 이러한 생물을 '살아 있는 화석'이라고 해요! 이들은 바하마 말고도 웨스턴오스트레일리아주 샤크만에 가도 볼 수 있어요. 고대 스트로마톨라이트와 오늘날의 친척들 사이에는 조금 차이가 있어요. 오늘날의 스트로마톨라이트는 바다의 염도가 매우 높은 아주 극한 환경에서만 발견이 돼요. 이러한 고염도 환경에서 살 수 있는 동물은 거의 없어서 씹어 먹힐 걱정 없이 자유롭게 자랄 수 있거든요. 반면 선캄브리아대에는 굶주린 포식자가 없었기에 오늘날과는 달리 어디에서나 자랄 수가 있었지요!

# 동물들이 커졌네

스트로마톨라이트(30~31쪽 참조)와 같은 아주 작은 단세포 생물들은 지구를 영원히 지배하지 못했어요. 약 6억 3500만 년 전, 지구 역사상 최초로 동물들이 커졌어요! 이 최초의 큰 생명체들은 에디아카라 동물군으로 알려져 있는데, 참 헷갈리는 녀석들이죠. 오늘날의 해파리, 벌레, 산호초, 심지어 식물과 비슷하게 생긴 것들도 있었어요. 하지만 이들은 그중 어느 것도 아니었을 거예요. 이렇게 오래된 화석만 보고 생물을 분류한다는 건 쉬운 일이 아니에요. 다만 한 가지 공통점은 바다에 살았고 부드러운 몸체를 지녔다는 거죠. 뼈대나 껍데기는 보이지 않았어요. 만약 타임머신을 타고 가서 하나를 집어 든다면 아마도 물컹물컹한 느낌이 들 거예요. 이 중에는 돌아다닐 수 있는 녀석들도 있었어요.

6억 년은 화석이 온전하게 보존되기에는 긴 시간이에요. 이 시기의 생물들이 연구 가능한 화석으로 보존된 지역은 전 세계에 30여 곳뿐이에요. 에디아카라 동물군은 얕은 바다와 깊은 바다 모두에서 살았답니다.

## 재미있는 사실

1946년, 레지널드 스프리그(Reginald Sprigg)라는 호기심 많은 지질학자가 몸체가 부드럽고 생김새가 특이한 이 생물들을 우연히 발견했어요. 생명체 군락이 통째로 화석이 되어 있었지요. 5억 5000만 년 전에 해저에서 한순간에 보존이 된 거예요. 이 화석 군락은 사우스오스트레일리아주의 에디아카라 언덕에서 발견되었어요. 스프리그의 발견으로 몸체가 부드러운 생물도 화석이 될 수 있다는 사실이 증명되었답니다!

## 정확히 그게 뭔데?

80여 년 전에 발견된 이후, 이 정체불명의 생물을 생명의 나무 어디에 두어야 할지를 두고 많은 논쟁이 있었어요. 어떤 과학자들은 이 생물의 생김새가 너무 희한하고 생소해서 식물도 동물도 아니라고 생각해요. 또 다른 과학자들은 소화관이나 움직임의 흔적, 또는 분절된 몸을 증거로 현대 동물들과의 유사성을 지적하죠. 식물처럼 생긴 것들도 있지만, 식물은 아니에요. 식물은 살기 위해 햇빛이 필요한데 많은 에디아카라 동물군은 빛이 닿을 수 없을 만큼 깊은 바다에 살았다는 사실을 알아냈거든요.

기술이 발전하면서 이 수수께끼를 푸는 데 도움이 될 만한 실험을 할 수 있게 되었어요. 최근에 에디아카라 동물군을 연구한 과학자들은 특별한 장비를 이용해 수백만 년이 지나도 남아 있는 아주 작은 화학적 특성을 찾아내는 실험을 했어요. 그 결과, 이 화석들에서는 '콜레스테롤'이라고 불리는 아주 작은 물질이 보존되어 있다는 사실을 알아냈어요. 콜레스테롤은 오직 동물의 몸속에서만 만들어지기 때문에 과학자들은 이들이 식물이 아닌 동물이라는 결론을 내렸어요! 에디아카라 동물군은 최초의 화석 동물 중 하나로, 우리의 기원을 이해하는 데 중요하답니다.

# 수수께끼 생명체

**레인지오모프**

5억 7000만 년 전 무렵 처음 출현한 이래로 이 수수께끼 생명체는 3000만 년이 넘는 동안 지구 곳곳에서 발견되었어요. 해저에서 튀어나온 고사리의 엽상체*처럼 생겼으며, 몇 센티미터 되는 것부터 2m 가까이 되는 것까지 그 길이도 다양해요. 그런데 이들은 식물이 아니라 사실상 동물로 여겨져요. 한자리에 고정되어 있고, 바닷물 속에서 높이 자랐으며, 몸이 길어서 산소를 모으는 데 유리했을 거예요. 입이나 내장이 없기 때문에 물이 직접 몸속으로 들어와 산소만 흡수하고 물은 밖으로 내보내는 방식이에요. 이들의 몸은 이른바 프랙털 구조였어요. 프랙털 구조란 작은 구조가 전체 구조와 비슷한 형태로 끝없이 되풀이되는 구조를 말해요. 즉, 생물체의 가지는 크기만 차이가 있지 무늬는 반복되지요. 레인지오모프(rangeomorph)의 가장 큰 일족과 가장 작은 일족이 크기만 다를 뿐 무늬는 정확히 똑같다는 뜻이지요.

*엽상체: 줄기와 잎의 분화가 나타나지 않은 식물의 구조.

## 가장 오래된 소셜 네트워크

종이컵 2개를 실로 이어 만든 실 전화기에 대고 말을 해 본 적 있나요? **레인지오모프**도 실로 의사소통을 한 것으로 보여요! 고사리처럼 생긴 이 생물은 아주 똑똑한 무리로 보이지는 않지만, 세계 최초의 소셜 네트워크를 개발해 냈어요. 2020년에 과학자들은 해저에서 레인지오모프의 몸과 몸을 이어 주는 가느다란 실 화석을 발견했어요. 긴 것은 4m에 달했는데, 여러 종류의 많은 레인지오모프를 연결하고 있었어요. 이 실들이 어떤 용도로 사용되었는지는 정확하게 알 수 없지만, 과학자들은 몇 가지 이론을 제시하고 있어요. 해류 속에서 몸을 안정적으로 유지하는 데 쓰였거나, 서로 의사소통을 하는 데 도움이 되었을 수도 있고, 어쩌면 먹이를 나누는 데 사용되었을 수도 있어요. 번식을 목적으로 사용되었다고 생각하는 과학자들도 있답니다!

특이한 녀석인데?

선캄브리아대 • 레인지오모프

# 발 조심해!

**디킨소니아 렉스**

고대의 생물로, 크기가 다양해요. 납작한 타원형에 중심부에서 뻗은 갈비뼈 같은 홈이 몸통 전체에 있어요. 잘못 보면 땅바닥에 달라붙은 껌 조각이나 재미있게 생긴 발 매트로 여기고 지나칠 수도 있어요! 한때는 거대한 단세포이거나, 심지어 지의류(바위 등에 붙어서 천천히 자라는 단단한 식물)로 분류되기도 했지만, 지금은 동물로 여겨지고 있어요.

가장 작은 것은 길이가 1mm, 가장 큰 것(디킨소니아 렉스)은 1.4m까지도 자랐어요.

**눈덩이 지구**

상상하기는 어렵지만, 지구 역사상 한 시점에 지구 전체가 차가운 얼음과 슬러시 형태의 바다로 뒤덮여 있었다고 생각하는 과학자들도 있어요. 이 시기를 '눈덩이 지구'라고 부르는데, 지구가 거대한 눈덩이처럼 생겼다고 여겨지기 때문이에요. 지구가 이 얼음 담요에서 해빙이 되기 시작한 뒤에야 비로소 생명체들이 커졌고, **디킨소니아 렉스**(*Dickinsonia rex*)와 **레인지오모프** 같은 동물이 진화할 수 있었어요.

추워라!

어서 오세요

# 냠냠 냠냠
## 내 배 속의 미생물

고대 해저의 일부 지역은 거대한 미생물 덩어리로 이루어져 있었어요. 미생물은 현미경으로만 볼 수 있는 아주 작은 생물이에요. 미생물이 무슨 맛이 있을까 싶지만, 5억 6000만 년 전에는 맛있는 음식이었어요. 미생물은 오늘날 우리 주변 어디에나 존재하고, 우리가 종종 먹기도 한다는 사실을 알면 깜짝 놀랄걸요! 요구르트, 치즈, 피클과 같은 여러 가지 맛있는 음식물 속에도 미생물이 들었으니까요. **디킨소니아 렉스**는 이 미생물 양탄자를 빨아들인 것으로 여겨져요. 이들은 먹이를 먹으면서 이동했는데, 해저에 몸을 움직인 흔적이 남아 있어요.

> 이렇게 보존된 흔적들을 '흔적 화석'이라고 불러요.

### ● 플래너리 박사님의 탐험 수첩 ●

#### 화석으로 길을 닦다

사우스오스트레일리아주의 이카라플린더스산맥 국립 공원에는 6억 년 전 무렵에 살았던 부드러운 몸체를 지닌 생명체들의 화석군이 보존되어 있어요. 사암 속에 그 자국들이 남아 있는데, ABC 레인지라는 야트막하게 이어진 산등성이에서 많이 볼 수 있어요. 나는 그곳에서 자원봉사자 팀에 들어가 화석을 찾으러 다닌 적이 있어요. 암석은 책의 낱장처럼 얇은 층을 형성하는데, 오래전에 멸종된 유기체의 흔적이 남아 있기를 희망하며 흙을 파내고 그 얇은 층들을 비틀어 떼어 내요. 자원봉사자들이 온종일 화석을 찾았지만 거의 성과가 없었어요. 그런데 하룻밤을 묵어가려고 찾아간 농가에서 베란다 아래 길바닥이 화석으로 가득하다는 걸 알았어요! 농부가 납작한 돌들이 예쁘다고 생각하고는 많이 가져다 헛간과 집 주변의 바닥을 포장하는 데 썼던 거예요!

선캄브리아대
●
디킨소니아 렉스

# 과학자 이야기

## 고생물학자를 놀려 준다고?

운동장에서 뛰노는 아이들만 서로 장난을 치는 건 아니에요. 어른들도 그래요. 심지어는 교수들도요! 화석 세계에서 가장 초기의 일화 중 하나를 소개할게요. 1725년으로 거슬러 올라가는 이 사건은 독일 뷔르츠부르크대학교의 요한 베링거(Johann Beringer) 교수에게서 비롯되었어요. 베링거 교수는 주변 산들로 화석을 찾으러 다니기를 좋아했는데, 귀한 보물들을 썩 잘 찾아냈어요. 그러던 중 한번은 아주 신기한 돌을 발견했어요. 개구리, 도마뱀, 심지어 거미줄을 친 거미와 같은 재미있는 동물들이 새겨진 돌이었지요. 정말 신기하게도 별과 달과 낱말이 새겨진 돌도 있었어요. 별이나 낱말이 새겨진 화석이라니요? 주변의 의심에도 불구하고 베링거 교수는 그것들이 화석이라고 주장했어요. 너무나 확신한 나머지 논문까지 발표했지요. 베링거 교수는 돌에 새겨진 낱말을 무엇이라고 설명했을까요? 그는 그것이 신의 손으로 쓴 낱말이라고 했어요!

안타깝게도 그것들은 화석이 아니라 그림을 새겨 넣은 오래된 돌일 뿐이었어요. 베링거 교수는 이 일이 자신을 놀려 주기 위한 교활한 동료들의 짓일 줄은 꿈에도 생각하지 못했어요. 베링거 교수는 큰 창피를 당했지요. 그 뒤 몇 년 동안 많은 이들이 교수의 '연구'를 비웃었어요. 이 돌 중 일부는 오늘날에도 존재하며, 당연히 '가짜 화석'으로 알려져 있답니다.

## 말도 안 되는 이론

1912년, 영국 런던 자연사박물관에서 근무했던 랜돌프 커크패트릭(Randolph Kirkpatrick)이 화폐석(Nummulite)에 대한 책을 썼어요. 커크패트릭은 지구상의 모든 암석, 심지어 화산과 우주에서 온 암석들까지 전부 이 단세포 생물로 이루어져 있다고 믿었어요. 하지만 그건 전혀 사실이 아니에요. 어떤 사람들은 커크패트릭이 **화폐석** 연구에 지나치게 몰두해서 이런 엉뚱한 생각을 했다고 말하기도 해요. 커크패트릭은 화폐석과 함께 먹고, 숨 쉬고, 잠을 잤어요. 오랜 세월 이 생명체를 현미경으로 보고 또 보다 보니 눈에 띄는 게 죄다 화폐석으로 보였던 것은 아닐까요?

## 화폐석

가장 수명이 긴 단세포 동물

혈액 세포, 피부 세포와 같은 우리 몸 속의 작은 세포들은 많이 들어 봤을 거예요. 우리 몸은 한마음으로 일하는 무수한 세포들로 이루어져 있어요. 그런데 몸이 단 1개의 세포로만 이루어진 동물들도 있어요. **화폐석**도 이 같은 단세포 동물 중 하나예요. 여러 겹의 고리 모양으로 이루어진 화폐석은 원반처럼 생겼어요. 화폐석이라는 이름은 라틴어로 '작은 동전'이라는 뜻이에요. 놀랍게도, 화폐석은 지름이 최대 16cm에 이르고 100살까지도 살 수 있다고 해요!

## 믿거나 말거나

이집트 피라미드는 화폐석이 서로 달라붙어서 만들어진 석회암으로 이루어져 있어요. 한때는 화폐석을 고대 이집트인들이 땅에 떨어뜨린 오래된 렌틸콩이라고 생각하기도 했답니다!

# 고생대:

## 고대의 생명

튼튼한 장화를 신고 모험을 떠나 볼까요? 아주아주 먼 과거의 시간으로 탐험을 갈 거예요! 여러분은 지금으로부터 5억 4000만 년 전의 고대 바닷속에 있어요. 주위를 둘러보면 바닷속이 활발하게 활동을 하고 있을 거예요. 그것이 폭발로 시작해서 폭발로 끝난 고생대의 시작이랍니다.

---

고생대는 놀라우면서도 갑작스러운 생명체의 증가와 함께 시작되었으며, 이를 '캄브리아기 대폭발'이라고 불러요. 촉수가 달리고 등이 뾰족한 벌레에서부터 새우를 닮은 치명적인 코를 달고 헤엄치는 무서운 동물에 이르기까지, 이전에는 본 적 없는 새롭고 경이로운 동물들이 나타났지요! 활기가 넘치는 때이자 '먹거나 먹히는' 시간이었어요. 그 전까지만 해도 동물들이 서로를 먹지 않았기 때문에 처음 물렸을 때의 충격이란 상상도 할 수 없었을 거예요! 생존을 위한 이 경주에서 지금까지와는 다른 생활 방식이 크게 늘어났고, 몸의 형태도 다양해졌어요. 생물들은 몸의 단단한 부분을 진화시키기 시작했어요. 예를 들면 제 몸을 보호하기 위한 뼈대와 껍데기뿐만 아니라, 다른 동물을 잘 씹어 먹기 위한 이빨도 진화시켰지요. 처음으로 해저에 굴을 파는 동물도 생겨났는데, 아마도 이 모든 위험을 피하기 위해서였던 것 같아요! 이번 장에서는 아노말로카리스(*Anomalocaris*)와 최초의 기생충(다른 동물의 몸 위나 몸속에 살며 해를 끼치는 생물)과 같은 최초의 포식자를 만나게 될 거예요.

캄브리아기 대폭발은 생명의 역사상 가장 중요한 사건 중 하나로 꼽혀요. 세계의 많은 주요 동물 집단의 기원이 이 시기로 거슬러 올라가거든요. 눈덩이 지구(34쪽 참조)의 해빙과 함께 지구 환경에 급격한 변화가 생겨났어요. 비슷한 시기에 초대륙이 형성되면서 대양이 생겨났고요. 믿을 수 없는 생명의 대

캄브리아기 대폭발, 포식자가 나타나다! 이빨과 껍데기 같은 단단한 부분의 진화 — 5억 4000만 년 전

삼엽충 같은 해양 무척추 생물 번성 — 5억 4000만~2억 5000만 년 전

최초의 육지 식물 출현 — 4억 7000만 년 전

버섯이 육지를 지배하다! (프로토택사이트) — 4억 7000만~4억 3000만 년 전

폭발이 일어난 까닭을 두고 지금도 의견이 분분하지만, 이러한 환경적 변화가 대양 속의 산소와 영양분을 증가시켰다고 생각하는 과학자들이 많아요. 동물은 살기 위해 산소가 꼭 필요한데, 대양 속 산소의 증가로 동물들이 더 복합적으로 진화할 기회가 생겼을 거예요. 또한 영양분의 증가는 동물들이 처음으로 뼈대와 껍데기를 만드는 데 도움이 되었을 테고요.

고생대를 이루는 3억 년 사이에 이정표가 된 중요한 사건이 많이 발생했어요. 고생대에는 처음으로 육지 식물과 균류(버섯)와 물고기가 등장해요. 만약 과거로 갈 수 있다면 참 신기한 광경을 보게 될 거예요. 오늘날과 같은 나무숲 대신 프로토택사이트(Prototaxites)라는 거대 버섯 숲이 있었어요. 기어 다니는 작은 벌레들 대신 거대한 전갈들이 살았는데, 약켈롭테루스 레나이에(Jaekelopterus rhenaniae)는 사람만큼이나 컸어요! 이 시기는 생물들이 특이한 몸의 구조와 획기적인 활동 방법을 시험해 보는 때였어요. 코가 포크처럼 갈라진 왈리세롭스 트리푸르카투스(Walliserops trifurcatus), 갑옷을 입은 둔클레오스테우스 테렐리(Dunkleosteus terrelli), 보행을 위한 최초의 다리를 가진 틱타알릭 로제(Tiktaalik roseae) 등이 그 예랍니다.

고생대를 끝낸 폭발은 성장이 아닌, 전 세계적인 죽음을 불러왔어요. 2억 5200만 년 전, 고생대 말기에 대규모 멸종 사건이 있었어요. 지구상에 공룡이 나타나기 훨씬 전의 일이에요. 지구상의 생명들은 엄청난 타격을 입었어요. 전체 동물 종의 90% 이상이 멸종했고, 거의 모든 나무가 사라졌어요. 지구 역사상 최대의 멸종 사건이라는 의미에서 '대멸종'이라고 부르기도 해요. 이토록 황량한 지구를 상상할 수 있나요? 과학자들은 지금도 대멸종이 발생한 원인을 연구 중이에요. 대부분은 광범위한 화산 폭발로 지구가 매우 빠르게 뜨거워졌기 때문이라고 믿고 있어요. 만약 이 멸종이 없었다면 삼엽충(46~49쪽 참조) 같은 신기하고도 멋진 동물들이 지금까지 우리 곁에 있었을지도 몰라요!

최초의 육지 동물 화석 발견: 절지동물

최초의 네발 동물 (파충류, 양서류, 어류 및 포유류의 조상) 흔적 화석 발견

육지에 척추동물 번성

페름기 대멸종

4억 2500만 년 전

3억 9000만 년 전

3억 5000만~3억 3000만 년 전

2억 5200만 년 전

# 공포의 사냥꾼

### 아노말로카리스

코끼리 코가 2개 달린, 하늘을 나는 새우처럼 보이는 우스꽝스러운 모습의 아노말로카리스(*Anomalocaris*)는 사실 생명의 역사상 최초의 포식자 중 하나였어요. 그것도 먹이 사슬의 맨 꼭대기에 있는 최상위 포식자였지요. 몸길이가 1m까지 자랐으며, 날개 같은 엽과 부채꼴 꼬리, 2개의 눈자루에 큰 눈이 달려 있었어요. 빠른 속도와 뛰어난 시력으로 5억 년 전 바다를 공포에 떨게 했지요. 머리에는 한 쌍의 뾰족한 집게발이 있는데, 먹이를 잡는 데 사용했을 것으로 여겨져요. 일단 먹이를 손에 넣으면, 이 집게발을 이용해 먹이를 입으로 옮겼을 거예요.

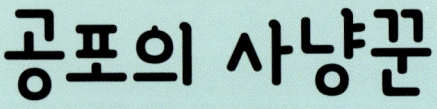

고생대 · 아노말로카리스

## 함께 보니 더 좋은데

2011년에 과학자들이 매우 잘 보존된 **아노말로카리스**의 눈을 발견했는데, 이것은 겹눈이라고 불리는 특별한 종류의 눈으로 밝혀졌어요. 우리 인간은 눈 하나에 수정체가 하나씩 있지만, 겹눈에는 수정체가 수천 개나 있어요. 겹눈은 우리 눈만큼 세세히 볼 수는 없는 반면, 수정체가 많아서 빠른 움직임을 포착하기에 좋고 시야도 더 넓어요. 다시 말해, 홑눈보다 상하좌우를 더 멀리 볼 수 있다는 뜻이죠. 겹눈은 곤충, 거미, 게, 새우 등 절지동물에 속하는 오늘날의 동물에서도 볼 수 있어요. 아노말로카리스는 고대의 절지동물일 가능성이 있으며, 아마도 이들의 먼 친척일 것으로 여겨져요.

## 하마터면 잘못 알 뻔했네

화석은 보통 몸 전체보다는 몸의 일부가 발견되는 경우가 많아요(10쪽 '화석이란?' 참조). 고생물학자들이 고생하는 것도 그 때문이에요. 작은 퍼즐 조각 하나로 그 주인을 알아내기란 쉽지 않겠죠? 최초로 발견된 **아노말로카리스** 화석 역시 몸의 일부밖에 없었어요. 마치 머리가 사라지고 없는 새우 꼬리의 끝부분 같다고 할까요? 그런데 과학자들이 아무리 찾아도 이 화석 '꼬리'만 수백 개 찾아냈을 뿐, 몸 전체를 발견하지는 못했어요. 단면으로 동그랗게 자른 파인애플처럼 생긴 화석도 아주 많이 발견되었는데, 이들은 특이한 종류의 해파리로 잘못 식별이 되었어요. 그러다 몸 전체가 있는 아노말로카리스 화석이 발견되고 나서야 마침내 수수께끼가 풀렸어요. 알고 보니 새우 꼬리는 먹이를 잡는 아노말로카리스의 팔이었고, 해파리라고 생각했던 것은 아노말로카리스의 동그란 입이었답니다!

## 저녁 메뉴는 뭐야?

**아노말로카리스**는 이빨이 없어요. 대신 입 안쪽을 따라 32개의 얇은 판들이 겹쳐져 있지요. **삼엽충**(46~49쪽 참조) 화석들 가운데 더블유(W) 자 모양으로 물린 자국이 남은 화석이 여럿 발견되었고, 그 범인을 아노말로카리스라고 생각하는 과학자들이 많아요. 반면, 아노말로카리스의 얇은 판은 삼엽충을 물기에는 너무 부드러운 데다 삼엽충보다는 몸체가 부드러운 먹이를 좋아했을 것으로 생각하는 과학자들도 있어요. 화석을 이용해 머나먼 과거의 동물들이 어떻게 살았는지 알아내기란 이처럼 쉽지 않은 일이에요. 과학자들은 진실을 찾기 위해 끝없이 논쟁을 벌인답니다!

고생대 • 아노말로카리스

세상에나!

## 먹이 사슬

먹이 사슬이란 먹이를 중심으로 이어진 동물과 식물 사이의 관계를 말해요. **스트로마톨라이트**(30~31쪽 참조)와 같은 아주 작은 단세포 생물들과 식물들은 먹이 사슬 맨 아래쪽에 있고, 최상위 포식자로 알려진 무시무시한 동물들은 먹이 사슬 맨 꼭대기에 있어요.

# 도대체 어떻게 된 거야?

**할루시제니아**

"우리가 허깨비를 보고 있는 거야, 아니면 세상에서 가장 이상한 화석인 거야?" 할루시제니아(Hallucigenia)를 처음 발견한 사람들은 아마도 이런 생각을 했던 게 분명해요. 영어로 'hallucinate(할루시네이트)'는 '진짜가 아닌 것을 본다'라는 뜻으로, 이 생물이 할루시제니아라는 이름을 갖게 된 이유가 바로 그 때문이니까요. 무슨 말인가 하면, 이 생명체의 화석을 발견한 사람들은 매우 혼란스러워했어요. 이 작은 녀석은 한쪽에는 뾰족한 것들이 달려 있고, 반대쪽에는 촉수가 나 있는 데다 꼬리처럼 생긴 머리도 있었거든요. 어디가 위고 어디가 아래인지 헷갈리는 기괴하게 생긴 동물! 그래서 맨 처음에 그 생김새를 재현했을 때는 엉망진창이었어요. 과학자들은 길이가 5cm인 5억 살 된 생명체를 그리면서 뾰족뾰족한 가시들이 다리이고 엉덩이가 머리인 줄 알았던 거예요! 온통 뒤죽박죽이었지요!

## 화석 탐정

몇 년간 혼란에 빠져 있던 과학자들은 1991년에 더 많은 화석이 발견되면서 **할루시제니아**를 똑바로 뒤집어 놓았어요. 더 이상 이상한 촉수를 등에 달고 죽마를 타고 걷지 않게 되었지요. 할루시제니아는 포식자에게서 몸을 지키기 위해 등에 뾰족한 가시를 단 고대의 지렁이처럼 생겼어요. 머리가 어느 쪽인지는 어떻게 정했을까요? 2015년에 과학자들이 전자 현미경으로 확대해서 살펴본 결과, 드디어 그동안 찾던 것을 발견했어요. 이빨을 보이며 웃는 듯한 입과 2개의 작은 눈을요!

참 신기한 벌레야!

## 먹이를 찾아라

할루시제니아가 무슨 먹이를 좋아하는지는 몰라도, 먹이를 어떻게 먹는지는 알아요. 입이 고리 모양의 이빨로 에워싸여 있는데, 아마도 해저를 움직이면서 맛 좋은 작은 먹이를 진공청소기처럼 빨아들였을 거예요.

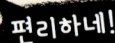
편리하네!

# 가장 오래된 기생충

## 나한테서 떨어져!

기생충은 다른 생물의 몸 표면이나 몸속에 사는 생물이에요. 그런데 이 관계에서 이익을 보는 건 기생충 혼자예요! 최근에 과학자들은 화석 기록 속에서 5억 년도 넘은 가장 오래된 기생충의 증거를 찾아냈어요. 아노말로카리스가 바다에서 헤엄을 치던 때와 같은 시기죠(42~43쪽 참조). 이 기생충 화석은 벌레와 닮았는데, '완족동물'이라고 불리는 고대 생명체의 껍데기에 박힌 관 속에 살고 있었어요.

> 머릿니, 조충(촌충) 같은 오늘날의 기생충들을 알고 있나요? 운이 없으면 여러분 몸에도 한 마리쯤 있을지 몰라요.

## 환영받지 못하는 손님

**완족동물**은 2장의 껍데기가 서로 마주 보고 있는 동물이에요. 해변에서 볼 수 있는 조개와 조금 비슷해요. 기생충이 있으면 몸이 크게 자라기가 어려운데, 기생충이 산다는 증거가 있는 완족동물의 껍데기는 기생충이 없는 것보다 크기가 더 작았어요. 기생충의 수가 무려 7마리가 넘는 완족동물도 있었어요. 불쌍한 완족동물들은 기생충 때문에 힘들게 살았을 거예요. 벌레같이 생긴 기생충의 머리가 완족동물의 입 쪽에 있는 관 밖으로 튀어나와 있어서 완족동물보다 먼저 물속의 작은 먹이를 낚아챘을 테니까요!

# 삼엽충 (Trilobite)

절지동물의 일종으로, 단단한 외골격과 마디로 구분되는 몸을 지녔어요. 오늘날의 절지동물로는 곤충, 거미, 갑각류가 있어요. 지금은 멸종이 됐지만, 삼엽충은 매우 성공적인 동물군이었어요. 5억 2100만 년 전에 지구상에 최초로 나타난 이후, 약 2억 7000만 년 동안 세계의 대양을 돌아다녔어요. 만약 이때로 돌아가 깊고 푸른 바닷속으로 뛰어들 수 있다면 떼 지어 다니는 삼엽충을 볼 수 있을 거예요. 얕은 해안에서부터 깊고 푸른 심해에 이르기까지 모든 삼엽충은 바닷속에 살았어요.

삼엽충은 대부분 다리로 바다 밑바닥을 걸어 다녔지만, 몇몇 종은 헤엄도 쳤던 것 같아요.

둘 다 잘하는군!

고생대 • 삼엽충

## 이름은 무슨 뜻일까?

삼엽충이라는 이름은 '3개의 엽'이라는 뜻이에요. 머리에서부터 꼬리 끝까지 가운데 축과 좌우 양쪽, 이렇게 세 부분으로 몸이 나뉘어 있거든요.

## 몸의 바깥쪽 뼈

**삼엽충**은 몸의 겉면에 단단한 뼈대가 있는데, 이를 '외골격'이라고 해요. 몸이 커질수록 외골격이 꽉 끼기 때문에 더 큰 외골격이 자라날 수 있게 작아진 외골격을 벗어 버려요. 이를 '탈피'라고 하는데, 귀뚜라미와 거미와 같이 오늘날에도 삼엽충처럼 탈피하는 동물이 많아요. 삼엽충의 외골격은 두껍고 튼튼해요. 삼엽충은 여러 차례 탈피를 하는데, 이렇게 벗어 버린 외골격들이 종종 화석으로 발견된답니다!

그동안 과학자들이 기술한 삼엽충만 해도 2만 5000종이 넘어요.

## 많고 많은 각양각색의 삼엽충

어떤 **삼엽충**은 포식자(다른 동물을 잡아먹는 동물)였고, 어떤 삼엽충은 청소동물(이미 죽은 동물을 먹는 동물)이었어요. 또 어떤 삼엽충은 플랑크톤(바닷속에 사는 아주 작은 생물)을 먹고 살았지요. 참깨보다 작은 종류부터 다섯 살짜리 사람 아이만 한 종류까지 크기도 다양했어요. 콩처럼 짧고 뚱뚱한 녀석부터, 바늘방석처럼 길고 가시 달린 녀석까지 모양과 크기도 제각각이었고요. 눈이 엄청나게 큰 삼엽충, 긴 눈자루에 눈이 달린 삼엽충, 심지어 앞을 못 보는 삼엽충도 있었어요. 그중에서도 가장 특이한 생김새를 자랑하는 삼엽충으로는 악티노펠티스 글로보수스(*Actinopeltis globosus*: 거품코삼엽충)와 왈리세롭스 트리푸르카투스(*Walliserops trifurcatus*: 삼지창 삼엽충)가 있어요(다음 장을 보세요).

고생대 • 삼엽충

# 거품코삼엽충

**악티노펠티스 글로보수스**

악티노펠티스 글로보수스(*Actinopeltis globosus*)는 루돌프 사슴 코처럼 매우 특별한 코가 달린 삼엽충이에요. 머리 중앙에 거품이 이는 거대한 공이 높이 솟아 있거든요. 삼엽충의 머리에 있는 이 부분을 '미간'이라고 불러요. 생김새는 코와 비슷하지만, 훌쩍이는 데 사용하지는 않았어요. 격렬한 물살을 뚫고 떠다니는 데 도움이 된다는 과학자들도 있고, 알 주머니라고 주장하는 과학자들도 있어요. 특이한 점은 미간만이 아니었어요. 이 삼엽충은 배가 머릿속, 미간 바로 밑에 있었어요! 배가 머리 꼭대기에 있다니, 꼬르륵거리는 소리가 엄청 크게 들리겠는걸요!

고생대 · 삼엽충

# 삼지창삼엽충

### 왈리세롭스 트리푸르카투스

머리에 길고 뾰족한 삼지창이 있다면 굳이 악티노펠티스 글로보수스처럼 우스꽝스러운 거품 코를 가질 까닭이 없겠죠! 희한하게 생긴 삼엽충 왈리세롭스 트리푸르카투스(Walliserops trifurcatus)가 이런 삼지창을 가진 이유를 두고 과학자들 사이에 의견이 분분해요. 아마도 거센 파도 속에서 몸을 고정할 목적으로 썼거나, 짝짓기를 위해 삼지창 대 삼지창으로 싸웠거나, 아니면 방어용 무기로 사용했을 수도 있을 거예요.

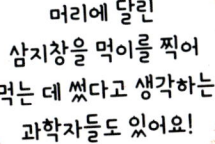

머리에 달린 삼지창을 먹이를 찍어 먹는 데 썼다고 생각하는 과학자들도 있어요!

# 총알오징어

### 레이오노세라스 솔리디포르메

몸길이 2.4m의 이 거대한 동물은 건드리지 않는 게 좋아요. 레이오노세라스는 3억 2500만 년 전에 살았던 대단한 사냥꾼으로, 삼엽충(46~49쪽 참조)을 먹이로 삼았을 것으로 여겨져요. 오르토세리드 나우틸로이드(orthocerid nautiloid)의 일종이에요(오르토세리드는 '곧은 뿔'이라는 뜻이에요). 나우틸로이드는 오징어, 문어, 갑오징어와 사촌이지만, 이들과는 큰 차이점이 한 가지 있어요. 단단한 껍데기가 부드러운 몸체를 감싸고 있어서 몸을 보호해 준다는 점이지요. 이제는 레이오노세라스를 볼 수 없지만, 오늘날에도 그 친척이 살고 있어요. 바로 앵무조개예요. 앵무조개는 레이오노세라스처럼 곧게 뻗은 껍데기 대신, 하얀색과 주황색 줄무늬가 그려진 지름 약 20cm의 아름답게 구부러진 껍데기가 있어요.

 멋있다!

저건 바다를 뚫고 지나가는 거대한 총알일까요? 아뇨, 레이오노세라스 솔리디포르메(Rayonnoceras solidiforme)랍니다!

# 가장 무서운 바다전갈
**야켈롭테루스 레나이에**

야켈롭테루스 레나이에(*Jaekelopterus rhenaniae*)는 지금까지 지구상에 살았던 절지동물 중에서도 가장 큰 걸로 유명해요. 오늘날의 절지동물은 이보다 훨씬 작아요. 그런데 이들은 거대한 새우가 아니라 아주 무서운 동물이었어요. 광익류에 속하는 무시무시한 바다전갈이거든요. 4억 6000만 년에서 2억 5500만 년 전에 세계의 바다에서 발견되었고, 그 길이가 무려 2.6m에 이르렀어요. 남자 농구 선수보다도 더 컸답니다!

엄청 크다!

절지동물에는 거미, 곤충, 새우, 게 들이 있어요.

고생대 · 야켈롭테루스 레나이에

## 정말 큰 집게발이야!

약켈롭테루스 레나이에는 몸이 길고 분절된 동물로, 걸어 다니는 다리 네 쌍, 노를 저으며 움직이는 다리 한 쌍, 앞쪽에 크고 무서운 집게발 한 쌍이 달려 있어요. 이 거대한 전갈은 큰 집게발로 먹잇감을 잡았어요. 활동적인 포식자로, 작은 절지동물이나 심지어 척추동물(물고기처럼 뼈대가 있는 동물)까지 씹어 먹었을 것으로 추정돼요. 이들은 강이 바다와 만나는 강어귀에 살았어요. 즐겁게 모래성을 쌓고 있는데 갑자기 얕은 물에서 거대한 바다전갈이 나타난다고 상상해 보세요! 다행스럽게도 오늘날에는 화석으로만 발견되는 동물이랍니다.

고생대 · 약켈롭테루스 레나이에

### 플래너리 박사님의 탐험 수첩

#### 지하철 터널에서 온 불가사리

빅토리아박물관의 척추동물 고생물학자인 톰 리치 박사님의 화석 복원 연구실에서 일하고 있던 어느 날, 작업복 차림의 남자가 찾아와 작업대에 암석 2개를 내려놓았어요. 암석에는 아름다운 불가사리의 흔적이 남아 있었어요! 멜버른에서 지하철 터널을 파던 중 박물관 아래 깊은 지하에서 우연히 그 화석을 발견했다지 뭐예요. 박사님은 곧바로 고생대의 한 시기인 실루리아기의 화석임을 알아보았어요. 4억 4000만 년 전, 멜버른 인근이 깊은 바다였을 때 살았던 생물이지요. 깊은 바닷속에 보존돼 있던 불가사리 화석이 박물관 아래 터널을 만드는 사람들한테 발견되다니, 참 신기하죠!

# 버섯이 지배하는 세상

**프로토택사이트**

타임머신에 올라 4억 년 전으로 시간을 맞추세요. 내리면서 주위를 둘러보세요. 이때는 공룡이 세상을 지배하기 전인 데다 우리가 잘 아는 큰 나무들이 풍경을 채우기도 훨씬 전이에요. 선사 시대 숲으로 들어서면 사방이 작은 식물들과 양치류예요. 1m가 넘는 식물은 하나도 없지만, 멀리 거인 하나가 눈에 띌 거예요. 믿거나 말거나, 이 고대 숲을 내려다보고 있는 주인공은 거대한 균류의 줄기랍니다! 좁은 관 모양이 뒤얽혀 거대한 줄기를 형성하는 균류인 프로토택사이트(*Prototaxites*)는 지름이 1m, 높이가 9m에 달하는 것들도 있었어요. 당시 육지에서 가장 눈에 띄는 생물이었지요.

## 균류에 대한 사실

프로토택사이트와 같은 균류는 동물도 식물도 아닌, 자기들만의 특별한 집단을 이루어요. 식물처럼 태양에서 에너지를 얻지도 않고, 동물처럼 먹지도 않아요. 이들은 주변의 부패한 생물을 흡수해서 살아요. 세상의 쓰레기 처리 공장이랄까요! 이것은 매우 중요한 일이에요. 죽은 생물의 몸을 분해해 양분을 토양으로 되돌아가게 만들어서 새로운 생명의 탄생을 돕기 때문이랍니다.

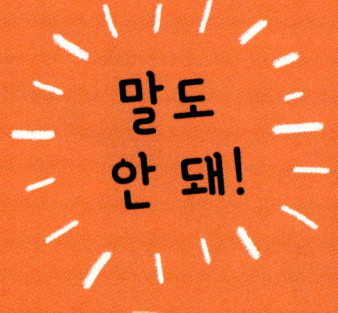

말도 안 돼!

## 당황스러운 균류

1843년에 처음 발견된 이후, 과학자들은 **프로토택사이트**의 정체를 알아내는 데 어려움을 겪었어요. 균류가 이렇게 크게 자라리라고는 누구도 생각하지 못했거든요! 처음에는 거대한 썩은 소나무 화석으로 생각했고, 한때는 아주 큰 해조류로도 여겼어요. 2007년, 이들이 마침내 균류로 선언되면서 이 수수께끼는 풀린 것처럼 보여요.

곤충이나 거미와 같은 동물들이 **프로토택사이트**의 줄기에 구멍을 뚫었다는 증거가 있어요. 이것을 '보링(boring)'이라고 하는데, 먹거나 집을 짓기 위해 구멍을 뚫었을 거예요. 그런데 프로토택사이트는 피해자일 뿐만 아니라 범인이기도 했어요! 이들이 가까운 식물의 가지를 뚫고 들어간 흔적이 화석을 통해 발견되었거든요.

> 뚫고 뚫리고!

숲 인터넷

균류는 땅속에 큰 네트워크를 형성해서 나무들과 식물들이 서로 의사소통할 수 있도록 도와주어요. 균류를 통해 나무의 뿌리와 뿌리가 연결되는데 이를 숲 인터넷이라고 해요! 나무는 숲 인터넷을 이용해 다가오는 위험을 경고하고 친구들과 친척들에게 양분을 실어 나르기도 한답니다.

# 지느러미를 걸을 때 쓰다니

**틱타알릭 로제**

틱타알릭 로제(Tiktaalik roseae)는 기이하기로 이름난 고대 동물이에요. 비늘과 아가미를 보면 확실히 물고기인데, 가까이에서 보면 머리가 악어와 비슷해요. 민물 악어처럼 주로 강에서 살았으며, 몸길이가 2.7m까지 자랐어요. 그런데 중요한 사실은 지느러미가 단지 헤엄치는 데만 쓰였던 게 아니라는 거예요. 보통 물고기와는 달리, 틱타알릭의 지느러미는 다리에 가까웠어요. 이 특별한 지느러미는 진흙투성이 강바닥에서 쉴 때는 몸을 지탱하고, 얕은 물에서는 몸을 움직이는 데에도 사용되었을 거예요.

**별난 녀석이야!**

### 왜 육지로 갔을까?

틱타알릭 로제와 같은 동물들은 포식자를 피하거나 알을 낳으려고 좀 더 안전한 곳을 찾아서 용감하게 (물에서) 육지로 올라갔을 것으로 여겨져요.

고생대 • 틱타알릭 로제

# 끈끈한 가족

믿거나 말거나, **틱타알릭 로제**는 우리의 증조-고조-현조-방조(…) 할머니일지도 몰라요! 네발 동물은 팔다리가 4개인 동물로, 양서류(개구리, 두꺼비, 도롱뇽), 포유류(인간, 암소, 고래처럼 새끼에게 젖을 먹이는 온혈 동물), 파충류와 새 등이 포함돼요. 모든 네발 동물은 그 기원이 물고기와 이어져 있어요. 틱타알릭 로제는 지느러미가 둥글고 살이 많은 총기어류로 알려져 있어요. 최초의 네발 동물로 진화한 동물이 바로 총기어류였답니다.

## 한 물고기에게는 작은 한 걸음이지만, 어류에게는 위대한 도약

**틱타알릭 로제**는 약 3억 7500만 년 전에 살았어요. 이때는 진화의 중요한 단계에 해당하는 시기예요. 고대의 물고기가 처음으로 뭍으로 나와 육지를 걸었을 때거든요. 틱타알릭 로제는 아가미와 함께 가장 초기 형태의 폐가 있어서 공기 중에서도 숨을 쉬고 물가를 탐험할 수 있었을 거예요.

고생대 · 틱타알릭 로제

# 고대의 갑옷 입은 물고기

## 둔클레오스테우스 테렐리

수백만 년 전에 살았던 물고기는 오늘날과 그 모습이 많이 달랐어요. 판피어류인 둔클레오스테우스 테렐리(Dunkleosteus terrelli)는 특히나 그랬지요! 판피어류란 그리스어로 '판으로 된 피부'라는 뜻으로, 머리가 '골판'이라고 하는 단단한 석회질 판으로 덮여 있었어요. 잘못 건드렸다가는 큰일 나겠죠!

이크!

## 하마만큼이나 큰 무시무시한 물고기

**둔클레오스테우스 테렐리**는 정말 무섭게 생겼어요. 몸길이는 거의 9m에 이르고 몸무게는 하마만큼이나 육중했어요! 턱은 강력하고, 두개골은 거대했고요. 이빨이 없는 대신 턱에 난 뾰족한 엄니 모양의 예리한 골판으로 먹이를 씹어 먹었지요! 이들은 다른 포식자를 먹이로 삼는 세계 최초의 '슈퍼 포식자' 중 하나였어요. 가장 좋아하는 먹이는 다른 큰 물고기로, 심지어 상어도 잡아먹었어요. 배 속에 소화되고 남은 동물까지 함께 보존된 둔클레오스테우스의 화석을 보면 알 수 있어요.

둔클레오스테우스 테렐리는 약 3억 7000만 년 전에 전 세계 바다를 휩쓸고 다녔어요.

## 다른 절반은 어디에?

동물들은 몸에 단단한 부분이 있으면 화석으로 보존될 가능성이 높아요(14쪽 '화석의 운명' 참조). 그래서 해파리나 벌레 화석보다는 껍데기와 이빨 화석이 더 많이 발견되지요. **둔클레오스테우스 테렐리**는 머리를 비롯한 몸의 앞부분만 골판으로 덮여 있어서 몸 뒷부분보다는 단단한 앞부분이 화석으로 자주 발견돼요.

> 둔클레오스테우스 테렐리 화석의 95%가 골판으로 뒤덮인 몸의 앞부분이에요.

# 현대식 턱의 기원

### 킬리뉴 로스트라타

킬리뉴 로스트라타(*Qilinyu rostrata*)는 둔클레오스테우스 테렐리처럼 갑옷을 입은 판피어류였지만, 둘은 매우 달랐어요. 무엇보다 킬리뉴 로스트라타는 무시무시한 하마가 아니었어요. 몸길이가 약 20cm에 지나지 않아서 훨씬 덜 무서웠거든요. 메기와 많이 닮았고, 머리끝에 귀엽고 뾰족한 주둥이가 있었어요. 킬리뉴 로스트라타는 지금까지 발견된 동물 가운데 오늘날의 포유동물과 비슷한 턱을 가진 가장 오래된 물고기(4억 3200만 년 전에 살았어요)로 유명하답니다.

> 킬리뉴 로스트라타는 입이 머리 아래쪽에 있어요. 해저를 따라 헤엄치면서 바다 밑바닥에서 먹이를 찾아 먹었던 것 같아요.

놀라운 물고기야!

고생대 · 킬리뉴 로스트라타

# 가장 큰 육지 무척추동물
## (등뼈가 없는 동물)

**아르트로플레우라**

돌멩이를 들어 올렸다가 노래기처럼 아주 길고 다리가 많은 벌레를 본 적이 있나요?

아르트로플레우라(*Arthropleura*)는 노래기의 일종이지만 돌멩이 밑에 들어갈 정도의 크기는 아니었을 거예요. 몸이 약 30개의 마디로 이루어져 있고, 몸길이가 2m에 달하는 진짜 거인이었으니까요! 약 3억 년 전에 숲속을 기어 다녔어요. 과학자들은 공기 중에 산소 농도가 높고(68쪽 '메가네우라' 참조) 포식자가 적어서 이러한 동물들이 크게 자랄 수 있었다고 해요. 몸 전체가 담긴 화석과 함께 발자국 화석도 많이 발견되었어요.

고생대 · 아르트로플레우라

**똥 화석이라고?**
똥이 화석화된 것을 '분석(糞石)'이라고 해요.

아르트로플레우라는 초식 동물이었을 거예요. 화석화된 똥 속에 식물이 있었거든요!

# 칼라미테스(Calamites)

## 말꼬리 화석이라고?

네, 맞아요. 칼라미테스는 말꼬리 화석이에요. 그런데 여러분이 생각하는 그 말의 꼬리와는 달라요. 사실, 말꼬리는 '속새'라고 하는 식물의 한 종류예요. 오늘날의 말꼬리 식물은 허브나 풀처럼 크기가 작아요. 흙을 뚫고 나온 모습이 말의 꼬리와 조금 닮았어요. 솔직히 말하면 변기 닦는 솔과 더 닮았다고들 하지만요! 오늘날의 말꼬리 식물은 늪지대를 좋아하지만, 약 3억 년 전에는 이들이 숲을 지배했어요. 칼라미테스는 지금까지 발견된 가장 큰 말꼬리 식물의 화석이에요. 허브라기보다는 소나무처럼 보이는 데다 높이가 30m에 달했어요. 버스 10대를 층층이 쌓은 것과 같은 높이랍니다!

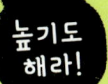

높기도 해라!

줄기는 대나무의 마디처럼 나뉘어 있고 속이 비어 있어요. 잎은 무리를 지어 자라는데, 바늘처럼 뾰족하고 길고 가늘어요.

고생대 • 칼라미테스

# 괴물 툴리

### 툴리몬스트룸 그레가리움

툴리몬스트룸 그레가리움(Tullimonstrum gregarium)은 마치 상상 속 동물 같아요. 꼭 동생이 공상 과학 소설을 읽다가 장난으로 그린 괴물처럼 생겼거든요. 몸이 볼링 핀처럼 길쭉하고 머리에서 튀어나온 자루 끝에 눈이 2개 달려 있어요. 코끼리 같은 코는 어뢰 모양의 몸에 붙어 있고요. 코끝에는 콧구멍이 하나 있고, 턱에는 날카로운 이빨이 줄줄이 나 있어요. 더 희한한 건 이빨이 우리의 손톱과 같은 물질로 구성되었을 수도 있다는 사실이에요! 괴물 툴리의 몸에는 단단한 부분이 하나도 없었어요. 뼈대도 껍데기도 보이지 않았지요. 그래도 녀석은 여간내기가 아니었답니다!

> 사실 녀석은 위험한 포식자였어요.

> 도대체 뭐가 어떻게 된 녀석이야?

약 3억 년 전, 얕은 열대 바닷속을 헤엄치며 다음 희생양을 찾아다녔을 거예요.

## 재미있는 사실!

툴리몬스트룸 그레가리움은 미국 일리노이주의 공식 화석이에요. 세계 여러 나라의 많은 주에서 공식 화석을 지정하고 있어요. 여러분이 사는 지역에도 공식으로 지정된 화석이 있는지 찾아보세요!

### 툴리를 발견한 툴리

'괴물 툴리'는 화석 발견자의 이름을 따서 지었어요. 아마추어 화석 수집가인 프랜시스 툴리(Francis Tully)는 흥미로운 화석을 발견하자, 지역의 자연사박물관으로 가져가서 확인을 부탁했어요. 여러분도 열심히 화석을 찾아다니다 보면 툴리 같은 괴물을 발견하게 될지도 몰라요!

### 괴물 툴리는 어디에 속할까?

세상에서 가장 이상한 동물인 괴물 툴리를 두고 그동안 말이 많았어요. 생명의 나무 중 어디에 두는 게 맞는지 과학자들 사이에 의견이 분분했지요. 처음 발견된 이후 온갖 이론이 제기되었는데, 물고기, 오징어, 무시무시한 바다 민달팽이, 새우, 심지어 벌레라는 의견도 나왔어요. 최근의 연구에 따르면, 툴리몬스트룸 그레가리움은 기초적인 척수와 아가미를 가진 매우 특이한 종류의 원시 무악어류로 여겨지고 있어요.

고생대 • 툴리몬스트룸 그레가리움

# 고약한 한 입
## 디메트로돈 그란디스

이 희한하게 생긴 동물은 2억 8000만 년 전에 지구를 돌아다녔답니다.

꼭 공룡처럼 생겼지만, 최초의 공룡이 진화하기 3000만 년 전에 살았던 동물이에요. 믿거나 말거나, 파충류나 멸종된 공룡보다는 살아 있는 포유류와 더 가까운 친척이랍니다. 이빨은 먹이를 베어 먹기 딱 좋게 생겼어요. 사실, 이들은 육지 포식자에게서 나타나는 톱니 모양 이빨을 가진 최초의 동물이에요. 스테이크를 자를 때 쓰는 나이프에 있는 작고 뾰족한 톱니 모양을 생각하면 돼요. 동물의 살을 가르기에 완벽하지요. 아마도 이들은 물고기와 네발 달린 작은 생물을 먹고 살았을 거예요.

### 동족 포식

디메트로돈 그란디스(Dimetrodon grandis)가 같은 종족을 먹었다는 증거가 있어요! 다른 디메트로돈 그란디스의 이빨 자국이 남아 있는 디메트로돈 그란디스의 화석 뼈가 발견되었거든요.

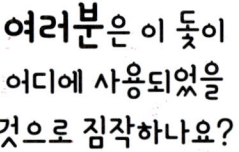

여러분은 이 돛이 어디에 사용되었을 것으로 짐작하나요?

## 화려한 돛이 달린 이유

디메트로돈 그란디스의 등에 화려한 돛이 달린 까닭을 과학자들도 잘은 몰라요. 움직일 때 방해가 될 것처럼 생겨서 과학자들도 혼란스러워했지요. 강둑의 갈대 속에 몸을 숨길 때나 헤엄을 칠 때 유용하지 않았을까 짐작하기도 하고요. 아마도 몸을 식히거나 따뜻하게 만들 때, 다시 말해 체온 조절에 효율적이었을 거예요. 다른 디메트로돈에게 과시하는 쓰임새로 사용했다는 의견도 설득력이 있어요. 혹시 장래의 연애 상대에게 뽐내는 용도로 사용했거나, 데이트 경쟁자를 쫓는 목적으로 사용했던 것은 아닐까요? 화석의 세계에는 이처럼 풀릴 날을 기다리는 수수께끼들이 헤아릴 수 없이 많답니다. 여러분이 그러한 수수께끼를 풀어낼 주인공이 될 수 있을까요?

## 배를 끌면서 움직인다고?

오랫동안 과학자들은 **디메트로돈 그란디스**가 도마뱀처럼 다리를 쭉 뻗은 상태로 땅에 배를 대고 기어 다녔을 것으로 여겼어요. 그런데 흔적 화석의 일종인 보행렬 화석(13쪽 '흔적 화석' 참조)을 보면 이들은 그렇게 느림보가 아니었어요. 아마도 땅에 배를 대지 않고 다리로 우뚝 섰을 거예요.

똑똑한걸!

# 안녕, 우리의 친척!

### 이노스트란케비아 알렉산드리

우리의 먼 친척에게 인사하세요! 이노스트란케비아 알렉산드리(*Inostrancevia alexandri*)는 2억 6000만 년 전에 오늘날의 러시아에서 살았어요. 무서운 파충류처럼 생겼지만, 포유류의 특징을 많이 지녔지요. 포유류에는 우리와 같은 인간을 비롯해 개, 말, 코끼리 등 많은 동물이 있어요. 이노스트란케비아 알렉산드리와 같은 동물들이 결국 포유류로 진화했다니 참 신기하죠?

이들은 수궁류로 알려져 있어요. 수궁류는 거대한 초식 동물, 날카로운 이빨이 있는 무서운 육식 동물, 심지어 곤충을 씹어 먹는 동물에 이르기까지 그 범위가 매우 다양했어요. 포유류는 '키노돈트'라는 수궁류 무리에서 진화했어요. 키노돈트는 오늘날의 포유류 친척들처럼 온혈 동물이었고 몸이 털로 덮여 있었던 것으로 보여요. 알을 낳았다는 점이 대부분의 포유류와는 다르지만요!

## 무시무시한 포식자

살아 있을 당시 녀석들은 먹이 사슬의 꼭대기에 있었을 거예요. **이노스트란케비아 알렉산드리**는 입이 커다란 데다 크고 뾰족한 송곳니도 2개 있었거든요. 육중한 악어만 한 몸집에 네발로 걸었고, 걸음걸이는 도마뱀보다는 포유류에 가까웠을 것으로 생각돼요. 아마도 중대형 초식 동물을 먹이로 삼았고, 먹잇감을 쫓아 빠른 속도로 달렸을 거예요.

이노스트란케비아 알렉산드리는 도마뱀처럼 다리가 짧고 몸은 길었어요. 몸길이는 약 3.5m이고, 몸무게는 60kg에 달했지요.

# 저 뿔 좀 봐!

## 에스템메노수쿠스 우랄렌시스

에스템메노수쿠스 우랄렌시스(Estemmenosuchus uralensis)는 2억 7000만 년 전 무렵, 오늘날의 러시아에 살았던 동물이에요. 몸길이는 4.5m이고, 길이가 65cm에 이르는 크고 무거운 두개골이 있었어요. 얼굴 위쪽과 좌우로 독특한 뿔이 자라서 눈에 확 띄었지요. 이 뿔들은 과시용으로 쓰였거나, 같은 종족끼리 의사소통을 하는 데 사용되었을 거예요. 아마도 위험한 다툼이 생기기 전에 서로를 가늠해 보는 데에도 도움이 되었겠지요. 습지 근처나 저지대 늪지에 살았을 것으로 짐작돼요. 몸무게가 약 450kg으로, 당시에는 주변에서 가장 큰 동물 중 하나였어요.

**이름은 무슨 뜻일까?**

에스템메노수쿠스는 그리스어로 '왕관을 쓴 악어'라는 뜻이에요.

와, 엄청 크다!

## 저녁 메뉴는 뭐야?

에스템메노수쿠스 우랄렌시스가 좋아하는 먹이를 두고 오랫동안 과학자들 사이에 의견이 갈렸어요. 뾰족하고 큰 송곳니가 고기를 먹기에 좋다고 여겨지기도 했지만, 이러한 이빨이 있었으니 그 어떤 위협도 두렵지 않았을 거예요. 오늘날의 초식 동물 중에도 하마처럼 에스템메노수쿠스 우랄렌시스와 비슷한 무서운 이빨을 가진 동물들이 있어요. 또한 앞다리가 바깥쪽으로 벌어져 있어서 마치 다리 찢기를 하는 것처럼 보이는데, 초식 동물에 흔히 나타나는 특징이에요. 벌어진 다리는 땅에 더 가깝다는 뜻이니 식물을 먹는 동물이라면 편리하겠죠. 에스템메노수쿠스 우랄렌시스는 몸이 길었고, 따라서 소화 기관도 길었어요. 소화 기관에는 위와 장이 있어요. 분해가 어려운 식물 성분을 먹는 초식 동물의 소화 기관은 복잡해요. (풀을 많이 먹는 소는 위가 4개나 된다는 사실을 알고 있나요?) 다리가 벌어져 있고 몸이 긴 특징으로 보아 이들은 초식 동물이거나 식물과 동물을 모두 먹는 잡식 동물이었을 가능성이 커요.

## 암컷과 수컷이 다르다고?

처음에 에스템메노수쿠스 우랄렌시스의 몇몇 암컷 화석은 수컷 화석과 서로 다른 종류라고 여겨졌어요. 같은 종류이면서 수컷과 암컷이 그 크기와 모양이 다를 때, 이를 성적 이형(性的異形)이라고 해요. 성적 이형의 좋은 예로 사자가 있어요. 수컷 사자는 암컷 사자보다 몸집이 크고 커다란 갈기가 있잖아요.

고생대 • 에스템메노수쿠스 우랄렌시스

# 너무 못생겼어!

### 리스트로사우루스 무라이

잘생긴 동물 선발 대회에 나가면 무조건 꼴찌를 차지하겠죠? 리스트로사우루스 무라이(Lystrosaurus murrayi)는 짧은 주둥이, 넓적하고 뭉툭한 부리, 움푹 팬 뺨과 2개뿐인 이빨까지, 썩 잘생긴 모습은 아니거든요. 포동포동한 개 정도 되는 크기의 이 못생긴 동물은 오늘날의 포유류와 친척이에요(63쪽 '이노스트란케비아 알렉산드리'처럼요). 우리 인간은 포유류이지만 녀석들과 별로 닮지 않아서 다행이에요! 리스트로사우루스 무라이는 2억 5000만 년 전, 현재의 아프리카와 남극과 인도에서 살았어요. 무는 힘이 세서 질긴 식물도 잘 씹어 먹었어요.

## 이름은 무슨 뜻일까?

리스트로사우루스는 그리스어로 '삽 도마뱀'이라는 뜻이에요.

**와작!**

## 뼈를 보면 다 알아

리스트로사우루스 무라이의 뼈를 잘 보면 과학자들은 이들이 어떻게 컸는지 많은 것들을 알아낼 수 있어요. 현미경을 사용하면 세세한 부분까지 다 볼 수 있거든요. 뼈는 단단할 것 같지만, 가까이에서 보면 스펀지 같아요. 미세 조직이라고 불리는 뼈 속의 작은 모양을 통해 우리는 리스트로사우루스 무라이가 매우 빠르게 성장했다는 사실을 알 수 있어요.

# 새끼를 물속에 낳을까, 굴속에 낳을까?

아니면

화석 뼈를 에워싸고 있는 암석의 종류를 연구하면 그 생명체가 살았던 환경을 알 수 있어요.

처음에는 **리스트로사우루스 무라이**가 하마처럼 늪을 뒹굴면서 물속에 사는 동물로 생각되었어요. 그런데 습지에서부터 건조한 지역에 이르는 넓은 범위의 서식지에서 이들의 화석이 발견된 뒤로는 반수생 동물로 여겨지고 있지요. 다시 말해, 물속에서도 살았지만 마른땅에서도 잘 살았다는 뜻이에요. 골격의 모양을 연구한 과학자들은 녀석들이 굴을 파는 동물이었을 가능성도 있다고 해요. 새끼들에게 보금자리를 만들어 주려고 굴을 판 건 아니었을까요?

## 강인한 생존자

고생대 말의 대량 멸종(40~41쪽 참조)으로 지구상의 거의 모든 생명이 아주 없어져 버렸어요. 살아남은 생물이 많지 않았는데 운 좋게도 **리스트로사우루스**는 살아남은 생물 중 하나였어요! 그냥 살아남기만 한 게 아니에요. 대멸종 이후에 크게 번성을 했거든요. 녀석들은 화석을 많이 남겼어요. 멸종에서 살아남은 육지 척추동물의 95%가 리스트로사우루스였던 것으로 추정돼요. 무엇이 이들을 그토록 강인하게 만들었는지 과학자들도 잘 알지 못해요. 겨울잠을 자서 이동하거나 먹을 필요 없이 오랫동안 쉴 수 있었을지도 몰라요. 이 무렵에는 화산 분출이 많아서 숨쉬기에 좋은 공기는 아니었어요. 굴을 파고 지하에서 시간을 보내는 리스트로사우루스는 어려운 환경에서도 호흡을 잘했을 테고요. 대량 멸종에서 살아남은 건 순전히 행운이었다고 생각하는 과학자들도 있어요. 잘생긴 동물 선발 대회 우승자가 아니더라도 잘 살 수 있다는 사실을 증명한 셈이죠!

고생대 • 리스트로사우루스 무라이

# 너는 날개가 참 크구나

**메가네우라**

거대 버섯들(52~53쪽 '프로토택사이트' 참조)이 기이하다고요? 그렇다면 여기를 보세요. 메가네우라(*Meganeura*)는 '역사상 가장 큰 곤충'이라는 기록의 보유자랍니다. 날개의 폭만 해도 고양이의 코끝에서부터 쭉 뻗은 꼬리 끝까지의 길이와 비슷했거든요! 이 거대 곤충은 오늘날의 잠자리와 사촌이에요. 커다란 날개로 선사 시대 하늘을 날며 다른 곤충들을 사냥했어요.

어서 피해!

## 메가네우라는 어떻게 그렇게 커졌을까?

과학적 질문들이 으레 그렇듯이, 이 질문 또한 그 답은 몇 가지예요! 그중 하나가 산소예요. 산소는 우리가 살기 위해 들이마시는 기체이자 우리를 에워싼 공기의 일부로, 공기 중의 산소량은 시간이 지나면서 달라졌어요. 오늘날에는 우리가 숨 쉬는 공기의 약 5분의 1이 산소예요. 하지만 **메가네우라** 시절에는 산소량이 훨씬 많았어요. 우리와는 달리 곤충은 폐가 없고 몸에 난 구멍인 기문을 통해 공기를 들이마시는데, 산소를 얼마나 들이마실 수 있느냐에 따라 몸의 크기도 달라져요. 산소량이 많을수록 몸집도 더 커질 수가 있거든요. 과학자들은 3억 년 전의 높은 산소 농도 덕분에 녀석들의 몸이 커졌다고 생각하기도 해요.

포식자가 적어서 크게 자랄 수 있었다고 생각하는 과학자들도 있답니다.

고생대 • 메가네우라

# 과학자 이야기

## 스크로툼 후마눔(Scrotum Humanum)

최초로 발견된 공룡은 무엇이었을까요? 그 답은 우리가 생각하는 것보다 간단하지가 않아요. 1677년에 매우 큰 다리뼈 일부가 발견되었지만, 아무도 그 뼈의 주인을 밝혀내지 못했어요. 로마 전쟁에 사용된 코끼리의 뼈였을까요? 아니면 거대한 인간의 뼈였을까요? 한 과학자는 그 뼈가 인간의 고환과 닮았다며 스크로툼 후마눔이라는 이름을 붙였어요! 스크로툼(scrotum)은 고환을 싸고 있는 피부인 '음낭'을 뜻해요. 그런데 그 화석은 결국 잃어버리고 말았어요. 이렇게 큰 뼈가 어떻게 없어질 수 있냐고요? 혹시 오늘날까지 아무도 알아보는 사람 없이 누군가의 연구소 선반 위에서 자리만 지키고 있는 것은 아닐까요? 우리에게 남은 것은 오래된 책에 실린 스크로툼 후마눔의 스케치가 전부예요. 생김새로 보아 이 화석은 티라노사우루스를 닮은 대형 육식 공룡인 메갈로사우루스의 뼈일 가능성이 커요. 따라서 이것이 인간이 발견한 최초의 공룡 화석일 수도 있답니다!

# 메리 애닝(Mary Anning)
## 화석 발굴의 영웅

메리 애닝은 고생물학의 진정한 영웅이에요. 1799년 영국의 라임 레지스에서 태어났어요. 집안이 가난했던 나머지 어렸을 때 형제자매를 다 잃고 조지프라는 오빠만 남았어요. 아버지 리처드는 화석 애호가여서 화석을 발굴해 수집하기도 하고 팔기도 했어요. 메리의 가족은 쥐라기 해안 인근에 살았는데, 그곳에는 껍데기가 아름다운 암모나이트(128~129쪽 참조) 화석과 멸종된 해양 파충류의 화석이 많았어요. 메리는 다섯 살 때부터 아버지의 조수가 되었어요! 아버지를 따라 해변을 걸으며 화석을 찾아내는 방법과 화석을 다루는 법을 배웠지요. 메리는 놀라운 화석들을 계속 발굴했답니다.

## 계속되는 화석의 발견

메리는 24세에 최초로 플레시오사우루스를 발견했어요. 플레시오사우루스는 약 2억 년 전에 바닷속을 헤엄쳤던 목이 긴 파충류예요(132~133쪽 '플레시오사우루스' 참조). 플레시오사우루스는 오늘날에 존재하는 그 어떤 생물과도 달랐기 때문에 당시에는 메리의 화석이 가짜라고 생각하는 사람들이 많았어요! 메리는 영국에서 최초의 익룡도 발견했어요. 익룡은 막으로 이어진 큰 날개가 달린 하늘을 나는 파충류로(112~113쪽, 121쪽, 124~125쪽 참조), 역사상 하늘을 나는 동물들 가운데 가장 큰 동물이에요.

## 메리와 어룡

메리는 겨우 열두 살 때, 오빠 조지프와 함께 2억 살 된 어룡의 두개골을 발견했어요. 어룡은 바닷속에 사는 파충류로, 무시무시한 긴 주둥이 안에 뾰족한 이빨이 가득한 녀석들이 많아요(108~110쪽 '익티오사우루스' 참조). 메리는 몇 시간에 걸쳐 조심스럽게 그 화석의 뼈대를 발굴했어요. 메리가 화석을 발굴하던 당시는 생명의 역사에 대해 잘 알려지지도 않은 데다가 진화라는 말을 들어 본 사람도 없었어요(20쪽 참조). 우리보다 훨씬 전에 놀라운 동물들이 수없이 살고 죽었다는 사실을 과학자들조차 알지 못했거든요. 어룡은 말할 것도 없고, 공룡이 뭔지도 몰랐으니까요. 메리가 어룡을 발견하자, 마을 사람들은 괴물을 파낸 줄 알았고 과학자들은 머나먼 땅에서 온 악어라고 생각했답니다!

## 메리의 유산

메리는 겨우 47세에 세상을 떠났는데, 과학계에서 그 업적을 인정받지 못한 터라 매우 가난했어요. 어려운 삶 속에서도 화석에 대한 열정이 남달랐기에 끝없이 나아갈 수 있었겠지요. 메리는 고생물학에 중요한 유산을 남겼어요. 어룡과 플레시오사우루스와 익룡을 포함해 자신이 발견한 수많은 화석이 영국 런던 자연사박물관에 전시되어 누구나 볼 수 있게 되었다는 사실을 알면 참 기뻐할 거예요.

## 똥으로 유명해!

이 모든 발견만으로는 성이 차지 않았는지, 메리는 마지막으로 대단한 발견을 해냈어요. 메리는 분석이라고 하는 똥 화석 분야의 선구자였어요! 고대의 똥에 누가 관심이 있을까 싶겠지만 똥은 많은 비밀을 간직하고 있어요. 똥을 연구함으로써 우리는 그 동물이 먹은 음식을 통해 초식 동물인지 육식 동물인지 알 수 있어요. 또한 그 동물이 살았던 장소에 대한 실마리도 얻을 수 있을뿐더러 사회적인 동물이었는지 단독 생활을 하는 동물이었는지도 짐작해 볼 수 있답니다.

## 너무 무례해!

메리는 정말 열심히 일했어요. 아주 많은 화석을 발견했고, 그 모든 화석을 세심하게 관리했지요. 안타깝게도 메리는 자신이 발견한 화석에 대한 여러 과학적 논의에서 부당하게 제외되었어요. 메리는 옛날 사람이었고, 당시만 해도 여성 과학자는 드물었어요. 단지 여성이라는 이유만으로 화석 발견을 주제로 모이는 중요한 과학자들의 모임인 런던 지질학회에 회원 가입조차 허락되지 않았어요! 내가 메리였다면 엄청 화가 났을 거예요! 다행히도 메리는 강인했어요. 그러한 일로 과거의 생명이 간직한 매력적인 비밀을 파헤치는 일을 멈추지 않았답니다.

초기 중생대인 2억 5200만 년 전은 기이하리만치 고요했어요. 큰 재앙과도 같은 멸종을 목격한 바로 뒤였으니까요. 이 '대멸종' 이후, 생명은 잿더미 속에서 일어나야만 했어요. 우리로서는 다행스럽게도 생명은 강인하답니다!

---

이 재앙 이후 몇백만 년 만에 우리는 화석 기록 속에서 니아사사우루스 패링토니(Nyasasaurus parringtoni)라는 최초의 공룡을 만나게 되는데, 녀석들이 세상을 장악하는 데는 그리 오랜 시간이 걸리지 않았어요. 무시무시한 육식 공룡에서부터 목이 긴 초식 공룡에 이르기까지, 중생대는 진정 공룡의 시대였답니다.

중생대 초기는 지금과는 그 모습이 매우 달랐어요. 오늘날처럼 많은 나라와 대륙 대신, 초대륙이라는 하나의 광활한 땅덩어리가 전부였지요. 이 초대륙 위에서 각양각색의 공룡이 크게 번성했어요.

2억 년 전 무렵, 거대 초대륙이 갈라져 2개의 커다란 대륙을 형성하기 시작했어요. 공룡들은 육지에서만 살았지만, 이 무렵에는 하늘과 바다로 간 무시무시한 짐승들도 있었어요. 오늘날의 하늘에는 나무 사이를 날아다니는 새들이 많지만, 깃털 달린 이 새들이 항상 하늘의 주인은 아니었어요. 하늘을 나는 최초의 척추동물이 파충류였다는 사실을 알고 있나요? 날아다니는 파충류를 익룡이라고 부르는데, 그중에는 공룡을 잡아먹는 무시무시한 녀석들도 있었어요! 이 대단한 동물들은 몸과 비교해 머리가 크고, 가죽처럼 딱딱하고 질긴 날개가 있었어요. 닉토사우루스 그라실리스(Nyctosaurus gracilis)와 같은 익룡들은 특이한 볏이 달려 있기도 했어요. 놀랍게도 하체고프테릭스 탐베마(Hatzegopteryx thambema) 같은 몇몇 익룡은 기린만큼이나 컸답니다!

육지와 하늘이 위험천만하니까 바닷속에 숨으면 안전하겠다고요? 과연 그럴까요? 중생대의 바다는 포식자들로 바글거렸어요. 그중엔 아리스토넥테스(Aristonectes)처럼 목이 긴 플레시오사우루스와 어룡들이 있었어요. 지금껏 살았던 그 어떤 동물보다도 몸집에 비해 눈이 큰 어룡도 있었고요. 어룡들은 모사사우루스 호프마니(Mosasaurus hoffmanni)와 같은 무시무시한 모사사우루스들과 같은 바다에서 살았어요. 이 거대한 파충류들은 헤엄을 치며 바다를 누볐고, 입 안에는 무서운 이

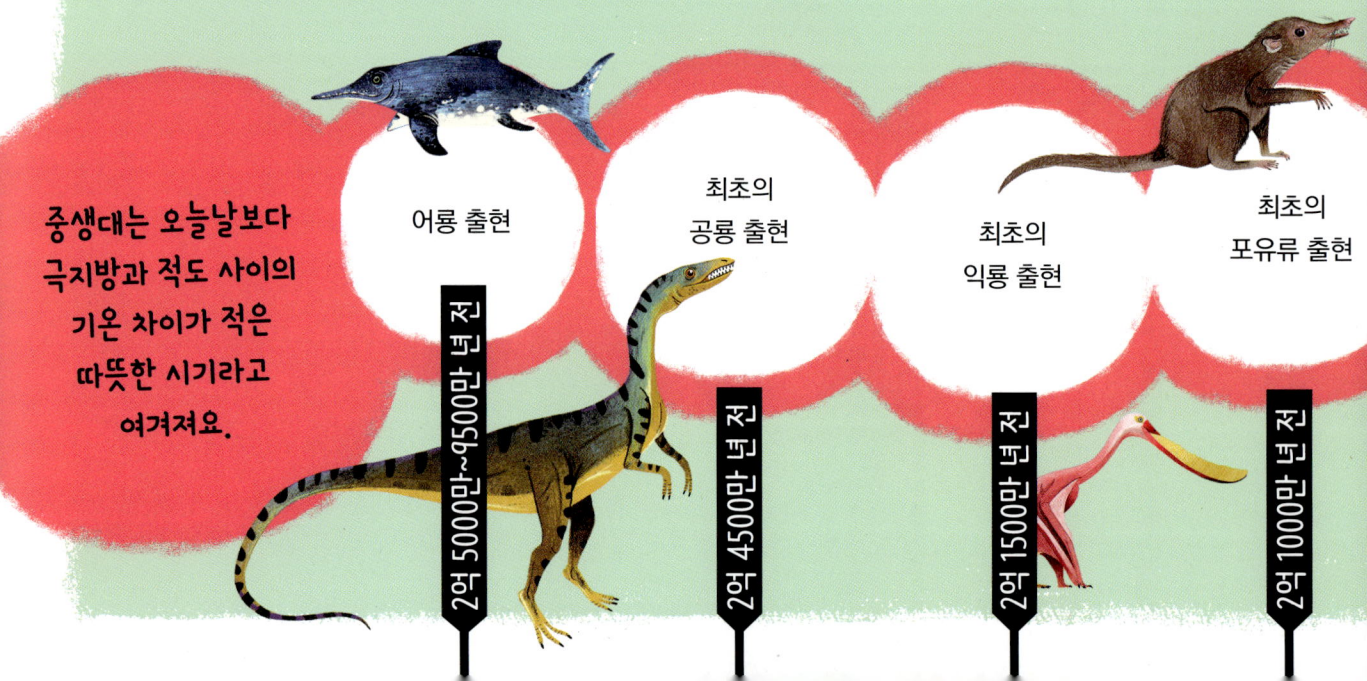

중생대는 오늘날보다 극지방과 적도 사이의 기온 차이가 적은 따뜻한 시기라고 여겨져요.

| 어룡 출현 | 최초의 공룡 출현 | 최초의 익룡 출현 | 최초의 포유류 출현 |

2억 5000만~9500만 년 전 | 2억 4500만 년 전 | 2억 1500만 년 전 | 2억 1000만 년 전

빨이 가득했어요. 포식자였던 모사사우루스는 버스보다도 길게 자라났으며, 먹이를 통째로 삼켰답니다.

이처럼 요란한 생물들뿐만 아니라, 중생대는 우리의 조상인 최초의 포유류가 진화한 시기이기도 해요. 모르가누코돈 왓소니(Morganucodon watsoni)는 초기 포유류 중 하나예요. 포유류는 온혈동물이고 새끼에게 젖을 먹여요. 코끼리, 개, 말을 비롯해 우리 인간도 포유류예요. 중생대에 살았던 포유류는 몸집이 작았어요. 대부분은 고양이보다 크지 않았지요. 사방이 온갖 무서운 짐승들이니 몸집이 작은 편이 좋았을 거예요. 몸집이 작으면 빨리 달아날 수 있고, 숨기도 편하니까요.

세계의 숲은 수억 년 동안 오늘날의 숲과는 모습이 매우 달랐어요. 풀도 열매도 꽃도 없었어요. 약 1억 5000만 년 전, 중생대 중반이 되어서야 몬체치아 비달리(Montsechia vidalii)와 같은 최초의 식물들이 꽃을 피우기 시작했어요. 꽃식물들은 빠르게 퍼져 나갔어요! 지금 우리의 정원을 본다면 전혀 놀랄 일이 아니지요. 오늘날의 식물 가운데 80% 이상이 아름다운 꽃을 피워요. 최초의 새들이 하늘을 난 것도 이 무렵이에요.

안타깝지만 좋은 일도 끝은 있기 마련이지요. 약 6600만 년 전, 머나먼 우주에서 거대한 소행성 또는 혜성이 지구를 향해 돌진해 왔어요. 그 지름만 10km에서 15km로, 이는 50m 수영장의 거의 300배 길이였어요. 콰과광! 그것이 지구와 충돌하면서 오늘날의 멕시코에 거대한 분화구가 만들어졌어요. 대재앙과도 같은 이 충돌에 이어 거대한 쓰나미가 지구를 휩쓸었어요. 파도 높이가 수 킬로미터에 달했지요! 충돌의 충격으로 먼지와 불덩어리가 하늘 높이 날아올랐어요. 다시 불덩어리들이 내려앉으면서 불길이 치솟았지요. 먼지가 너무 많아서 태양이 빛나지 못했어요. 식물은 태양에 의존해 에너지를 만들고, 따뜻한 햇볕이 없으면 살 수가 없어요. 식물이 시들어 죽자, 초식 동물의 먹을거리가 거의 사라졌어요. 초식 동물이 없으니 포식자들도 굶주렸어요. 이 충격적인 사건 이후, 해류가 극심한 영향을 받았고, 해양 생물의 4분의 3 이상이 사라졌어요. 25kg(보통 개의 무게보다 덜 나가는 정도)이 넘는 네발 동물은 거의 살아남지 못했어요. 공룡, 익룡, 플레시오사우루스, 모사사우루스가 지구를 돌아다닌 것은 이때가 마지막이었어요. 그들의 위대한 통치는 중생대 말기에 갑작스럽게 종말을 맞았답니다.

최초의 새와 새를 닮은 공룡의 출현 — 1억 5000만~1억 3000만 년 전

꽃의 진화 — 2억 5000만~1억 4000만 년 전

오늘날의 꽃과 친척인 가장 오래된 꽃 화석 발견 — 1억 3000만 년 전

최초의 모사사우루스 출현 — 9000만 년 전

대량 멸종 (백악기~고제3기 대멸종) 공룡, 익룡, 모사사우루스여, 안녕. — 6600만 년 전

# 최초의 공룡

**니아사사우루스 패링토니**

티라노사우루스나 트리케라톱스는 들어 봤을 거예요. 그런데 화석 기록상 최초의 공룡이 누구인지 알고 있나요? 니아사사우루스 패링토니(*Nyasasaurus parringtoni*)는 약 2억 4500만 년 전에 오늘날의 동아프리카에 살았어요. 이 공룡을 발견함에 따라 과학자들이 언제 어디에서 공룡이 최초로 진화했는지를 알아내는 데 많은 도움이 되었답니다.

대형견인 래브라도레트리버와 비슷한 크기였지만, 1.5m 길이의 꼬리를 달고 똑바로 섰어요.

# 뼈가 별로 없네

두 마리의 **니아사사우루스 패링토니**를 통해 알려진 뼈는 11개뿐이에요. 한 마리에서 팔뼈 1개와 등뼈 6개, 다른 한 마리에서 목뼈 4개를 발견했지요. 이 정도로는 전체 골격을 알기에는 턱없이 부족해요. 그럼 우리는 녀석의 생김새를 어떻게 알 수 있을까요? 적은 정보만을 가지고도 많은 일을 해내는 과학자들을 보면 참 놀라워요. 발견된 뼈의 크기와 모양을 이용해 전체 뼈대를 재구성하고, 심지어 그것이 두 다리로 섰는지, 네 다리로 섰는지까지 알아내거든요!

과학자들은 똑똑해!

중생대 · 니아사사우루스 패링토니

## 플래너리 박사님의 탐험 수첩

### 다이애맨티나강의 공룡 뼈

열여덟 살 때, 톰 리치 박사님이 나에게 공룡 화석을 찾으러 같이 퀸즐랜드에 가겠느냐고 물었어요. 떠나기 전날, 나는 너무 들떠서 밤을 새우다시피 했지요. 탐험은 생각했던 대로 흥미진진했어요. 우리는 다이애맨티나강 동쪽의 험준한 오르막길을 뛰어다니며 공룡 발자국과 오팔 조각을 비롯해 다른 보물들을 많이 발견했어요. 그러던 어느 날, 박사님이 부서진 암석을 쌓아 놓은 것처럼 보이는 무더기 앞으로 나를 불렀어요. 알고 보니 그것은 수백 조각으로 부서진 공룡의 팔다리뼈였어요. 우리는 불을 밝히고 몇 시간에 걸쳐 뼛조각을 맞추었어요. 마치 거대한 퍼즐 같았지만 아쉽게도 뼛조각의 3분의 1 정도가 빠지고 없었어요. 탐험 여행이 끝날 때까지 접착제로 붙이고 또 붙여서 거대한 공룡 뼈를 조립했는데도 여기저기 빈 구멍이 많았지요. 나한테 시간이 조금만 더 있었다면 나머지 조각들을 다 찾아 넣고 싶었답니다!

## 공룡이란?

공룡은 중생대에 살았던 화석 파충류예요. 모든 공룡은 '공룡류(디노사우리아)'에 속해요. 1842년 리처드 오언(138~139쪽 참조)이 '디노사우리아(Dinosauria)'라는 말을 만든 이래로, 1000개가 넘는 공룡이 기술되었어요. 공룡은 그 종류가 다양해요. 살을 찢는 이빨이 난 무서운 공룡, 목이 꼬리만큼이나 길고 느릿느릿 걸어 다니는 거대한 공룡, 화려한 주름 장식이 달린 공룡, 두개골이 두꺼운 돔 모양인 공룡도 있었어요. 공룡들은 다른 신기하고 멋진 생물들과 함께 중생대를 살았고, 육지는 공룡들의 세상이라고 해도 과언이 아니었어요. 헤엄치는 모사사우루스와 어룡, 하늘을 나는 익룡, 강에 사는 악어, 호수에 사는 거대 양서류는 공룡이 아니랍니다.

중생대 • 니아사사우루스 패링토니

# 깃털 달린 도마뱀

### 롱기스쿠아마 인시그니스

특이하게 생긴 이 파충류는 2억 4000만 년 전에 삼림 지대를 돌아다니던 롱기스쿠아마 인시그니스(*Longisquama insignis*)예요. 몸길이는 15cm에 지나지 않지만, 한 가지 환상적인 특징이 있었어요. 바로 하키 스틱을 닮은 길고 아름다운 장식 깃털이 등을 따라 난 것이죠. 꼭 깃털처럼 생겼지만, 이 작은 도마뱀은 화석 기록상 최초의 깃털이 발견되기 8000만 년 전에 살았던 동물이에요(96~97쪽 '캉규랍토르 양기' 참조). 과학자들은 이것이 진정한 의미의 깃털이 아니라고 생각해요. 왜냐면 깃털의 중요한 특징들이 보이지 않기 때문이에요. 롱기스쿠아마 인시그니스의 몸에 달린 것과 달리, 새의 깃털은 갈라진 모양인 데다 위에서 아래로 가면서 그 구조가 변하거든요.

깃털이 아니야!

몸길이가 겨우 15cm!

중생대 • 롱기스쿠아마 인시그니스

# 화려한 장식 깃털일까, 아니면 잎 모양을 한 가짜일까?

단 1개의 고대 화석으로 한 생명체의 생김새를 알아낸다는 건 세탁기 속에 넣었다 꺼낸 퍼즐 조각을 맞추는 기분일 거예요. 어떤 과학자들은 우리가 **롱기스쿠아마 인시그니스**의 생김새를 완전히 잘못 알고 있다고 생각하기도 해요. 등에 장식 깃털이 없는 평범하게 생긴 도마뱀이 길고 화려한 양치류 잎사귀 위에 쓰러져 죽는 바람에 우리를 헷갈리게 하는 화석을 만들어 냈을지도 모른다고 말이죠.

중생대 · 롱기스쿠아마 인시그니스

## 화려한 옷을 입은 까닭

과학자들은 **롱기스쿠아마 인시그니스**가 긴 장식 깃털을 어디에 썼는지, 심지어 그것들이 어떤 방향으로 서 있었는지조차 몰라요. 나무에서 나무로 건너뛰는 데 유용하지 않았을까 짐작하기도 하지만, 다른 암컷이나 수컷에게 잘 보이려는 목적으로 사용했을 것으로 생각하기도 해요.

**이름은 무슨 뜻일까?**

롱기스쿠아마는 그리스어로 '긴 비늘'이라는 뜻이에요.

# 가장 초기 포유류 중 하나

## 모르가누코돈 왓소니

작은 쥐를 닮은 모르가누코돈 왓소니(Morganucodon watsoni)는 대단해 보이지는 않을지 몰라도 포유류의 가장 초기 조상 중 하나예요. 다시 말해 우리의 조상이란 뜻이죠! 몸길이는 약 10cm, 몸무게는 설탕 반 컵보다 적은 녀석으로, 2억 500만 년 전에 처음 나타났어요. 오늘날의 많은 포유류처럼 이들도 털로 덮여 있었겠지만, 대부분의 현대 포유류와는 달리 알을 낳았고 뇌가 작은 편이었어요.

## 진실은 이빨 속에 있다

동물의 이빨을 연구하면 그 동물의 먹이를 알 수 있어요. 초식 동물은 이빨이 넓적하고 평평해요. 들쭉날쭉한 모양이라 질긴 채소를 씹기에 안성맞춤이죠. 끌 모양의 앞니로 나무를 씹어 먹는 초식 동물도 있고요. 육식 동물은 살을 발라내기 좋게 날카롭고 뾰족한 이빨을 가지고 있어요. **모르가누코돈 왓소니**의 어금니에는 왕관처럼 생긴, 끝이 뾰족한 송곳돌기 3개가 있었어요. 이 돌기가 윗니의 움푹 팬 곳과 딱 맞아서 작은 곤충을 완벽하게 으깰 수 있었답니다.

곤충은 작기 때문에 영양 가치가 높지 않아서 곤충을 먹고 사는 동물은 몸이 작은 경우가 많아요. 작은 몸 크기와 이빨 모양으로 보아 모르가누코돈도 곤충을 잡아먹는 식충 동물일 가능성이 있어요. 최근에 모르가누코돈 왓소니가 껍데기가 딱딱한 곤충을 좋아했다는 사실이 밝혀졌어요. 무는 힘이 좋아서 질긴 곤충을 씹기에 완벽했다는 사실을 알아냈거든요. 모르가누코돈의 일부 이빨에서는 껍데기가 딱딱한 딱정벌레를 잡아먹는 오늘날의 박쥐 이빨에서 볼 수 있는 것과 비슷한 긁힌 자국이 발견되기도 했어요.

# 거대 스트로마톨라이트

공룡 시대에 키가 6m이고, 잔물결 자국이 있는 넓은 모래밭에 살았던 생물은 무엇일까요? 바로 거대 스트로마톨라이트예요! 이 거대 동물은 약 1억 8000만 살로, 미국 유타주 자이언국립공원의 나바호 사암에서 발견되었어요. 30~31쪽에서 살펴본 스트로마톨라이트를 기억하나요? 스트로마톨라이트는 지구 최초의 화석 생물이에요. 특별한 종류의 박테리아가 모여서 만들어진 여러 층으로 이루어진 광물 더미지요. 박테리아가 자라면서 내뿜은 끈끈한 점액질이 표면에 붙어 있는데, 이 점액에 주변에 있던 광물과 모래가 달라붙으면서 층을 이루어 자라나게 돼요.

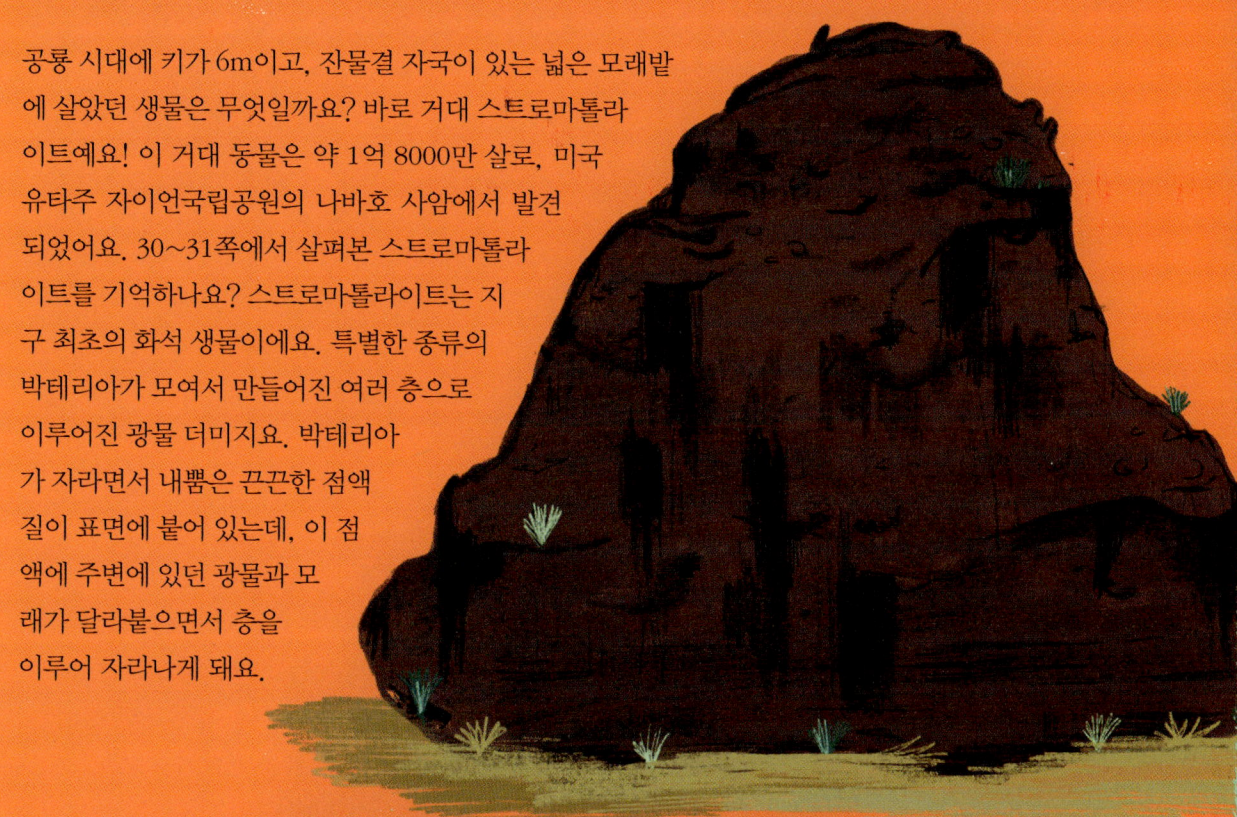

### 플래너리 박사님의 탐험 수첩

## 지구상에서 가장 오래된 암석

지구상에서 가장 오래된 화석은 스트로마톨라이트이고, 지구상에서 가장 오래된 암석은 '지르콘'이라는 아주 작은 결정체예요. 푸른빛을 띠는데 맨눈으로는 잘 보이지 않아요. 그중에서도 가장 오래된 것은 웨스턴오스트레일리아주 퍼스에서 북쪽으로 800km 떨어진 잭힐스와 내리어산 근처에서 볼 수 있어요. 2014년에 과학자들은 어떤 지르콘을 43억 7500만~600만 살로 추정하기도 했어요. 나는 1990년대에 내리어산에 간 적이 있어요. 사막 속에 있는 오래되고 깎여 나간 산으로, 높이가 수백 미터에 불과한 척박하고도 붉은 산이에요. 한 목축업자가 결혼기념일 선물로 아내를 위해 이 산이 있는 땅을 샀다고 해요. 목축업자의 말에 따르면, 다이아몬드 반지보다 더 싼 데다 산에 있는 작고 오래된 지르콘이 다이아몬드보다 더 예뻤답니다. 목축업자의 아내는 이 별난 선물에 매우 만족스러워하는 듯했고요!

# 화려한 볏

### 크리올로포사우루스 엘리오티

크리올로포사우루스 엘리오티(*Cryolophosaurus ellioti*)는 차가운 남극 대륙에서 처음으로 발견된 공룡으로, 눈 바로 위에 볏이 달렸어요. 몸길이는 6.5m이고, 몸무게는 작은 말과 비슷한 465kg이었죠. 크리올로포사우루스 엘리오티는 육식 공룡이었어요.

화려한 머리 장식이 눈에 띄는 공룡이에요!

**크리올로포사우루스 엘리오티**는 특이한 볏으로 같은 종족을 알아보았던 것 같아요. 오늘날의 동물들은 같은 종끼리 서로를 알아볼 수 있도록 온갖 종류의 기술을 사용해요. 예를 들어, 캠벨모나원숭이로 알려진 세르콥테쿠스 캠벨리(*Cercopithecus campbelli*)는 얼굴의 화려한 무늬로, 개구리는 독특한 울음소리로, 나비들은 저마다 다른 향기로 서로를 알아본답니다!

너구나? 반가워!

## 추위를 좋아하는 공룡?

차가운 남극 대륙에서 발견되긴 했지만, **크리올로포사우루스 엘리오티**는 추위를 좋아하는 동물은 아니었어요. 이들이 살아 있을 당시인 1억 9000만 년 전 무렵의 세계는 지금보다 훨씬 따뜻했거든요. 남극 대륙에 얼음이 하나도 없었던 것으로 추정돼요. 크리올로포사우루스는 먹이를 찾아 양치류 초원과 소나무 숲을 돌아다녔어요.

**이름은 무슨 뜻일까?**

크리올로포사우루스는 그리스어로 '얼어붙은 볏 도마뱀'이라는 뜻이에요. 재미있게도 이 공룡은 '엘비스사우루스'라는 별명도 있는데, 머리에 달린 볏이 록 스타 엘비스 프레슬리의 머리 모양과 닮았기 때문이랍니다!

## 플래너리 박사님의 탐험 수첩

### 빅토리아주에서 공룡 찾기

거의 80년 동안 내가 자란 빅토리아주에서 발견된 공룡 화석은 딱 1개였어요. '케이프 패터슨의 발톱'이라고 알려진 이 화석은 육식 공룡의 것으로, 1903년 5월 7일 지질학자 윌리엄 해밀턴 퍼거슨이 발견했어요. 여덟 살 때 난생처음 빅토리아박물관에 갔는데, 어떤 직원분이 내 손에 그 발톱을 올려 주었어요. 나는 당장에 그 화석에 마음을 빼앗겼고 케이프 패터슨의 발톱을 만졌던 손을 절대 씻지 않겠다고 맹세를 했지요! 그러면서 화석 뼈를 더 많이 찾아내겠다고 결심했어요. 스무 살 무렵이 되어서야 드디어 기회가 왔어요. 알고 지내던 지질학자 로브 글레니 형에게 그 유명한 발톱 이야기를 했더니, 놀랍게도 발견 장소를 빨간색 엑스(X) 자로 표시한 퍼거슨의 지도 사본이 형에게 있다는 거예요. 나는 너무 흥분해서 가만히 앉아 있을 수가 없었어요! 형에게 나와 내 사촌을 지도에 표시된 장소로 데려가 달라고 간청했고, 몇 주 뒤에 형이 우리를 그곳으로 데려갔어요.

우리가 케이프 패터슨으로 가던 날은 바람이 세고 비가 억수같이 내리는 추운 날이었어요. 해변으로 달려간 우리는 20분도 되지 않아 화석 뼈를 발견했어요. 그것은 빅토리아주에서 발견된 두 번째 공룡 뼈로 밝혀졌어요! 몇 달 안에 내가 30여 개를 더 찾아냈고, 이후 빅토리아주에 공룡 뼈 찾기 열풍이 불기 시작했지요! 오늘날까지 빅토리아주에서만 수천 개의 공룡 뼈가 발견되었답니다.

# 잃어버린 고리

### 아르카이옵테릭스 리토그라피카

작고 깜찍한 참새를 포함해 우리가 정원에서 만나는 새들은 모두 공룡에서 진화했어요. 정말 놀랍죠! 아르카이옵테릭스 리토그라피카(Archaeopteryx lithographica)는 우리에게 가장 처음으로 알려진 새 중 하나로, 흔히 잃어버린 고리라고 해요. 그 조상(공룡)을 그 후손(새)과 연결해 주는 새란 뜻이지요. 진화에 대해 더 알고 싶다면 20쪽을 보세요.

**이름은 무슨 뜻일까?**

아르카이옵테릭스는 그리스어로 '고대의 날개'라는 뜻이에요.

공룡

새

중생대 · 아르카이옵테릭스 리토그라피카

## 대단한 발견

시조새의 발견은 우리가 진화를 이해하는 데 매우 중요한 역할을 했어요.

# 하늘을 나는 최초의 새

입 안에 날카로운 이빨이 많고 골격을 보면 작은 공룡 같지만, **시조새**는 새와 비슷한 점이 많아요. 시조새의 몸에 있는 차골(창사골)은 우리가 즐겨 먹는 통닭에도 있어요! 새의 정면, 어깨와 어깨 사이에서 볼 수 있는 차골은 라틴어로 '작은 포크'라는 뜻으로, 날갯짓을 도와주는 역할을 해요. 시조새는 온몸이 아주 길고 멋진 털로 덮인, 하늘을 나는 최초의 고대 새 중 하나였어요. 까마귀만 한 크기로, 약 1억 5300만 년 전에 오늘날의 유럽에서 살았어요.

## 검은색과 하얀색이면 충분해

놀랍게도 과학자들이 **시조새**의 깃털 색을 알아냈어요. 동물의 색소를 만들어 내는 아주 작은 세포 소기관을 최고급 현미경으로 확대해 볼 수 있었거든요. 이 소기관들은 색깔에 따라 모양이 달라져요. 과학자들은 이를 통해 시조새의 깃털이 오늘날의 까치처럼 하얀색이 조금 섞인 윤이 나는 검은색이었다는 사실을 밝혀냈답니다.

중생대 · 아르카이옵테릭스 리토그라피카

# 아니, 아니, 박쥐 공룡이 아니야!

**암보프테릭스 론기브라키움**

새처럼 깃털이 난 날개가 달린 공룡(96~97쪽 '캉규랍토르 양기'와 84~85쪽 '아르카이옵테릭스 리토그라피카(시조새)' 참조)은 들어 봤겠지만, 박쥐처럼 막으로 이어진 날개가 달린 공룡에 관해 알고 있나요? 암보프테릭스 론기브라키움(Ambopteryx longibrachium)은 참 희한하게 생긴 공룡이었어요. 머리에서 꼬리 끝까지 길이가 음료수 캔 하나 정도인데, 한마디로 뒤죽박죽인 동물이었죠. 몸에는 깃털이 빽빽이 덮여 있는데 날개는 박쥐처럼 투명했거든요. 게다가 다람쥐처럼 작은 발은 나뭇가지에 앉기에 안성맞춤이었답니다.

## 좋아하는 먹이

과학자들은 위 속에 보존된 내용물을 통해 그 동물이 살아 있을 당시 먹었던 먹이를 알 수 있어요. **암보프테릭스 론기브라키움**의 배 속에는 오늘날의 초식 새들에게서 발견되는 위석과 작은 뼛조각들이 있었어요. 다시 말해, 이들은 고기와 식물을 모두 먹는 잡식 동물일 가능성이 있다는 뜻이에요.

중생대

암보프테릭스 론기브라키움

깃털과 '박쥐 날개'가 결합된 날개를 가진 공룡은 암보프테릭스 론기브라키움과 이키(Yi Qi), 이렇게 두 종류밖에 없어요.

# 대단한 발견이야!

농장에서 일을 하다가 1억 5000만 년 된 화석을 발굴한다고 상상해 보세요! 중국 북동부의 한 마을에 사는 농부가 운 좋게 최초로 **암보프테릭스 론기브라키움**의 화석을 발견했답니다.

## 비행의 진화

이 특이한 생김새의 박쥐 공룡이 발견되기 전까지 과학자들은 공룡이 하늘을 나는 법을 딱 한 번 알아냈고, 하늘을 날던 그 공룡들이 결국 새로 진화했다고 생각했어요. 그런데 **암보프테릭스 론기브라키움**과 같은 박쥐 날개를 가진 공룡들은 새로 진화하지 않았어요. 전부 다 멸종해서 '진화의 막다른 골목'에 이르렀다고 알려져 있어요. 따라서 이제는 공룡에게 비행 능력이 최소한 두 번은 생겨났다는 게 밝혀졌어요. 박쥐 날개 공룡들에게서 한 번, 새로 진화한 공룡들에게서 한 번, 이렇게요.

서로 가까운 친척이 아닌데도 비슷한 특징을 지닌 동물들이 있어요. 종류가 다른 두 공룡이 똑같이 하늘을 나는 날개를 가진 것처럼요. 이를 수렴 진화(22쪽 참조)라고 해요. 사는 환경이 같을 때, 그 환경에 맞게 적응하기 때문에 생기는 일이랍니다.

중생대 • 암보프테릭스 론기브라키움

# 디플로도쿠스 (Diplodocus)

## 목이 긴 공룡

이 거대 공룡은 약 1억 5000만 년 전에 오늘날의 미국을 느릿느릿 돌아다녔어요. 몸길이는 26m, 몸무게는 2만 kg으로, 아프리카 코끼리의 4배에 달했지요. 가장 유명한 긴 목 공룡 중 하나로, 전 세계 박물관에서 흔히 볼 수 있어요. 전체 몸길이 대부분을 아주 긴 목과 꼬리가 차지하고 있어요. 매우 긴 꼬리 덕분에 긴 목과 무게의 균형을 이룰 수 있었을 것으로 여겨지기도 해요.

**재미있는 사실!**

한때 과학자들은 디플로도쿠스가 시무룩한 개처럼 꼬리를 바닥에 끌면서 걸었을 것으로 생각했어요. 하지만 이들은 긴 목과 균형을 맞추기 위해 꼬리를 땅에 닿지 않게 들고 걸었을 거예요.

## 오, 그 자세 좋아!

오랫동안 과학자들은 **디플로도쿠스**가 어마어마하게 긴 목을 어떻게 가누었을지를 두고 의견이 분분했어요. 목을 높이 쳐들었을까요? 목이 몸과 수평을 이뤘을까요? 아니면 고개를 아래로 숙이고 다녔을까요? 이 공룡들은 목을 수평과 수직의 중간인 45도 각도로 유지했을 가능성이 커요. 디플로도쿠스는 긴 목을 이용해 식물을 먹었어요. 맛있는 나무에 닿기 위해 목을 쭉 뻗는 대신, 두 뒷다리와 꼬리를 삼각대처럼 사용했을 거예요. 맛있는 간식을 달라고 조르는 개처럼 몸을 젖히고 앞다리를 들었을 수도 있고요!

45도 각도

중생대 · 디플로도쿠스

88

## 하나보다는 둘이 낫지

디플로도쿠스는 거대한 몸집에 비해 상대적으로 머리와 뇌가 아주 작아요. 골반 속에 두 번째 '뇌'가 있는데 이는 거대 신경절로 알려져 있어요. 이 신경절이 허리의 뇌 역할을 해서 만약 누가 꼬리를 물면 뇌까지 빨리 전달해 주었답니다!

**소닉 붐**

디플로도쿠스는 아주 특별한 재능이 있었어요. 꼬리 끝을 빠르게 때려서 소닉 붐(음속 폭음)을 일으키는 능력이 있다고 여겨지거든요! 소닉 붐은 초당 343m인 음속보다도 물체가 더 빠르게 움직일 때 발생해요. 정말 빠른 속도지요? 카우보이가 채찍을 휘두를 때 나는 "쫙!" 하는 소리를 들어 본 적이 있나요? 이 소리가 바로 음속을 돌파하며 발생하는 소닉 붐이에요. 디플로도쿠스는 포식자를 막는 방어 수단으로 이렇게 꼬리를 사용했을 수도 있어요. 엄청 빠르게 움직이는 긴 꼬리에 맞으면 얼마나 아플까요!

디플로도쿠스와 같은 동물들이 실제로 꼬리를 빠르게 움직일 수 있는지 알아내기 위해 과학자들은 실제 꼬리의 4분의 1 크기로 실험용 모형을 제작했어요. 참 대단하죠! 그 꼬리를 설계하고 제작하는 데 거의 1년이 걸렸어요. 무게는 20kg에 이르고 금속으로 제작한 '뼈'도 82개나 있었어요. 뼈에 있는 근육과 피부의 무게를 계산해 그 무게도 더했고요. 완성된 모형 꼬리를 공룡 엉덩이에 붙이는 대신 삼각대에 붙여 사람의 손으로 이리저리 움직였어요. 과학자들은 꼬리가 움직이며 음속의 장벽을 깨는 장면을 촬영했어요. 그러나 이 모형 꼬리가 실제 꼬리와 거리가 멀다고 주장하는 과학자들도 있어요. 인간의 팔로 꼬리를 움직이는 게 아니라 꼬리를 움직였을 공룡의 엉덩이 근육을 재현하는 게 중요하다면서요. 참 어려운 일이죠? 과학자들은 더 좋은 방법을 찾아 끊임없이 실험 방법을 고쳐 나가요. 화석 생물의 행동 양식을 알아낼 좋은 방법이 없을까요?

# 최초의 꽃 화석

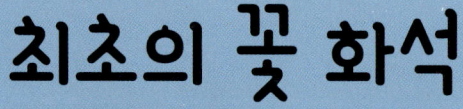
몬체치아 비달리

화석화된 최초의 꽃식물인 몬체치아 비달리(*Montsechia vidalii*)는 오늘날의 꽃과는 사뭇 달랐어요. 중요한 이정표이긴 하지만, 다소 실망스러울 수도 있어요! 몬체치아 비달리는 물속에 사는 수생 식물로, 오늘날의 꽃과는 달리 꽃잎이나 꽃의 꿀이 없었고, 아주 작은 씨앗이 든 열매만 있었어요. 과학자들은 이 식물이 수족관에서 흔히 볼 수 있는 오늘날의 붕어마름과 조금 닮았을 거라고 해요.

과학자들은 2억 4000만 년 전에서 1억 4000만 년 전에 처음으로 꽃이 나타났다고 해요. 그러나 오늘날의 꽃과 친척인 최초의 꽃이 화석으로 보존된 때는 1억 3000만 년 전이었어요.

중생대 · 몬체치아 비달리

## 꽃이 없는 세상

향기를 맡고 감탄하며 바라볼 꽃이 없는 세상을 상상할 수 있나요? 수억 년 동안 세계의 숲은 양치류와 침엽수(솔방울 같은 원뿔꼴 열매와 가늘고 뾰족한 잎이 달리는 나무)처럼 꽃이 없는 식물들로 가득했어요.

## 진화의 수수께끼

난징안투스 덴드로스틸라(*Nanjinganthus dendrostyla*)는 잎이 숟가락 모양이고 가운데에 줄기가 있는 꽃 화석으로, 1억 7400만 년 전에 살았어요. 이 꽃 화석이 오늘날의 꽃과 관련이 있는지, 아니면 진화의 막다른 골목에 이르렀던 생물인지 과학자들도 잘 알지 못해요. '진화의 막다른 골목'이란 한 생명체가 오늘날 그 어떤 친척도 남기지 않고 사라진 것을 말해요.

중생대 • 몬체치아 비달리

## 꽃의 힘

꽃식물이 평범한 사촌들을 제치고 세상을 장악하는 데는 오랜 시간이 걸리지 않았어요. 오늘날, 식물 10개 중 8개는 꽃이 피는 식물이에요. 이들은 서식지가 다양해요. 꽃이 피지 않는 친척들보다 더 빨리 자라는 경우가 많고, 먼 곳까지 닿을 수 있는 씨앗도 훨씬 더 많이 만들어 내요. 많은 식물이 씨앗으로 번식해요. 씨앗에는 배아, 즉 아기 식물을 위한 양분이 포함되어 있고, 알맞은 조건이 되면 싹을 틔워요. 씨앗은 보통 작아서 새로운 곳으로 쉽게 이동해서 어른 식물로 자라나요.

씨앗은 세찬 바람이나 동물의 도움으로 퍼져 나가요.

# 맵시 있는 돌기

### 아마르가사우루스 카자우이

펑크족을 닮은 공룡 아마르가사우루스 카자우이(*Amargasaurus cazaui*)는 모히칸 머리처럼 목 뒤를 따라 두 줄로 돌기가 나 있어요. 똑바로 솟은 이 돌기들은 아마도 우리의 머리카락과 손톱을 구성하는 물질과 같은 물질로 덮여 있었을 거예요. 쓰임새가 무엇이었는지 확실히 알 수는 없지만, 포식자에게서 몸을 보호하거나, 다른 암컷이나 수컷에게 과시하는 데 사용했거나, 아니면 몸을 식히는 장치로 쓰였을 것으로 여겨져요.

## 작은 용각류

**아마르가사우루스 카자우이**는 용각류 공룡의 일종으로, 거대한 **파타고티탄 마요룸**(*Patagotitan mayorum*, 106~107쪽 참조)과 친척이에요. 몸길이가 10m에 키가 2.5m밖에 안 되긴 하지만요. 코뿔소만큼 육중하긴 해도 용각류치고는 꽤 작은 편이었어요. 1억 3000만 년 전에는 이 가시 돋은 녀석들이 오늘날의 남아메리카 아르헨티나에서 풀을 찾아다니는 광경을 볼 수 있었겠죠?

# 배불뚝이 가위손

**테리지노사우루스 첼로니포르미스**

테리지노사우루스 첼로니포르미스(*Therizinosaurus cheloniformis*)는 약 1억 2000만 년 전에 살았으며, 키가 5m에 달했어요. 어른 세 명이 어깨를 타고 올라선 것보다도 더 컸지요. 몸도 커서 악명 높은 티라노사우루스 렉스와 몸무게가 비슷할 정도였어요. 엉덩이가 넓적하고 배가 컸으며, 동물 세계에서 가장 큰 발톱의 소유자로 유명한데, 발톱 길이가 1m에 달했답니다.

## 초식 공룡

보기만 해도 무시무시한 발톱이 달린 녀석이라 나라면 감히 근처에 갈 생각도 안 했을 거예요. 그런데 이들은 포식자가 아니었어요. 과학자들에 따르면, 머리와 이빨이 작은 것으로 보아 식물을 좋아하는 초식 공룡이었다고 해요.

## 왜 발톱이 컸을까?

**테리지노사우루스 첼로니포르미스**는 초식 공룡인데 왜 굳이 무서운 발톱이 필요했을까요? 자신을 먹잇감으로 여기는 육식 공룡에게서 몸을 지키기 위해서가 아니었을까요? 누구라도 이 건장한 공룡에게 접근한다면, 마치 무시무시한 칼을 한 움큼 손에 쥔 것 같은 발톱을 이용해 제 몸을 지켜 낼 수 있었을 거예요. 씹어 먹을 나뭇잎을 긁어모을 때도 유용했을 테고요.

# 팀의 이름을 딴 공룡

> 멋진데!

**티미무스 헤르만니**

티미무스 헤르만니(Timimus hermani)의 어떤 점이 그렇게 이상하고, 야만적이고, 놀랍냐고요? 녀석들에게는 한 가지 매우 특별한 점이 있는데 그건 바로… 내 이름을 따서 지은 공룡이라는 거예요! 이 작은 녀석의 다리뼈는 오스트레일리아 빅토리아주 앞바다의 공룡만(Dinosaur Cove)에서 발견되었어요. 약 1억 600만 년 전에 살았던 공룡으로 여겨져요. 크기를 보면 다부진 공룡이라기보다는 다리가 가늘고 긴 타조와 더 가까운 모습이었을 것으로 짐작이 돼요. 몸길이는 약 2.5m까지 자랐어요.

과학자들이 다리뼈에 남은 성장 형태를 연구한 결과, 곰처럼 겨울잠을 잤을 수도 있다고 해요.

중생대 · 티미무스 헤르만니

## 우표에 나온다고?

1993년에 한 예술가가 그린 티미무스 그림이 오스트레일리아 우표에 사용되기도 했어요!

## ● 플래너리 박사님의 탐험 수첩 ●

### 나만의 티라노사우루스

톰 리치 박사님과 박사님의 동료들이 내 이름을 따서 티미무스 헤르만니라는 이름을 붙였을 때 얼마나 영광스러웠는지 몰라요. 빅토리아주 공룡 발굴에 내가 큰 역할을 했기 때문이라고 박사님은 말했지요. 티미무스는 빅토리아주 오트웨이 코스트의 공룡만에 있는 오스트레일리아 유일의 (지금은 폐쇄된) '공룡 광산'에서 발굴된 단 한 개의 허벅지 뼈를 통해 알려진 공룡이에요. 발견 당시에는 '새를 닮은 공룡' 중 하나로 여겨졌어요. 이빨이 없고 타조를 닮아서 새를 닮은 공룡이라고 불리는 녀석들이 있거든요. 그런데 몇 년 전에 더욱 심층적인 연구를 통해 그 뼈가 오스트레일리아 유일의 티라노사우루스 가족의 잔해라는 결정이 내려졌어요! 내 이름을 딴 공룡이 이빨도 없는 새를 닮은 공룡이 아니라 위대한 티라노사우루스의 친척이라는 소식에 깜짝 놀랐답니다!

티미무스 헤르만니는 악명 높은 티라노사우루스 렉스와 친척이긴 하지만 티라노사우루스보다는 훨씬 덜 무서웠고, 식물에서부터 알과 작은 동물에 이르기까지 먹이를 가리지 않았던 것으로 여겨져요.

중생대 ● 티미무스 헤르만니

# 날개가 넷 달린 공룡

**캉규랍토르 양기**

캉규랍토르 양기(Changyuraptor yangi)는 온몸에 아름답고 기다란 깃털이 난 공룡이에요. 꼬리 깃털은 성인 남자의 발 길이만큼이나 길었어요. 심지어 앞다리와 뒷다리도 깃털로 덮여 있어서 '날개'가 4개였던 셈이지요. 캉규랍토르 양기는 칠면조만 한 몸집에 몸길이가 1.3m 정도였으며, 약 1억 2500만 년 전에 살았고, 중국에서 처음 발견되었어요. 지금까지 발견된 공룡 가운데 가장 큰 '네 날개 공룡'이랍니다.

## 우적우적!

이빨과 발톱이 날카로운 사나운 육식 공룡이었어요. 길고 무시무시한 발톱으로 먹잇감을 뜯어 먹었겠죠?

놀라워!

이름은 무슨 뜻일까?

'캉규'는 표준 중국어로 '긴 깃털'이라는 뜻이에요.

# 정말 하늘을 날았을까?

깃털이 이렇게나 많은데, 무슨 그런 바보 같은 질문이 있냐고요? 그런데 깃털은 꼭 하늘을 날 때만 쓰는 건 아니에요. 높은 곳에서 미끄러지듯이 내려오거나, 포식자를 피해 뛰어내리거나, 심지어 짝을 유혹하는 데에도 깃털을 사용할 수 있어요. 공작의 아름다운 깃털이 바로 그런 목적으로 쓰여요. 날지 못하는 펭귄은 작은 깃털로 헤엄을 치기도 하고요. 과학자들은 뼈의 모양과 무게 등을 연구해 **캉규랍토르 양기**가 실제로 하늘을 날 수 있는 공룡이었다는 몇 가지 단서를 찾아냈어요. 이로써 지금까지 발견된 공룡 중 하늘을 나는 가장 큰 공룡이 되었어요. 과학자들은 이들이 특별히 긴 꼬리를 이용해 안전하게 땅으로 내려앉았을 것으로 짐작하고 있어요. 몸집이 너무 크면 잘못 내려앉다가 엄청난 사고로 이어질 수 있거든요!

### 플래너리 박사님의 탐험 수첩

#### 수수께끼 깃털

멜버른에서 동쪽으로 2시간 정도 떨어진 곳에 있는 고속 도로에 산을 잘라 길을 낸 곳이 있는데, 그곳에 가면 1억 2000만 년 전에 존재했던 고대 호수 속에 형성된 퇴적물을 볼 수 있어요. 쿤와라 유적지로 알려진 이곳은 엄청난 장관을 이루는데, 심지어 곤충의 애벌레까지도 찾아볼 수 있어요. 호수 바닥은 산소가 부족하니까 바닥으로 가라앉은 것들이 썩지 않았을 가능성이 커요. 이 유적지에서는 깃털 화석 10개가 발견되었는데, 일부는 새의 깃털이고 일부는 공룡의 깃털로 추정돼요. 그동안 다른 자원봉사자들과 함께 쿤와라 유적지를 발굴하면서도 나는 항상 깃털이 나오기를 바랐어요. 하지만 지금까지 내가 발견한 것은 아름답게 보존된 양치류와 곤충과 물고기가 전부랍니다.

중생대 · 캉규랍토르 양기

# 오싹오싹한 플리오사우루스

## 크로노사우루스

만약 여러분이 1억 2000만 년 전에 오늘날의 오스트레일리아 오지에 있는 에로망가해(Eromanga Sea)에서 헤엄치고 있는 상황이라면, 악어는 걱정거리도 아니었을 거예요. 바로 밑에 크로노사우루스(*Kronosaurus*)가 도사리고 있을지도 모르니까요! 이들은 목이 짧고 큰 지느러미발이 4개 달린 해양 파충류 플리오사우루스에 속해요. 몸길이가 11m이고, 두개골 하나만도 그 길이가 2m에 달했어요. 턱에는 원뿔 모양의 큰 이빨들이 가득한데, 그중엔 높이가 30cm나 되는 이빨도 있었어요. 무는 힘이 얼마나 강한지 바다악어보다 2배는 더 셌을 거예요. 거기다 이빨도 튼튼해서 단단한 암모나이트 껍데기(128~129쪽 참조)도 부술 정도였지요. 무시무시한 포식자로 거북, 다른 해양 파충류, 암모나이트, 심지어 대왕오징어까지 잡아먹었으리라 짐작해요. 큰 지느러미발은 바다에서 빠른 속도로 나아가는 데 안성맞춤이었답니다.

## 바다는 어떻게 오지가 되었을까?

지구상의 육지는 변화하는 기후에 따라 그 모양이 달라져요. 수백만 년 동안 지구는 덥고 추운 시기를 여러 차례 목격했어요. 지구가 더워지면 북극과 남극의 얼음이 녹아서 지구 전체적으로 해수면이 상승해요. 해수면이 상승하면 대륙의 땅이 줄어들고, 에로망가와 같은 내해가 형성될 수 있어요. 반대로 지구가 추워지면 극지방에 더 많은 얼음이 생기면서 해수면이 낮아지겠죠. 이렇게 되면 내해가 결국 오지로 바뀔 수가 있어요!

## 플래너리 박사님의 탐험 수첩

### 크로노사우루스를 파낸 남자

어느 날, 빅토리아박물관에서 자원봉사를 하고 있는데 톰 리치 박사님이 키가 큰 미국인 과학자 한 명을 소개했어요. 그가 "안녕하세요. 짐 젠슨입니다."라고 인사를 하는데, 나는 그만 깜짝 놀랐어요. 다큐멘터리 잡지 〈내셔널 지오그래픽〉에 실린 '공룡 짐' 기사를 다 읽었는데, 바로 그 짐 젠슨이었던 거예요. 그는 지금까지 발견된 공룡 중에서 가장 커다란 공룡을 몇 마리나 발견한 사람이기도 해요. 함께 차를 마시면서 짐이 1930년대에 오스트레일리아 퀸즐랜드에서 거대한 해양 파충류인 크로노사우루스를 발굴했던 경험을 들려주었어요. 당시 짐은 하버드대학교 자연사박물관 소속의 젊은 표본 담당자였어요. 발굴한 뼈대를 지상으로 가져와 가까운 기차역으로 가서, 다시 배를 타고 미국까지 운반하는 과정은 엄청난 작업이었어요. 당시에 화석을 포장할 재료가 지역 양털 창고에서 받은 양의 엉덩이 털밖에 없었다고 해요. 엉덩이 털이니까 당연히 양의 똥으로 범벅이 되어 있었겠지요. 그러다 보니 보스턴항구에서 세관원에게 거부를 당할 뻔했다는 거예요! 설득 끝에 그 뼈대는 하버드대학교의 자연사박물관에 전시될 수 있었고, 아직도 자랑스럽게 그 자리를 차지하고 있답니다.

### 어디에 가면 만날 수 있을까?

실물 크기로 복원된 **크로노사우루스**는 퀸즐랜드 열대박물관에 가면 볼 수 있어요. 크로노사우루스의 뼈대는 미국 매사추세츠주에 있는 하버드대학교에도 전시되어 있어요.

# 무서운 양서류

## 쿨라수쿠스 클리란디

양서류라고 하면 개구리와 도롱뇽이 더 친숙하겠지만, 이 녀석은 개구리는 아니에요. 1억 2000만 년 전에 살았던 쿨라수쿠스 클리란디(*Koolasuchus cleelandi*)는 우리가 아는 보통 양서류가 아니었어요. 무엇보다 몸이 엄청나게 컸지요. 길이는 거의 5m에 이르고, 몸무게는 북극곰과 맞먹었어요. 머리가 매우 넓적한 데다 입이 아주 커서 공룡도 통째로 삼켰지요! 악어처럼 숨어서 기다리다가 공격하는 잠복 포식자로, 물속에 숨어서 운 없는 먹잇감이 다가오기를 기다렸어요. 차가운 기온을 좋아하는 녀석이라 얼음같이 찬 개울 속을 가장 좋아했어요. 지금까지 발견된 화석은 대부분 턱뼈였답니다.

**조심해!**
물속에 거대하고도 치명적인 선사 시대 양서류가 있어요!

**이름은 무슨 뜻일까?**

쿨라수쿠스는 '쿨의 악어'라는 뜻으로, 고생물학자 레슬리 쿨(Lesley Kool)의 이름을 따서 지었어요. 언젠가는 여러분의 이름을 붙인 새로운 화석 생물이 탄생하지 않을까요?

## 플래너리 박사님의 탐험 수첩

### '신만알' 이야기

1980년대 초기에 나는 더 많은 공룡 뼈를 찾기 위해 빅토리아 해안의 접근하기 힘든 지역을 탐험하기로 했어요. 공룡 뼈가 있을지 모를 파식대*에 다다르려면 오래된 블라우홀(blowhole)*을 기어 내려오고 동굴을 통과해야만 했어요. 무서운 곳인 데다가, 내가 화석을 찾으려는 바위 위로 계속해서 파도가 몰아쳤어요. 다행히 밀물이 들어오기 전에 뼈 하나를 발견했지요. 특이하게 생기고 주름이 덮인 내 팔뚝만 한 뼈였어요. 톰 리치 박사님에게 보여 주자 이렇게 말했어요. "그건 신만알이야." 내가 "신만알이요?" 하고 되묻자 박사님이 대답했죠. "신만이 알 거라고!"

그 뼈는 몇 년 동안 수수께끼로 남아 있었지만, 나는 그것이 '미치류'라고 불리는 멸종된 거대 양서류의 뼈일지도 모른다는 생각이 자꾸만 들었어요. 딱 하나, 미치류는 내가 발견한 신만알보다 수백만 년 전에 멸종된 생물로 여겨진다는 게 문제였지요. 우리는 화석 근처 바위에 보존된 꽃가루 알갱이를 통해 신만알의 연대를 짐작할 수 있었어요. 화석을 본 미치류 전문가는 내 말에 콧방귀를 뀌었어요. 17년 뒤, 더 완전한 표본이 발견되고 나서야 그 신만알이 미치류인 쿨라수쿠스로 확인되었어요. 다른 친척들보다 적어도 1500만 년 넘게 오래 살아남은 마지막 생존자였던 거예요! 이러한 경험을 통해 나는 나 자신을 믿어야 한다는 교훈을 얻었어요. 남들이 내가 틀렸다고 생각할 때조차도 말이죠.

*파식대: 해식붕이 융기해 이루어진 바닷가의 평탄한 지형.

*블라우홀: 오랜 시간 파도를 맞은 바위에 풍화·침식 작용이 계속되어 커다란 구멍이 생긴 것.

중생대 • 쿨라수쿠스 클리란디

## 팀의 보물!

쿨라수쿠스 클리란디 화석 뼈의 최초 발견사는 바보 나납니다! 오스트레일리아 빅토리아주로 떠난 화석 발굴 여행에서 발견한 화석이에요. 이들이 살던 당시 빅토리아주는 남극 근처에 있었어요. 지금은 빅토리아주가 그때보다 훨씬 따뜻해져서 이 무서운 양서류가 도사리고 있을 만한 얼음같이 차가운 개울은 없답니다!

# 가젤을 닮은 귀여운 공룡

### 레엘리나사우라 아미카그라피카

여러분이 1억 1000만 년 전으로 돌아간다면 대초원을 뛰어다니는 가젤 떼 대신 초식 공룡 떼를 만나게 될 거예요! 레엘리나사우라 아미카그라피카(Leaellynasaura amicagraphica)는 몸길이가 90cm밖에 안 되고, 두 다리로 걸어 다니는 작은 공룡이었어요.

## 급격한 성장

**이족 보행이란?**

두 발로 걷는 것을 이족 보행이라고 해요.

**레엘리나사우라 아미카그라피카**의 화석 뼈 구조를 연구한 과학자들은 이 작은 공룡의 성장 과정을 알 수 있었어요. 생후 3년 동안 급격하게 성장을 하고, 성년기에는 성장이 느려진다고 해요.

# 어둠 속의 생명

**레엘리나사우라 아미카그라피카**의 화석은 오스트레일리아 빅토리아주의 공룡만에서 발굴되었어요. 지질학에 따르면, 지구가 항상 지금 같은 모습이었던 것은 아니었어요. 지구는 수백만 년에 걸쳐 변화해 왔지요. 세계의 대륙, 즉 땅덩어리가 영원히 한곳에 박혀 있는 것은 아니랍니다. 지구 주위를 아주 천천히 움직이지요. 대륙은 지각판 위에서 움직이며 지금도 이동하고 있어요. 오스트레일리아는 해마다 7cm씩 북쪽으로 이동하는 판 위에 있어요. 아무리 천천히 이동한다고 해도 움직이는 과정에서 지진이 일어나고 화산이 폭발할 수 있어요! 이들이 살던 당시, 빅토리아주는 지금보다 남극에 훨씬 가까웠어요. 지구도 지금보다 훨씬 따뜻해서 남극에는 얼음이 없었어요. 1년 중 몇 달은 해가 전혀 비치지 않는 완전한 어둠이었지요. 몇 주를 칠흑 같은 어둠 속에서 산다고 생각해 보세요. 상상조차 안 되지요? 몇몇 과학자들은 레엘리나사우라 아미카그라피카의 안구가 유난히 큰 것도 그 때문이라고 생각해요. 눈이 크면 어두운 곳에서도 잘 볼 수 있을 테니까요.

## 와, 넌 꼬리가 정말 길구나!

레엘리나사우라는 꼬리가 매우 길어요. 몸통과 비교하면 같은 유형의 공룡들 가운데 가장 긴 편이지요. 꼬리가 나머지 몸의 거의 3배나 되는데, 꽤 유연했던 것 같아요.

## 따뜻하고 포근해

몇몇 과학자들은 **레엘리나사우라 아미카그라피카**의 온몸이 가느다란 털로 덮여 있었으며, 그 녀석들이 솜털 같은 꼬리를 몸에 둘둘 감고서 추운 겨울을 났을 것으로 생각한답니다.

아, 따뜻해!

중생대 · 레엘리나사우라 아미카그라피카

# 거대 파인애플이야, 갑옷 입은 공룡이야?

**보레알로펠타 마크미첼리**

이 녀석은 5.5m 길이의 거대 파인애플로 착각하기 쉬워요! 하지만 보레알로펠타 마크미첼리(Borealopelta markmitchelli)는 갑옷을 입은 공룡으로, 몸집이 코뿔소만큼이나 컸어요. 1억 1000만 년 전에 살았으며, 여러 줄의 가시가 머리부터 꼬리까지 이어져 있었어요. 육지에 살았지만, 죽은 뒤 바다로 쓸려 내려간 한 녀석 덕분에 다행히 이 녀석들을 만날 수 있게 되었어요. 1300kg에 달하는 몸이 바다 밑바닥에 가라앉았고, 그곳에서 화석으로 보존된 거예요. 육지보다는 바다에서 살거나 죽은 동물이 화석화될 가능성이 훨씬 크지요.

## 이름은 무슨 뜻일까?

보레알로펠타는 '북쪽의 방패'라는 뜻이고, 마크미첼리는 마크 미첼(Mark Mitchell)이라는 이름에서 따왔어요. 마크는 캐나다 앨버타 주의 왕립티럴박물관의 기술자였어요. 마크는 암석에서 화석을 분리해 내기 위해 6년이나 고생을 했지요. 이는 매우 섬세한 작업이에요. **보레알로펠타 마크미첼리** 화석을 위해 마크가 쓴 시간은 무려 7000시간이나 된다고 해요.

# 방어용 갑옷

**보레알로펠타 마크미첼리**는 보존 상태가 아주 좋아서 갑옷의 색깔까지도 알아낼 수 있었어요. 적갈색 피부에, 오늘날의 많은 동물이 위장술로 이용하는 특이한 무늬가 있었어요. 아마도 이 위장술을 이용해 포식자에게서 몸을 숨겼을 거예요. 숨는 것만으로 부족하면 가시 돋은 갑옷으로 포식자를 물리쳤겠지요.

조심해!

화석을 준비하는 과정은 힘들어요. 과학자들은 특별한 도구를 써서 암석에서 화석을 분리해 내는데, 한 번에 뼈 하나씩 매우 신중하게 작업을 해야 해요. 종종 복잡한 장비로 화석을 정밀 촬영해서 화석이 암석의 어느 부분에 어떤 상태로 있는지 알아내기도 해요. 화석의 상태를 온전하게 유지할 수 있도록 특별한 종류의 접착제를 사용하기도 하고요. 모든 작업이 끝나면 전시용으로 선보이거나 박물관에 잘 보관하지요.

## 잠자는 숲속의 미녀

2011년에 캐나다의 한 광부가 작업을 하다가 우연히 엄청난 화석을 발견했어요. 화석으로 보존된 동물은 대부분 쪼개지거나 부서지는 경우가 많아요. 처음 암석이 만들어지고 수백만 년이 흐르면서 본래 자리를 벗어나 움직이는 일이 생겨요. 침식되거나 데워지기도 하고, 큰 압력을 받아 찌그러지기도 하고요. 당연히 광부가 발견한 화석도 이 모든 일을 겪었겠지요! 게다가 잘 보존되었더라도 발견 과정에서 손상이 되기도 해요. 놀랍게도 **보레알로펠타 마크미첼리**는 입체적으로 보존이 되어 있었어요. 믿을 수 없을 만큼 정밀하게요. 마치 쉬거나 잠든 것처럼 보일 정도였지요! 보존 상태가 얼마나 좋은지 죽기 전에 마지막으로 먹은 음식까지 위장에 그대로 남아 있었어요. 알고 보니 갑옷을 입은 이 공룡은 양치류를 좋아했답니다.

# 천천히 걸어

### 파타고티탄 마요룸

2014년에 발견된 이 거인은 지금껏 지구 위를 걸었던 육지 동물 가운데 가장 거대한 동물이라는 기록을 세웠어요. 약 1억 년 전에 살았고 티타노사우루스과에 속해요. 티타노사우루스는 네 다리로 걸었고, 목이 어마어마하게 긴 반면 머리는 아주 작았어요. 파타고티탄 마요룸(Patagotitan mayorum)은 티타노사우루스 중에서도 가장 큰 종류로 꼽혀요. 머리끝에서 꼬리 끝까지의 길이가 37m인데, 이는 흰긴수염고래보다도 긴 거예요!

## 이름은 무슨 뜻일까?

티타노사우루스는 '아주 거대한 도마뱀'이라는 뜻이에요. 고대 그리스 신화에 등장하는 거대하고 강력한 신의 종족인 '티탄'의 이름을 따서 지은 것이랍니다.

> 몸무게는 아프리카코끼리 약 12마리를 합한 정도이고, 다리뼈는 사람 어른의 키보다도 길었어요.

# 친근한 거인

파타고티탄 마요룸은 어마어마한 몸집 때문에 천천히 움직였고, 다른 티타노사우루스들과 마찬가지로 초식 공룡이었어요. 아마도 목을 수평으로 들고 다녔겠지만, 14m에 달하는 높은 나무까지도 닿을 수 있었을 거예요. 기린이 닿을 수 있는 높이는 최대 5m라고 해요!

## 플래너리 박사님의 탐험 수첩

### 술집에서 공룡 찾기

내가 톰 리치 박사님과 함께 다이애맨티나강을 따라 공룡의 잔해를 찾아다니는 동안, 영국의 고생물학자들은 술집을 돌아다니며 공룡을 찾았어요! 소몰이꾼이나 목축업자가 초원에서 소를 몰다 공룡 뼈를 찾아내는 일이 종종 있는데, 그 뼈를 근처 술집에 가져다 놓기도 하거든요. 술집에서는 이런 화석을 특이한 수집품으로 여겨 진열해 놓거나 문 버팀 쇠 대신 쓰는 경우가 많아요. 영국의 고생물학자들은 바로 그런 뼈를 찾아다닌 거예요. 그렇게 찾아낸 공룡 뼈가 박사님과 내가 발견한 화석보다 훨씬 많았어요! 술집 주인들은 술집을 찾아온 과학자들에게 기꺼이 문 버팀 쇠를 내주었다고 해요.

## 참을성이 필요해

**파타고티탄 마요룸** 화석은 너무 거대해서 과학자들이 발굴을 위해 돌을 파내는 데에만 1년이 넘게 걸렸어요. 화석에 따라 발굴 작업은 아주 복잡해지기도 하고, 많은 주의가 필요하기도 해요. 파타고티탄 마요룸의 화석은 통째로 파내기에는 너무 커서 여러 덩어리로 나누어서 파내야만 했어요. 화석은 아주 외진 지역에서 발견되기도 하는데, 그럴 때에는 발굴이 진행되는 몇 주 내내 천막을 쳐 놓고 야영을 해야 해요. 발굴 작업이 끝난 뒤에도 고생물학자들은 할 일이 아직 많이 남아 있어요. 화석은 암석 속에 파묻힌 상태로 발굴이 되거든요. 그러한 화석들은 다시 추가 작업을 위해 실험실로 보내지고, 완전한 준비를 마치기까지는 몇 년이 걸릴 수도 있답니다!

# 기상천외한 물고기 도마뱀

## 익티오사우루스

익티오사우루스(*Ichthyosaurs*)는 '물고기 도마뱀'이라는 뜻이에요. 흔히 '어룡'이라고 부르는 이 유선형의 헤엄치는 파충류는 약 2억 5000만 년에서 9500만 년 전에 전 세계 바다에서 볼 수 있었어요. 어룡은 대부분 길고 뾰족한 주둥이 안에 날카로운 이빨이 가득했고, 큰 눈 2개와 헤엄치는 지느러미 4개, 강력한 꼬리가 있었어요. 어룡은 그 종류가 매우 다양해요. 먼바다에 사는 녀석들도 있고, 해안과 가까운 얕은 바다를 좋아하는 녀석들도 있었어요. 참치만 한 어룡부터 범고래만 한 어룡까지 크기도 다양했지요! 가장 큰 어룡 중 하나인 샤스타사우루스(*Shastasaurus*)는 몸길이가 26m에 달했을 것으로 여겨져요. 한때는 바다에서 볼 수 있는 가장 큰 포식자였답니다.

## 빠르게 헤엄치기

가장 초기의 어룡 익티오사우루스는 등뼈가 훨씬 유연했고 뱀장어처럼 움직였어요. 시간이 지나면서 등뼈가 더 단단해졌지요. 이들은 오늘날의 다랑어처럼 몸 전체를 움직여서 헤엄을 쳤는데, 덕분에 뱀장어를 닮은 조상들보다 더 빠른 속도로 이동할 수 있었답니다.

## 지방층 덕분이야

**익티오사우루스**는 몸이 매끈한 돌고래 같지만, 돌고래는 아니었어요. 하지만 특별히 잘 보존된 화석을 통해 돌고래와 비슷한 부분을 발견했지요. 피부가 그대로 보존된 이 화석을 보면, 이들에게는 (육지에 사는 파충류와는 달리) 비늘은 없지만 피부밑에 체온을 유지하고 부력을 얻게 해 주는 얇은 지방층이 있었다는 사실을 알 수 있어요.

지방층은 돌고래, 물범, 고래와 같은 해양 동물에게서 볼 수 있어요.

## 너를 더 잘 볼 수 있어서 좋아

어떤 **익티오사우루스**들은 깊은 바다까지 잠수를 했고, 눈이 커서 어두운 바닷속에서도 앞을 잘 볼 수 있었어요. **오프탈모사우루스**(Ophthalmosaurus)는 눈의 지름이 23cm로, 축구공만 했어요! 약 4m인 몸길이에 비해 생명의 역사상 가장 눈이 큰 동물이라는 기록을 세웠답니다.

## 거북을 닮은 초기 익티오사우루스

**카르토린쿠스 렌티카르푸스**(Cartorhynchus lenticarpus)는 송이만 한 어룡이지만, 크고 넓적한 지느러미가 달려 있었어요. 과학자들은 녀석들이 해저에 살았고, 이 지느러미를 이용해 거북처럼 해안으로 올라갔을 수도 있다고 생각해요.

### 플래너리 박사님의 탐험 수첩

#### 아기 익티오사우루스 사세요

어느 날 사우스오스트레일리아박물관에 있는 내 사무실에 앉아 있는데, 먼지투성이 광부 두 명이 잃어버린 언약의 궤*처럼 생긴 상자를 들고 왔어요. 자기들은 오팔 광산의 광부라면서 상자 속에 오팔화된 익티오사우루스의 완전한 뼈대가 있다는 거예요! 상자를 열었더니 익티오사우루스가 보이긴 했는데 돌덩어리 사이로 주둥이 끝과 꼬리 끝만 드러나 있었어요. 광부들은 그걸 25만 달러에 팔겠다고 했어요! 워낙 큰돈이기도 했고, 게다가 정말로 골격 전체가 있는지 확신할 수도 없었어요. 고민 끝에 박물관에서 돈을 마련해 광부들에게 수표를 건넸는데, 광부들이 심란한 표정을 지으며 100달러짜리 지폐로 받고 싶다는 거예요. 세금 문제도 있는 데다 현금으로 받아 바로 쓰고 싶은 눈치였지만, 결국엔 수표를 받고 돌아갔지요.
박물관의 표본 담당자가 작업을 한 결과, 골격의 절반만 남아 있다는 걸 알았어요. 그래도 뼈 속에 귀한 오팔 조각들이 반짝이는 훌륭한 표본인 것만큼은 분명했어요. 사우스오스트레일리아박물관의 오팔 화석 전시관에 가면 전시된 표본을 볼 수 있답니다.

*언약의 궤: 십계명이 새겨진 석판을 넣어 보관한 성궤로, 유대인들이 가나안에 정착한 후 예루살렘의 솔로몬 신전에 보관했으나 어느 날 사라져 버렸다고 한다.

# 한입이 너무 커!

약 2억 4000만 년 전, 어떤 **익티오사우루스**가 먹이를 한입 크기보다 더 크게 물어뜯었어요. 위장보다도 더 커다란 눈으로, 자기와 몸길이가 엇비슷한 먹잇감을 잡아먹겠다고 작정한 거예요! 먼저 머리와 꼬리를 물어뜯고 나서 통째로 삼켰어요. 그런데 한입에 삼키기엔 먹잇감이 너무 커서 이 욕심쟁이 익티오사우루스는 그만 목을 다치고 말았어요. 안타깝지만 너무 심하게 다쳐서 질식해 죽었을 거라고 해요.

무시무시한 이빨부터 잇몸을 드러낸 입까지

익티오사우루스는 좋아하는 먹이에 따라 이빨의 생김새가 달랐어요. 크고 두꺼운 이빨은 거북, 다른 **익티오사우루스**, 물고기, 심지어 새를 씹어 먹기에 완벽했어요. 길고 뾰족한 이빨은 몸이 부드러운 오징어를 잡기 좋았고요. 그런데 잠깐! 이빨이 하나도 없는 익티오사우루스도 있었어요. 이들은 잇몸을 드러내고 맛 좋은 먹이라면 무엇이든 진공청소기처럼 쭉쭉 빨아들였을지도 몰라요!

똑똑한데!

## 탄생의 순간

때때로 화석에는 동물뿐만 아니라 과거에 일어난 동작이 그대로 남아 있기도 해요. 어떤 익티오사우루스의 화석에는 놀랍게도 살아 움직이는 새끼를 낳고 있는 암컷 익티오사우루스의 모습이 고스란히 보존되어 있었어요! 어른 익티오사우루스의 화석을 자세히 보면, 고개를 내민 아기 익티오사우루스가 보여요. 물속에서는 머리부터 낳으면 위험하기 때문에 아마도 육지에서 새끼를 낳지 않았을까 여겨지기도 해요.

# 공룡을 잡아먹는 악어

**다이노수쿠스**

이 무시무시한 짐승은 이빨 하나가 바나나만 해요. 물론 그 힘은 바나나보다 훨씬 더 세지요! 다이노수쿠스(*Deinosuchus*)는 약 8000만 년 전에 오늘날의 북아메리카에 살았고, 몸길이가 10m가 넘었어요. 이 포식자는 아마도 강가의 탁한 물속에 몰래 숨어 있었을 거예요. 몸집이 워낙 커서 가까이 다가오기만 하면 가장 큰 공룡까지도 공격하지 않았을까요?

다이노수쿠스는 그리스어로 '무서운 악어'라는 뜻인데, 결코 과장된 표현이 아니랍니다.

무서워!

중생대 • 다이노수쿠스

111

# 특이한 익룡

**프테로다우스트로 구이나주이**

프테로다우스트로 구이나주이(*Pterodaustro guinazui*)는 특이한 익룡이었어요. 익룡은 하늘을 나는 파충류로, 공룡의 사촌이에요. 익룡의 종류는 100종이 넘었어요. 참새만 한 익룡부터 기린만 한 익룡까지 크기가 다양했고, 전 세계에서 발견되었어요.

프테로사우루스(익룡)는 깃털이 없고, 날개는 피부와 근육으로 이루어져 있었어요.

이게 다 이빨이라니, 신기해!

이름은 무슨 뜻일까?

프테로사우루스는 그리스어로 '날개 도마뱀'이라는 뜻이에요!

## 하늘을 나는 여과 섭식자

날개 폭의 길이가 약 2.3m였지만, **프테로다우스트로 구이나주이**가 특별한 것은 큰 몸집 때문이 아니었어요. 위쪽으로 구부러진 특이하게 생긴 큰 부리가 눈에 확 띄죠? 아랫부분은 숟가락처럼 움푹하고 부리 안쪽에는 바늘처럼 긴 이빨이 1000개나 있었어요! 하지만 겁먹지 마세요. 살을 뚫기 위한 이빨이 아니라 작은 동물을 걸러 내기 위한 이빨이니까요. 여과 섭식은 들이켠 물을 체로 치듯 이빨 사이로 거른 뒤 작은 동물만 입 안에 남겨서 먹는 것을 말해요. 녀석은 호수 물을 꿀꺽꿀꺽 마시고 먹이만 걸러 냈어요. 오늘날의 홍학과 먹는 방식이 비슷하다고 해요.

프테로다우스트로 구이나주이는 약 1억 년 전에 오늘날의 남아메리카 아르헨티나의 호수 위를 날아다녔어요.

# 분홍색 익룡?

프테로다우스트로 구이나주이는 똑같이 여과 섭식을 하는 홍학처럼 분홍색이었을까요? 과학자들은 그럴 수 있다고 생각해요. 그 이유는 먹이 때문이에요. 홍학처럼 이들도 분홍색의 작은 새우와 식물을 먹었다고 여겨지거든요. 홍학이 먹는 먹이 속 분홍색 색소가 몸과 깃털에 쌓여 분홍색으로 보이는 것이랍니다.

← 깃털이 없어요!

## 희귀한 발견

익룡은 하늘의 제왕이었지만, 몸체가 온전한 화석은 많이 발견되지 않았어요. 뼈가 가볍고 매우 연약해서 시간이 흐르면서 부서지는 경우가 많거든요.

중생대 • 프테로다우스트로 구이나주이

# 일생일대의 발견

### 오쿨루덴타비스 카운그라에

가끔 과학자들은 일생일대의 화석을 만나게 되는데, 오쿨루덴타비스 카운그라에(*Oculudentavis khaungraae*)가 바로 세상을 깜짝 놀라게 만든 주인공 중 하나예요. 2016년에 동남아시아의 미얀마에서 발견된 이 생명체의 머리는 아주 특별한 방식으로 보존되어 있었어요. 약 9900만 년 전에 나무의 진액에 질식해 죽은 뒤 '호박'이라는 광물 속에 갇혀 있었답니다.

세상에나!

이름은 무슨 뜻일까?

오쿨루덴타비스는 라틴어로 '송곳니 새'라는 뜻이에요.

# 아주 작은 머리

부리가 달린 이 작은 동물은 오늘날 가장 작은 새인 벌새보다도 작았어요. 온 가족이 여러분의 손바닥에 담기고도 남을 정도예요. 머리 길이는 1.4cm에 지나지 않았고, 눈은 도마뱀을 닮았어요.

오쿨루덴타비스 카운그라에는 가느다란 부리를 따라 바늘 같은 이빨이 100여 개나 있었는데, 이를 곤충을 잡는 데 사용했을 것으로 여겨져요. 이 녀석들은 열대 우림에서 살았어요.

중생대 • 오쿨루덴타비스 카운그라에

## 공룡일까, 도마뱀일까?

발견 이후, 이 작은 생명체를 생명의 나무 중 어디에 두어야 할지를 놓고 과학자들 사이에 논쟁이 벌어졌어요. 이들과 가장 가까운 친척은 누구였을까요? 처음에는 오늘날 새들의 옛 친척인 아주 작은 공룡이 아닐까 생각했지만, 특이하게 생긴 도마뱀일 수 있다고 여겨지기도 해요.

# 바다의 괴물

**모사사우루스 호프마니**

티라노사우루스 렉스(126~127쪽 참조)가 육지를 공포에 떨게 하던 당시, 모사사우루스는 바다의 제왕이었어요. 유선형의 긴 몸에 노처럼 생긴 지느러미가 달려 있었던 모사사우루스는 성공적인 파충류 집단으로, 힘차게 전 세계 바다를 헤엄치고 다녔지요. 큰 턱에는 무섭게 생긴 이빨이 줄줄이 나 있어서 당대 최고의 포식자로 이름을 날렸어요. 물고기와 다른 해양 파충류, 그리고 지금은 멸종된 암모나이트(128~129쪽 참조)를 먹이로 먹고 살았어요. 지름 1.8m까지 자라는 암모나이트는 껍데기가 있는 동물로, 오늘날의 문어와 친척이에요.

> 턱이 유연해서 입을 크게 벌리고 먹이를 통째로 삼킬 수 있었답니다!

> 공룡보다 내가 먼저야!

최초의 모사사우루스 화석은 최초의 공룡 화석보다도 먼저 발견되었어요. 1766년에 처음으로 **모사사우루스 호프마니**(*Mosasaurus hoffmanni*)의 턱뼈 화석을 발견한 사람들은 악어나 고래의 화석이라고 생각했어요. 오늘날의 서유럽에 있는 한 채석장에서 발견되었지요.

## 재미있는 사실

배는 밝은색이고 등은 어두운색이라 깊고 푸른 바닷속에 숨기 좋았어요.

중생대 · 모사사우루스 호프마니

# 가장 큰 모사사우루스

몸길이가 최대 17m까지 자라는 **모사사우루스 호프마니**는 바다의 지배자였어요. 그런데 몸만 컸지, 머리는 나빴어요. 과학자들은 이들이 난폭하게 살았을 거라고 해요. 심하게 부러졌다가 나은 턱뼈 화석도 발견되었거든요. 먹잇감을 잡으려다 혼자서 다쳤거나, 같은 모사사우루스와 싸우다가 생긴 상처인 것으로 보여요.

모사사우루스는 공기로 호흡을 해요. 아마도 숨을 쉬려고 거북처럼 수면 위로 올라오곤 했을 거예요.

## 고아나의 조상

모사사우루스가 오스트레일리아 왕도마뱀인 고아나와 가까운 친척이라는 사실을 알고 있나요? 고아나는 육지에 사는 대형 육식 도마뱀이에요.

중생대 • 모사사우루스 호프마니

# 외발톱 공룡

### 린헤니쿠스 모노닥틸루스

약 7500만 년 전, 오늘날의 중국 북부에 살았던 이 작은 공룡은 큰 앵무새만 한 크기였어요. 2011년에 발견된 별난 공룡으로, 아주 짧은 팔에 발톱이 1개씩만 달려 있었어요. 린헤니쿠스 모노닥틸루스(*Linhenykus monodactylus*)는 곤충을 먹고 사는 동물이었을 거예요. 과학자들은 린헤니쿠스 모노닥틸루스가 이 발톱을 흰개미의 집에 구멍을 뚫을 때 썼을 거라고 해요. 오늘날 개미핥기와 천산갑 같은 동물들도 긴 발톱을 이렇게 사용한답니다.

나하고 크기가 비슷하네!

이름은 무슨 뜻일까?

모노닥틸루스는 그리스어로 '하나의 손가락'이라는 뜻이에요.

## 식충 동물?

곤충을 먹는 동물을 '식충 동물'이라고 해요.

# 뿔이 몇 개야?

### 코스모케라톱스 리차르드소니

## 건장한 몸

코스모케라톱스 리차르드소니(Kosmoceratops richardsoni)는 체격이 건장해요. 다 자라면 몸길이가 약 4.5m에, 무게는 하마에 버금갔지요. 거칠게 보이긴 해도 초식 공룡이었어요.

한껏 치장한 이 공룡은 약 7600만 년 전에 살았으며, 2m 길이의 머리 위로 15개의 뿔을 자랑스럽게 뽐냈어요. 세계에서 머리에 뿔이 가장 많이 달린 동물이라는 기록을 보유하고 있기도 해요! 목 뒤 방패 같은 주름 장식 위에 정면을 바라보고 있는 뿔이 10개, 눈 위에 2개, 양 뺨에 1개씩, 그리고 코끝에 1개가 있어요. 공룡계의 공작이라고 할까요? 과학자들은 이 뿔이 암컷이나 수컷을 유혹하기 위한 용도이지, 포식자에게서 몸을 방어할 목적으로 쓰이지는 않았을 거라고 해요.

**이름은 무슨 뜻일까?**

코스모케라톱스는 그리스어로 '장식된 뿔 얼굴'이라는 뜻이에요.

## 유명한 친척

코스모케라톱스 리차르드소니에게는 유명한 친척이 있는데, 혹시 누군지 알겠어요? 네, 잘 알려진 트리케라톱스와 사촌 간이랍니다.

# 들창코 악어

### 시모수쿠스 클라키

코가 들창코인 개는 봤어도 그런 악어는 본 적이 없다고요? 우리가 아는 악어는 대부분 길고 무시무시한 주둥이에 크고 뾰족한 이빨이 가득 나 있지요. 그런데 시모수쿠스 클라키(Simosuchus clarki)는 주둥이가 매우 짧은 데다 이빨도 특이하게 생겼어요. 이빨 하나하나가 여러 개의 작은 돌기로 이루어져 있거든요. 두개골 모양과 재미있게 생긴 이빨을 연구한 결과, 과학자들은 이들이 초식 동물이었을 것이라고 짐작해요.

## 작은 악어

이 작은 악어는 몸길이가 약 75cm로, 한 살 된 사람 아기만 했어요. 재미있게 생긴 뭉툭한 꼬리가 달려 있었는데, 헤엄칠 때는 불편했겠지만 육지에서 느릿느릿 걷는 데는 문제가 되지 않았어요.

**지금까지 발견된 화석은 5개가 전부예요. 모두 마다가스카르섬에서 발견되었어요.**

**언제 살았을까?**
약 7000만 년 전에 살았던 동물이에요.

중생대 · 시모수쿠스 클라키

# 바다 위를 나는 익룡

**닉토사우루스 그라실리스**

익룡으로 알려진 하늘을 나는 이 도마뱀은 8900만 년에서 6600만 년 전 무렵에 살았어요. 한쪽 날개 끝에서 다른 쪽 날개 끝까지의 길이가 약 2m로, 날개 모양을 연구한 과학자들은 닉토사우루스 그라실리스(*Nyctosaurus gracilis*)가 오늘날의 앨버트로스처럼 바다 위를 날아다니며 살았을 것으로 생각해요. 뾰족한 부리로 얕은 물에서 물고기를 잡아먹으면서 말이에요.

이 익룡은 몸무게가 채 2kg도 되지 않았어요. 냉장고 속 2L짜리 우유보다도 가볍지요.

거대한 볏!

## 와, 넌 정말 볏이 크구나!

닉토사우루스 그라실리스는 한 가지가 매우 특별해요. 머리 꼭대기에 거대한 볏이 달려 있었는데, 사슴뿔과도 비슷하지요. 이 볏은 몸 전체보다도 길었고, 머리 길이의 3배에 달했어요! 다행히도 이 볏은 얇고 가벼웠어요. 태어나서 한 살이 되면 볏이 자라기 시작해요. 과학자들은 이 볏의 용도를 알아내려고 지금도 연구 중이지만, 단순히 보여 주기 위한 화려한 머리 장식이었을지도 몰라요.

중생대

닉토사우루스 그라실리스

# 울퉁불퉁한 머리

### 파키케팔로사우루스 와이오밍겐시스

파키케팔로사우루스 와이오밍겐시스(Pachycephalosaurus wyomingensis)는 잘생긴 동물 선발 대회에 나가서 우승할 얼굴은 아니에요. 머리는 뼈 같은 작은 돌기로 덮여 있었고, 두개골이 엄청나게 두꺼웠어요. 화석으로 보존된 두개골 중에는 두께가 23cm에 이르는 것도 있었어요! 인간의 두개골은 두께가 겨우 7mm니까, 우리보다 30배 이상 두꺼운 셈이지요! 몸길이는 4.5m였고, 이족 보행을 했어요. 약 7000만 년 전에 살았던 공룡이에요.

## 다른 뼈는 어디 있지?

파키케팔로사우루스의 나머지 뼈들은 시간이 지나면서 부서지는 경우가 많아요. 그렇다 보니 아주 두꺼운 이 두개골이 화석 사냥꾼들이 찾아낼 수 있는 유일한 뼈였어요.

파키케팔로사우루스는 그리스어로 '두꺼운 머리 도마뱀'이라는 뜻이에요.

이름은 무슨 뜻일까?

## 이빨이 문제야

오랫동안 **파키케팔로사우루스 와이오밍겐시스**는 초식 공룡으로 여겨졌어요. 입 안쪽에 있는 이빨은 나뭇잎과 과일을 씹기에 완벽한 모양을 하고 있어요. 그런데 앞니는 의아할 정도로 뾰족한 데다 육식 공룡의 이빨과도 조금 비슷하게 생겼어요. 아마도 식물도 먹고 작은 동물도 잡아먹는 잡식 공룡이었을 것으로 보여요.

# 두개골은 왜 두꺼웠을까?

중생대 • 파키케팔로사우루스 와이오밍겐시스

공룡의 두꺼운 두개골은 오늘날의 뿔 달린 동물들처럼 박치기 싸움에 쓰였을 것으로 여겨져요. 혹시 머리에 큰 뿔이 달린 양이 서로 뿔을 부딪치며 싸우는 장면을 본 적이 있나요? 정말 볼만한 광경이죠. 과학자들은 암컷을 차지하기 위해 수컷 **파키케팔로사우루스**끼리 박치기를 했을 수도 있다고 생각해요. 두개골이 두꺼울수록 부상당할 일이 적은 데다 암컷들은 머리가 두꺼운 수컷을 매력적이라고 느꼈을지도 몰라요! 그런데 두개골이 박치기 싸움에 사용되었다는 이론에 동의하지 않는 과학자들도 있어요. 너무 힘을 쓰다가 자칫하면 목이 부러질 수도 있다고 생각하기 때문이죠.

## 재미있는 사실

어린 **파키케팔로사우루스 와이오밍겐시스**는 어른들과는 생김새가 매우 달랐어요. 그래서 오랫동안 서로 종류가 다른 동물인 줄 알았답니다!

# 망토를 두른 괴물

**하체고프테릭스 탐베마**

여러분을 벌벌 떨게 만들 무시무시한 공룡이에요. 하체고프테릭스 탐베마(*Hatzegopteryx thambema*)는 기린만큼이나 크게 자라는 무서운 괴물이었어요. 망토처럼 몸을 감싸는 날개가 달린 익룡으로, 날개 발까지 모두 네 다리로 걸어 다니며 먹잇감을 찾았어요. 거대한 부리가 달린 머리는 길이가 3m, 날개는 폭이 무려 10m가 넘었어요! 머리가 얼마나 큰지 육지 동물 중에서는 가장 컸을 수도 있어요.

하체고프테릭스 탐베마가 만약 익룡처럼 날 수 있었다면, 지금까지 존재했던 동물 가운데 하늘을 나는 가장 큰 척추동물이라는 기록을 세웠을 거예요.

## 이름은 무슨 뜻일까?

**하체고프테릭스 탐베마**는 목이 길고 두개골이 큰 익룡인 아즈다르코과에 속해요. '아즈다르코(Azhdarchidae)'는 페르시아 신화에 나오는 용을 닮은 생물인 '아즈다르(azdar)'에서 온 말이에요.

중생대 • 하체고프테릭스 탐베마

## 이 날개는 걷기와 장대높이뛰기용이야!

**하체고프테릭스 탐베마**의 화석화된 발자국을 보면 네 다리로 걸었다는 것을 알 수 있어요. 그런데 이렇게 거대한 동물이 어떻게 하늘을 날 수 있었을까요? 비행에서 가장 어려운 부분은 하늘을 나는 게 아니라 이륙과 착륙의 순간이에요. 만약 이들이 하늘을 날 수 있었다면 훌쩍 뛰어오르지 않고 날개를 장대 삼아 몸을 공중으로 높이 띄웠을 거예요!

## 공룡이 아니야

**하체고프테릭스 탐베마**와 같은 익룡들은 공룡으로 여겨지는 경우가 많지만, 사실이 아니에요! 공룡과 같은 시기에 살았던 하늘을 나는 파충류 무리랍니다.

## 섬에 사는 동물

시간이 흐르면서 섬 동물들에게는 이상한 일들이 생겨나기도 해요. 생명체가 뒤죽박죽이 되거든요. 큰 동물은 작아지고, 작은 동물이 커지기도 하고요(20쪽 '진화' 참조). **하체고프테릭스 탐베마**는 약 6600만 년 전, 오늘날의 유럽에 있는 하체그(Haţeg)라는 고대 섬에 살았어요. 본토에서 고립되면서 하체그의 공룡들은 왜소해졌고 하체고프테릭스 탐베마와 같은 익룡은 거대한 괴물이 되었어요! 그 밖의 거대 섬 생물들이 궁금하다면 모아(212~213쪽 참조)를 보세요.

## 참 진기한 광경이야!

**하체고프테릭스**는 최상위 포식자로, 먹이 사슬의 꼭대기에 있는 괴물이었어요. 먹이로 삼을 작은 공룡을 찾아 고대의 드넓은 지역을 활보하고 다녔지요. 참 진기한 광경이었겠죠? 거대한 망토를 두른 파충류가 날개로 걸어 다니면서 목이 긴 작은 공룡들을 잡아먹다니요!

# 티라노사우루스 렉스
(Tyrannosaurus rex)

## 악명 높은 T-렉스

지구상에 살았던 모든 기이하고도 놀라운 생명체 가운데서도 티라노사우루스 렉스는 가장 유명한 공룡이라고 해도 과언이 아니에요. 이 무시무시한 짐승은 6600만 년 전까지 오늘날의 미국 서부를 공포에 빠뜨렸어요. 몸길이가 12m에 꼬리가 6m로, 어른 두 명의 키를 합한 높이도 티라노사우루스 렉스 다리 끝에 겨우 닿을 정도였지요! 단단한 두개골은 길이가 1.2m였고, 날카롭고 튼튼한 이빨이 잔뜩 나 있었어요. 사나운 포식자로 당시 먹이 사슬의 꼭대기를 차지했던 녀석이랍니다.

## 이름은 무슨 뜻일까?

티라노사우루스는 그리스어로 '폭군 도마뱀'이라는 뜻이에요. 폭군은 '사납고 포악한 임금'을 말해요. 렉스는 라틴어로 '왕'이라는 뜻이고요.

**달리기는 귀찮아**

티라노사우루스 렉스가 오늘날의 치타처럼 먹잇감을 쫓아 무서운 속도로 달리는 모습이 떠오르나요? 그런데 빠르게 걸을 수 있다면 굳이 뛰어다닐 이유가 없겠죠? 어떤 과학자들은 이 무시무시한 괴물은 아무리 빨리 달려도 시속 25km를 넘지 않았을 것으로 추측해요. 지구에서 가장 빠른 사람이 시속 45km로 달린다고 하니까, 단거리 경주 올림픽 선수라면 녀석들을 앞지를 수 있을지도 몰라요! 하지만 속도는 문제가 아니에요. 티라노사우루스는 워낙 커서 다른 큰 공룡들을 사냥했을 것이고, 그중에는 이 녀석보다 더 느린 공룡들도 있었을 테니까요.

## 수명

티라노사우루스 렉스는 약 28년까지 살았을 것으로 추정돼요. 화석화된 뼈를 연구해 보면 수명을 짐작할 수 있어요. 나무처럼 나이테가 있는 뼈도 있답니다!

중생대 · 티라노사우루스 렉스

# 와, 넌 앞다리가 정말 작구나!

티라노사우루스 렉스의 작은 앞다리는 튼튼한 뒷다리와 거대한 두개골, 길고 굵은 꼬리와는 어울리지 않아 보여요. 앞다리가 워낙 짧아서 심지어 입에도 닿지 않았어요! 어떤 과학자들은 머리가 너무 커서 앞다리가 이렇게 작을 수밖에 없었을 거라고도 해요. 앞다리도 크고 머리도 크면 몸이 너무나 무거워서 계속 넘어질 테니까요!

## 킁킁, 이게 무슨 냄새지?

두개골 모양을 연구한 결과, **티라노사우루스 렉스**의 뇌는 후각을 담당하는 부분이 유난히 컸어요. 덕분에 멀리서도 먹이 냄새를 맡을 수 있었을 거예요. 이러한 사실은 우리가 매일 몸을 깨끗이 씻어야 하는 이유 중 하나일지도 몰라요!

## 쿨한 사실!

**티라노사우루스 렉스**는 머릿속에 일종의 에어컨이 있었어요! 두개골 윗부분에 큰 구멍이 2개 있는데, 과학자들에 따르면 이 구멍이 혈관으로 가득 차 있었을 거라고 해요. 체온이 너무 높아지면 이 혈관을 통해 체열을 밖으로 내보냈을 거예요. 오늘날에도 악어를 포함한 몇몇 동물들의 두개골은 이러한 모양으로 생겨서 더위를 식힐 수 있어요. 동물이 체온을 일정하게 유지하는 과정을 '체온 조절'이라고 해요.

## 무는 힘이 최고로 세다고?

**티라노사우루스 렉스**는 지금껏 살았던 그 어떤 육생 동물보다도 무는 힘이 강했을 것으로 짐작해요. 그 힘은 코끼리가 "쿵!" 쓰러질 때의 세기와 맞먹을 정도예요. 한입에 230kg을 먹어 치울 수 있었는데, 크고 살진 돼지 한 마리를 삼킨다고 생각하면 돼요. 턱은 뼈를 으스러뜨리기에 완벽했는데, 다른 공룡의 뼛조각이 티라노사우루스의 화석화된 똥에서 발견되기도 했어요.

중생대 • 티라노사우루스 렉스

# 암모나이트의 바다

**파라푸조시아 세펜라덴시스**

4억 년 전 무렵에 처음 진화한 암모나이트는 6600만 년 전, 중생대 마지막까지 전 세계 바다에서 발견되었어요. 암모나이트는 그 종류가 1만 종이 넘어요. 가장 작은 것은 지름이 1cm도 안 되어 어른 손톱만 해요. 반면 파라푸조시아 세펜라덴시스(Parapuzosia seppenradensis) 같은 암모나이트는 입이 떡 벌어질 정도로 거대했어요. 나선형의 껍데기 속에 산다는 점이 다르기는 해도 오징어나 문어와 친척이에요. 껍데기 속에는 얇은 벽으로 나뉜 방이 여러 개 있고, 그 벽이 바깥쪽 껍데기와 만나는 부분에는 봉합선이 있어요. 이 봉합선이 각 암모나이트 특유의 아름답고 복잡한 무늬를 만들어 내요. 암모나이트의 부드러운 몸체는 껍데기의 마지막 방에 있으며, 오징어처럼 생긴 촉수가 물속에서 흔들거리고 있었을 것으로 여겨져요. 가까이 있는 동물들은 그 촉수에 걸리지 않게 조심했을 거예요. 한번 걸리면 부리처럼 생긴 무시무시한 암모나이트의 턱으로 다시는 돌아올 수 없는 여행을 떠나야만 했으니까요!

## 어디에 가면 볼 수 있을까?

세계에서 가장 큰 암모나이트인 파라푸조시아 세펜라덴시스는 독일 뮌스터의 자연사박물관에 전시되어 있어요.

중생대
● 파라푸조시아 세펜라덴시스

## 연실 세관

암모나이트는 껍데기 속에 '연실 세관'이라는 특별한 부분이 있어요. 연실 세관이란 껍데기 속 방들을 연결하는 속이 빈 관을 말해요. 암모나이트는 연실 세관을 이용해 방과 방 사이에 공기를 주입할 수 있었어요. 이는 부력을 바꾸는 데 유용했고, 덕분에 바닷속으로 더 깊이 잠수할지, 다시 수면 위로 헤엄쳐 올라갈지 선택할 수 있었답니다.

거참, 편리하네!

## 놀랍도록 거대한 암모나이트

**파라푸조시아 세펜라덴시스**는 거대 암모나이트였어요. 약 8000만 년 전에 전 세계 바다에서 먹이를 찾아다녔지요. 발견된 가장 큰 화석은 껍데기 지름이 1.8m이고 전체 무게가 약 1500kg에 달했어요. 이 녀석은 전체 지름이 3m까지 자랄 수 있을 것으로 추정되는데, 이는 대형 트럭의 타이어보다도 큰 크기랍니다!

## 믿거나 말거나

9900만 년 된 암모나이트가 '호박'이라는 광물 속에 보존된 채로 발견되었어요! 오늘날의 미얀마에서 발견된 이 놀라운 화석은 매우 희귀한 경우에 속해요. 바다에 사는 암모나이트가 어떻게 육지의 나뭇진 속에 갇혀 호박이 되었을까요? 과학자들은 육지가 바다와 만나는 곳과 매우 가까운 지점에 나무가 있었고, 암모나이트가 그 나무가 있는 모래밭으로 떠내려갔을 거라고 해요. 나뭇진 덩어리가 모래밭으로 떨어질 때, 운 좋게도 이 암모나이트 위로 떨어졌겠지요. 그것이 화석으로 보존되어 1억 년 뒤에 인간에게 발견된 거예요!

## 흥미로운 사실

암모나이트는 고생대 말 대멸종(40~41쪽 참조)에서는 살아남았지만, 지구상에서 공룡을 사라지게 만든 백악기 대멸종으로 모두 죽고 말았어요.

# 루디스트
(Rudists)

대체 루디스트가 뭐냐고 물어도 실례는 아니랍니다. 여러분만 모르는 게 아닐 테니까요!

### 루디스트 세상

루디스트는 쌍각류 조개(껍데기가 2개)예요. 많이 닮지는 않았지만 오늘날의 조개, 굴, 홍합과 친척이에요. 그 종류가 1000종이 넘었고, 모두 따뜻한 열대 바다에서 살았어요. 길이가 몇 센티미터인 것에서부터 1m에 이르는 것까지 크기도 다양했어요. 대부분은 껍데기가 비대칭인데, 이는 껍데기 2개의 크기와 모양이 같지 않다는 뜻이에요. 이 껍데기 속에 몸체가 부드러운 동물이 숨어 살고 있었어요.

루디스트는 형태도 다양했어요. 평평하고 얇은 것들도 있고, 껍데기가 뿔 모양으로 구부러진 길고 무거운 녀석들도 있었어요. 껍데기가 뿔 모양인 루디스트는 무거워서 강한 해류나 폭풍우에 휩쓸리지 않았어요. 심지어 고대 바닷속에서 암초를 이루어 사는 루디스트들도 있었어요. 이 희한하게 생긴 녀석들은 1억 년 전에서 약 6600만 년 전까지 암초와 따뜻한 바다를 지배했답니다.

중생대 • 루디스트

### 여과 섭식자

루디스트는 아마도 여과 섭식자로, 바닷물을 걸러 아주 작은 먹이를 찾아 먹었을 거예요.

# 루디스트 암초

중생대 • 루디스트

눈부시게 아름다운 열대 산호초를 담은 수중 비디오를 본 적이 있나요? 산호초를 이루는 산호는 길고 갈라져 있거나 짧고 둥글기도 하고, 아름답고 다채로운 색깔을 자랑하죠. 만약 여러분이 공룡 시대로 가서 열대 산호초 속으로 스노클링을 떠난다면, 산호가 아닌 **루디스트** 암초를 발견하게 될 거예요! 생명의 역사에서 루디스트는 암초를 형성한 유일한 종족이었어요. 암초를 이루는 루디스트들은 껍데기 2개의 모양이 매우 달랐어요. 뾰족한 끝부분이 해저에 붙은 큰 껍데기는 아이스크림콘 같았지요. 작은 껍데기는 마치 덮개처럼 꼭대기에 올라앉아 있고요. 아이스크림콘 같은 껍데기들이 다닥다닥 붙어 있는 광경을 상상해 보세요! 맨 위에는 먹음직스러운 아이스크림 대신 먹이를 구하는 데 사용하는 촉수처럼 생긴 작은 팔들이 달려 있었겠지만요.

## 아무도 몰랐다고?

오늘날에는 **루디스트**처럼 생긴 껍데기가 없어서 맨 처음 루디스트 화석을 발견한 사람들은 그게 뭔지 전혀 몰랐어요. 뿔 모양 루디스트를 처음 본 사람들은 오래된 양의 뿔인 줄 알았다고 해요! 심지어 집 주변의 울타리와 담을 루디스트 화석으로 쌓은 농부들도 있었답니다.

**한 다발의 부케!**

암초를 이룬 한 무리의 루디스트를 꽃다발을 부를 때와 똑같이 '부케'라고 하기도 해요.

# 아리스토넥테스
(Aristonectes)

신기록을 세운 목

## 추위 속에서 헌신하다

아리스토넥테스는 구하기 어려운 화석이었어요. 1989년에 남극 대륙 앞 외딴섬에서 처음으로 발견된 뒤, 과학자들이 그 화석을 가져오기까지 수십 년이 걸렸어요. 화석은 파내기 매우 힘든 곳에 묻혀 있었어요. 땅이 얼어 있는 데다 매년 여름 단 몇 주 동안만 작업을 할 수 있었지요. 악천후로 발굴이 지연되는 경우도 많았고요. 찬 바람이 몰아치는 얼어붙을 듯한 강추위 속에서 조심조심 땅을 판다고 상상해 보세요. 헌신적인 과학자가 아니라면 해내기 힘든 일이지요! 워낙 특별한 화석이라 뼈가 하나 발굴될 때마다 조심스럽게 포장해서 헬리콥터에 실어 안전한 장소로 보냈어요. 발굴한 화석이 완전히 새로운 종류의 플레시오사우루스라는 사실이 밝혀지면서 과학자들의 노력은 결실을 맺었어요. 플레시오사우루스는 해양 파충류로, 사촌인 어룡(108~110쪽 참조)처럼 바다를 헤엄쳐 다니며 살았어요. 아리스토넥테스는 6600만 년 전에 공룡과 함께 멸종했어요. 그 당시에 살았던 모든 플레시오사우루스도 함께요.

### 거대한 플레시오사우루스

**아리스토넥테스**는 거대한 짐승이었어요. 몸무게가 1만 5000kg에 달했는데, 가장 큰 범고래 세 마리를 합친 것보다 더 무거웠어요. 몸에 비하면 이빨이 작았는데, 물고기나 게를 먹기에는 안성맞춤이었어요.

## 목이 긴 바다 동물

플레시오사우루스는 기린 목처럼 몸에서 목이 쭉 뻗어 있었어요. 오늘날에는 이렇게 목이 긴 바다 동물이 하나도 없어요. 플레시오사우루스는 머리 생김새가 뱀과 비슷하고, 술통 모양의 몸에는 헤엄치기 좋게 큰 노처럼 생긴 지느러미 4개가 달려 있었답니다.

중생대 • 아리스토넥테스

## 모성애가 강한 바다 괴물

오랫동안 과학자들은 플레시오사우루스가 오늘날의 거북처럼 모래 위로 올라와 육지에 알을 낳는다고 생각했어요. 그러다 2011년에 새로운 화석이 발견되면서 수수께끼가 풀렸어요. 그건 바로 배 속에 새끼를 품은 플레시오사우루스의 화석이었어요! 이 화석은 플레시오사우루스가 한 번에 한 마리씩 새끼를 낳았다는 증거로 여겨지고 있어요. 아마도 출산과 동시에 새끼를 보호해 주지 않았을까요? 제아무리 무서운 바다 괴물도 자애로운 어머니가 될 수 있답니다!

어머니의 사랑이란!

# 화석의 날

각 나라에서 정한 화석의 날은 화석을 기념하기에 참 좋은 방법이에요! 세계 많은 나라에서 해마다 화석 축제를 열어요. 오스트레일리아에서 정한 화석의 날은 6월 26일이고, 미국에서는 주마다 날짜는 조금씩 다르지만 매년 10월에 화석의 날이 있답니다.

여러분의 나라에도 화석의 날이 있는지 확인해 봐요. 학교에서 화석을 기념하며 즐거운 하루를 보낼 수도 있고, 친구나 가족들과 함께 놀라운 화석의 세계를 알아보는 시간을 가져도 재미있겠죠!

중생대 · 아리스토넥테스

# 과학자 이야기

## 뼈 전쟁

### 티격태격 싸우는 과학자들

과학자들은 경쟁할 일이 생기면 야심만만해지기도 해요! 1800년대 후반, 에드워드 드링커 코프(Edward Drinker Cope)와 오스니얼 찰스 마시(Othniel Charles Marsh)라는 미국의 과학자들이 20년에 걸친 화석 찾기 경쟁에서 정면으로 충돌했어요. 두 사람 사이에 불화가 있기 전에는 학계에 알려진 공룡이 모두 9종에 불과했어요. 둘의 싸움이 끝났을 때는 둘이 기술한 공룡만 140개가 넘었지요! 하지만 화석 찾기 싸움이 한창이던 당시 두 사람은 적지 않은 화석을 복제했고, 실제로 발견된 새로운 공룡의 수는 30개 정도로 보여요. 서로를 공격하느라 바쁜 나머지 두 공룡의 뼈를 한 공룡의 뼈대로 짜 맞추는 실수를 저지르기도 했고요!

## 화석계의 친구 같은 경쟁자

많은 경쟁자들이 그렇지만, 에드워드 드링커 코프와 오스니얼 찰스 마시도 처음에는 친구 사이였어요. 몇몇 새로운 종의 이름은 서로의 이름을 따서 지을 정도였지요. 두 사람 사이의 불화는 다정하게 보였던 한 여행에서 시작되었던 것 같아요. 코프는 마시에게 화석이 풍부한 미국 서부의 유적지 한 곳을 안내했어요. 그런데 마시가 코프 몰래 현장 작업자들과 거래를 했던 거예요. 화석이 발견되면 코프 대신 자기에게 먼저 보내 달라고요! 이것은 곧 전쟁을 뜻했지요. 두 과학자는 화석 유적지가 새롭게 발견될 때마다 상대편보다 먼저 도착해서 화석을 더 많이 발굴하려고 했어요. 이들의 경쟁은 어느새 진흙탕 싸움이 되었어요. 나중에는 두 사람 다 화석을 훔치고 뇌물을 주고받는 것으로도 모자라, 화석을 파괴하고 유적지를 은폐하는 일도 서슴지 않았답니다.

## 혐오스러운 결말

'화석왕'이 되기 위한 경쟁 속에서 둘은 서로에 대한 미움을 점점 키워 갔어요. 고대 생물의 발견보다는 누가 더 중요한 과학자인가가 먼저인 자존심 대결이 되었지요. 그래도 나이가 들면서 서로를 향한 경멸과 증오가 좀 무뎌지지 않았냐고요? 천만에요. 경쟁심이 얼마나 강했는지, 코프는 자신이 죽고 나면 뇌의 무게를 재서 최종적으로 자신이 가장 똑똑한 과학자임을 증명해 달라고 요청했어요! 과학자로서 참 부끄러운 행동이 아닐 수 없죠.

> 다행스럽게도, 마시는 코프의 마지막 도전을 받아들이지 않았어요.

# 필트다운인 사기 사건

## 흥미로운 발견

1912년, 영국 런던 자연사 박물관의 과학자들 앞으로 찰스 도슨(Charles Dawson)이 쓴 흥미로운 편지 한 통이 도착하고부터 모든 일이 시작되었어요. 찰스 도슨은 화석 발굴을 위한 정식 교육을 받지는 않았지만 매우 열정적인 발굴자로 상당한 양의 화석을 수집한 사람이었어요. 편지에서 그는 대단히 중요한 화석을 발견했다고 주장했어요. 턱뼈는 유인원 같은데 두개골은 사람을 닮은 화석이라고요. 반은 유인원이고 반은 인간이라면 유인원과 인간 사이, 진화의 잃어버린 고리를 찾은 걸까요? 찰스 다윈의 《종의 기원》(228쪽 참조)이 출판된 이후, 과학자들은 인간 진화의 역사를 설명해 줄 화석을 필사적으로 찾고 있었어요. 이 화석은 빠르게 유명해졌고, 화석이 발견된 영국의 지명을 따서 '필트다운인(Piltdown Man)'으로 명명되었어요. 과학자들은 필트다운인이 50만 살이 넘었다고 믿었어요. 이 새로운 생명체는 '도슨의 원시인'이라는 뜻의 에오안트로푸스 도소니(Eoanthropus dawsoni)라는 학명도 얻었답니다.

## 필트다운인이 뭐야?

그 화석은 완전히 뒤죽박죽이었어요. 두개골은 확실히 사람인데 중세인의 것이었어요. 중세인이란 영국이 기사와 성으로 가득했던 중세에 살았던 사람을 일컫는 말이에요! 중세는 지금으로부터 500년에서 1500년 전 사이의 시기를 말하고요. 턱뼈는 오늘날의 유인원, 정확히 말하면 오랑우탄의 것으로 밝혀졌어요. 누군가가 서로 다른 뼈 2개를 발견해서 땅 위에 가져다 놓았던 거예요. 하나의 생물에 속한 뼈로 보이면서도 실제보다 훨씬 오래돼 보일 수 있도록 말이죠. 대체 누가 이런 짓을 벌였을까요?

## 가짜 화석이라고?

수십 년 동안 필트다운인에 관한 연구가 이루어졌지만, 그 화석을 가짜라고 의심하는 사람은 아무도 없었어요. 그러나 시간이 흐르면서 점점 더 많은 인간 화석이 발견되기 시작했고, 그중에 필트다운인과 닮은 화석이 하나도 없자 과학자들은 의심을 품기 시작했어요. 필트다운인을 생명의 나무 어디에 넣어야 할지 실험실에서 수차례 화학 실험을 한 끝에 1953년이 되어서야 마침내 필트다운인은 사기임을 선언했어요. 실험을 통해 뼈의 나이가 밝혀졌는데 50만 살보다 훨씬 젊을 뿐만 아니라, 심지어 실제보다 더 오래된 뼈로 보이려고 철분으로 착색까지 했다는 사실이 드러났거든요! 필트다운인은 40년 넘게 과학계를 속였어요. 화석계에서 가장 성공적이고도 문제적인 사기 사건 중 하나랍니다.

## 찰스 도슨은 거짓말쟁이

확신할 수는 없지만, 많은 사람이 이 날조 사건의 범인을 화석의 최초 발견자인 찰스 도슨이라고 믿고 있어요. 찰스 도슨은 필드다운인을 발견하고 4년 뒤인 1916년에 사망했는데, 살아 있는 동안 거짓말을 하고 사기를 친 경험이 많았다고 해요. 도슨은 다른 사람들의 아이디어를 표절하거나 도용해 자기 것인 양 꾸몄어요. 서식스 고고학협회의 대리인인 척하면서 성터에 지어진 호화로운 저택을 구입한 적도 있고요. 고고학은 인류 역사를 연구하는 학문이에요. 필트다운인 화석을 찾기 직전에는 심지어 지역 화학 교사에게 오늘날의 뼈를 화석처럼 보이게 만드는 방법을 묻기도 했대요. 매우 의심스러운 질문이지요! 필트다운인이 발견될 당시에는 도슨이 이런 거짓말쟁이인 줄 몰랐기 때문에 화석이 가짜라는 의심을 하지 않았어요. 찰스 도슨은 왜 이렇게 고약한 사기 사건을 저질렀을까요? 명성을 얻고 인정을 받기 위한 행동이었을까요, 아니면 그저 단순한 장난이었을까요?

## 교훈을 얻다

과학자들은 필트다운인을 진짜 화석이라고 생각하고서 연구를 했고, 그 사실을 바탕으로 인간의 진화에 관한 많은 논문을 썼어요. 결국 모조리 틀린 연구가 되고 말았지만요! 필트다운인은 당시 학술지에 실리기까지 했어요. 이 가짜 화석은 과학계를 뒤흔들었고, 이와 같은 사기 사건을 더욱 경계하게 만드는 계기가 되었어요. 과학자들은 매우 중요한 교훈을 얻었지요. 모든 것을 더욱 꼼꼼하고 빈틈없이 조사해야 한다는 교훈을요!

## 긴 후유증

가짜 화석이 40년도 넘게 과학자들을 속이다니? 역사상 화석 사기 사건이 몇 차례 일어나긴 했지만, 가장 늦게 진실이 밝혀진 사건으로 치면 필트다운인 화석이 일등감이에요! 우리가 모르는 또 다른 사기 사건이 없다면 말이죠.

# 리처드 오언
## 세상에서 가장 못된 과학자

공룡 이름 하면 떠오르는 사람은 누구일까요? 정답은 티라노사우루스만큼이나 끔찍한 리처드 오언(Richard Owen)이에요. 오언은 1804년 영국에서 태어났어요. 학교 선생님들은 오언이 게으르고 무례한 학생이라고 했어요. 하지만 예의는 없어도 자신감이 넘쳤고, 결국 오언은 의학을 공부했는데 특히 해부학에 관심이 많았어요. 해부학은 식물이나 동물의 몸 구조를 연구하는 학문이에요. 오언은 똑똑했어요. 중요한 과학적 발견을 많이 했고, 고릴라를 맨 처음 기술하기도 했어요(22쪽 '새로운 종 기술하기' 참조)! 뉴질랜드의 날지 못하는 거대한 새 모아의 아주 작은 다리 뼛조각들을 맨 처음 알아본 사람이기도 하고요(212~213쪽 참조). 1856년에 오언은 대영박물관의 자연사 부서 책임자가 되었어요. 그는 화석에 대한 강의를 많이 했는데, 인기가 많아서 유명한 찰스 다윈(Charles Darwin)도 그가 강의하는 모습을 지켜보았다고 해요.

## 리처드 오언 = 대결 = 찰스 다윈

찰스 다윈이 비글호로 세계 일주를 마치고 돌아온 뒤(227쪽 참조), 리처드 오언은 다윈이 수집해 온 화석 생물들을 연구했어요. 그런데 두 사람은 친구 사이가 아니었어요. 찰스 다윈이 《종의 기원》이라는 획기적인 책을 출판하자, 리처드 오언은 다윈의 성공을 질투했어요. 누구보다 유명한 고생물학자가 되기를 바랐던 오언은 다윈의 진화론을 공공연히 거부했어요. 독실한 신자였던 오언은 인간이 유인원 같은 생물에서 진화했다는 것을 믿지 않으려 했고, 두 사람은 적이 되었어요.

## 친구보다 적이 많아

리처드 오언은 찰스 다윈만 싫어한 게 아니었어요! 야심만만하고도 거만했던 오언은 남들이 이룬 과학적 업적을 끊임없이 질투했어요. 사람들의 관심을 혼자서 독차지하고 싶었거든요. 오언은 기디언 맨텔(Gideon Mantell)과 정면으로 맞섰어요. 두 사람은 가장 많은 공룡을 기술하려고 서로 경쟁 중이었어요. 과학적인 의미에서 '기술'이란 공식적으로 새로운 생명체를 분류하는 것을 의미해요. 경쟁은 점점 치사해졌고, 리처드 오언은 새빨간 거짓말을 했어요. 너무 샘이 난 나머지, 기디언 맨텔이 발견한 공룡을 자신이 발견했다고 주장했던 거예요! 기디언 맨텔이 끔찍한 마차 사고로 다친 뒤로 오언은 더욱 본색을 드러냈어요. 척추를 다친 맨텔은 진통제로 인한 합병증으로 얼마 뒤 세상을 떠났어요. 맨텔을 끔찍이 싫어했던 오언은 누군가를 시켜 맨텔의 손상된 척추를 훔쳐다 유리병에 넣고 보존 처리를 해서 박물관에 보관했다고 해요. 정말 비열하고 혐오스럽지 않나요?

끔찍해!

## 최후의 승자

영국 런던 자연사박물관에는 모두가 우러러보는 명예의 전당에 수십 년 동안 리처드 오언의 동상이 세워져 있었어요. 과학적 업적이 아무리 뛰어나다고 해도 과연 그의 동상을 세우는 게 맞는지 의문을 가지는 사람들이 생겨났고, 결국 리처드 오언과 찰스 다윈의 라이벌전에서 다윈이 승리했어요. 2008년, 오언의 동상은 다윈의 동상으로 대체되었답니다!

## 과학자도 실수를!

아무리 똑똑한 과학자라도 실수를 할 수 있어요. 리처드 오언은 최초의 새 중 하나인 시조새(84~85쪽 참조)의 화석을 기술하면서 뼈를 온통 뒤섞어 놓았어요. 화석의 뒷면을 앞면이라고 생각했고, 가슴뼈를 포함해 매우 중요한 뼈 몇 개를 빠뜨리기도 했어요!

# 신생대:

## 새로운 생명

중생대 말에 대재앙을 불러온 혜성과의 충돌 이후, 마침내 먼지가 가라앉기 시작하고 새로운 날이 밝아 왔어요. 한번 둘러보세요. 전과는 아주 다른 세상이 되었어요. 땅 위를 돌아다니던 위대한 공룡과 하늘을 지배했던 무시무시한 익룡은 사라진 지 오래였어요. 충돌 사건 직후 지구는 얼어붙을 듯이 추웠어요. 10년이나 태양을 볼 수 없었고 어떤 식물도 자랄 수 없었지요. 다시 태양이 빛나게 되자, 세상은 식물과 나무 천지가 되었어요. 큰 잎을 씹어 먹는 동물들은 물론, 초식 곤충들조차 존재하지 않았으니까요. 이러한 초식 동물들이 없으니 숲은 빠른 속도로 자라나 아주 울창해졌겠죠. 커다란 동물이 없는 바로 이러한 풍경 속에서 새롭고 흥미로운 생명체들이 등장할 수 있었어요.

신생대는 '새로운 생명'이라는 뜻으로, 한 집단이 빛을 발한 시기예요. 드디어 포유류의 시대가 되었어요! 포유류는 등뼈가 있고 새끼를 낳는 온혈 동물이에요. 오리너구리 같은 단공류만 빼고요. 오늘날에는 놀랍고도 다양한 포유류가 살고 있어요. 아프리카 대초원의 사자, 코끼리, 기린, 오스트레일리아 오지의 캥거루와 웜뱃은 물론이고, 우리 인간도 포유류에 속해요. 포유동물을 좋아하나요? 그렇다면 신생대에 살았던 포유류들도 마음에 들 거예요.

많은 포유류의 기원은 신생대 초기로 거슬러 올라가요. 약 5500만 년 전에 큰 온난화 현상이 발생했어요. 기온과 바다의 수온이 상승했고, 극지방에서도 거의 얼음을 볼 수 없었어요. 화석 기록상 최초의 말, 사슴, 코뿔소와 (원숭이나 인간 같은) 영장류를 만나게 되는 때가 바로 이 온난화 시기예요. 신생대에는 지금까지 존재했던 생물 가운데 가장 큰 육지 포유동물을 만나게 될 거예요. 파라케라테리움(Paraceratherium)은 아프리카코끼리보다 5배나 무거웠어요! 혹시 운이 좋다면, 아니 운이 나쁘다면 무사마귀투성이의 지옥 돼지 다이오돈 쇼쇼넨시스(Daeodon shoshonensis)도 보게 될 테고요.

고대 영장류가 전 세계로 퍼지기까지는 오랜 시간이 걸리지 않았어요. 이번 장에서 우리는 우리와 가장 가까운 친척들을 만날 거예요. 열대 우림에 살았던 기간토피테쿠스 블라키(Gigantopithecus blacki)는 턱이 엄청 튼튼해서 아주 질긴 먹

대륙의 모습이 오늘날의 대륙과 비슷해지기 시작해요.

더 많은 종이 나타나며 포유류가 다양해지다.

온난화 현상으로 지구가 열대 기후가 되다.

호모속 진화

마지막 빙하기 시작

6600만 년 전

5600만 년 전

250만~300만 년 전

260만 년 전

이도 먹어 치우는 거대 유인원이었어요. 인간의 한 종류인 왜소한 체격의 호모 플로레시엔시스(Homo floresiensis)는 초대형 황새나 드워프코끼리와 같은 시기에 살았어요. 우리와 가장 가까운 친척인 멸종된 네안데르탈인의 작은 조각이 지금까지 우리 몸속에 남아 있을지도 모른다는 사실이 믿기나요?

포유류와 함께 몇몇 다른 동물 무리도 중생대 말의 대멸종을 이겨 내고 살아남았어요. 여기에는 얌전한 거북, 무서운 악어, 꾀바른 새가 있어요. 신생대에는 무는 힘이 강력한 거대 악어, 육식 동물이면서 하늘을 나는 새 중에 가장 날개가 긴 공포새를 비롯해 지금까지 살았던 거북 중 가장 큰 거북 두 마리도 만나 볼 수 있어요.

신생대가 끝날 무렵인 약 260만 년 전에는 지구의 육지 모양이 마침내 지금 우리가 아는 육지의 모습과 가까워졌어요. 아프리카, 남북 아메리카, 아시아, 남극 대륙, 유럽과 오스트레일리아는 여러분 책상 위에 놓인 지구본과 그 위치가 같았어요. 하지만 시간을 거슬러 여행할 수 있다면, 한 가지 놀라운 차이점을 발견하게 될 거예요. 공기가 아주 차가웠답니다! 으으으! 가장 추울 때는 오늘날보다 몇 도나 낮았어요. 어떤 때에는 얼음과 눈이 세상을 뒤덮기도 했는데, 특이한 동물들과 만나게 되는 시기가 바로 이 빙하기예요. 이 추운 땅을 거대한 털매머드와 코뿔소가 눈을 헤치고 나아가요. 매머드는 털옷을 입고 구부러진 거대한 엄니를 자랑하는 것만 빼면 코끼리와 비슷하게 생겼어요. 이 온순한 거인들과 함께 교활한 육식 고양이들도 있었어요. 물론, 우리가 쓰다듬을 수 있는 녀석들이 아니랍니다. 칼처럼 생긴 이빨 2개는 얼마나 큰지 입 밖으로 튀어나와 있었어요! 스밀로돈(Smilodon)으로 알려진 이들의 미소는 보기만 해도 오싹 소름이 끼쳤어요.

신생대 말에는 생명의 역사에서 멸종된 마지막 동물들과 만남과 작별의 인사를 한꺼번에 하게 될 거예요. '메가파우나'라고도 불리는 거대 동물이 많은데, 여기에는 땅나무늘보, 머리가 짧고 동글동글한 캥거루, 초대형 도마뱀, 거대한 여우원숭이와 키가 큰 날지 못하는 새도 있어요. 이 놀라운 동물들 중에는 시구상에 나타난 지 1만 년도 안 되어 사라진 동물들도 있어요.

신생대는 가장 새로운 시대이고 지금까지도 계속되고 있어요. 맞아요. 우리가 살고 있는 시대가 바로 신생대랍니다! 앞으로 집 밖으로 나가 주변 세상을 볼 때 한 가지만 기억하세요. 오늘날 지구에 살고 있는 생물들은 매우 특별한 집단이라는 것을요. 그들의 조상들은 변화하는 기후, 무서운 포식자, 대멸종을 이겨 내고 수억 년의 세월을 살아냈어요. 우리처럼, 그들도 생존자랍니다.

호모 네안데르탈렌시스 (네안데르탈인) 출현 — 40만~4만 년 전

호모 사피엔스 진화 — 30만 년 전

수많은 메가파우나 멸종 — 13만 년 전~현재

가장 최근의 온난화 주기가 시작되다. — 1만 년 전

# 초대형 달팽이

**캄파닐레 기간테움**

캄파닐레 기간테움(Campanile giganteum)은 거대한 바다달팽이로, 오늘날 해변에서 볼 수 있는 달팽이와 똑같이 길고 뾰족한 껍데기가 있었어요. 1m가 넘는 초대형이라는 점만 다르지요! 캄파닐레 기간테움은 약 4500만 년 전에 살았고, 프랑스의 파리 분지에서 화석이 발견되었어요. 과학자들은 이곳이 아기 거인 달팽이들이 태어났던 번식지였을 거라고 해요.

지금까지 살았던 달팽이 중에 가장 커!

커도 귀엽네!

## 종의 추

19세기에 파리의 하수구를 파던 작업자들이 이들을 다수 발견했어요. 캄파닐레 기간테움이라는 이름은 '종의 추 껍데기'라는 뜻이에요. 교회 종에 매달린 추와 비슷하게 생겼거든요. 단 1종만이 살아남아 오늘날 오스트레일리아 서남쪽 앞바다의 얕은 물에서 살고 있어요.

## 플래너리 박사님의 탐험 수첩

### 거대 개오지 찾기

10대 시절에 나는 멜버른의 집에서 가까운 포트필립만에 뛰어들기를 좋아했어요. 만 주변에는 1000만 년이 지나 화석화된 조개껍데기들이 나오는 곳들이 있어요. 정말 운이 좋은 날에 볼 수 있죠. 대부분은 새끼손가락보다도 짧지만, 매우 드물게 거대한 개오지 화석이 발견되기도 해요. 축구공만 한 이 개오지들은 오늘날의 개오지 종보다 훨씬 커요.

어느 날 바다 밑바닥을 죽 훑어보며 헤엄을 치는데, 흙 위로 초승달 모양의 하얀 조개껍데기가 튀어나와 있었어요. 조심스럽게 주변 흙을 치우자, 이내 완벽하게 보존된 거대한 개오지 껍데기가 눈에 들어왔어요. 내가 찾아낸 유일한 개오지 화석이었지요! 나는 그 화석을 오스트레일리아박물관에 기증했어요. 오스트레일리아박물관에는 완벽하게 보존된 개오지 화석이 없었거든요. 지금도 박물관에 가면 볼 수 있답니다.

신생대 · 캄파닐레 기간테움

# 거대 개오지

**조일라 기가스**

바닷가를 걷다가 껍데기가 예쁘게 구부러진 개오지를 본 적이 있나요? 개오지는 일종의 바다달팽이예요. 딱딱한 껍데기 속에 달팽이처럼 부드러운 몸체가 들었죠. 달걀처럼 매끄러운 껍데기는 한쪽은 둥그스름하게 구부러져 있고, 다른 한쪽은 평평해요. 전 세계에서 발견되는데 따뜻한 바다를 좋아해요. 해저 표면에 살면서 먹이를 먹으며 천천히 움직여요. 지금껏 살았던 개오지 중 가장 큰 녀석은 조일라 기가스(*Zoila gigas*)로, 지름이 약 25cm까지 자랐어요. 조일라 기가스는 2000만 년 전 오스트레일리아 앞바다에 살았답니다.

## 돈 대신 껍데기

개오지 껍데기는 한때 아시아와 오스트레일리아, 남태평양에서 화폐로 쓰이기도 했어요.

# 사이좋은 가족

**조일라 기가스**는 몸집이 작은 친척들이 오늘날에도 많이 살고 있어요. 껍데기에 화려한 반점이 있는 녀석들도 있는데, 성체는 유충이 작은 달팽이로 부화할 때까지 돌봐주어요. 바다달팽이로서는 드문 일이에요. 대부분은 유충이 바다를 떠다니다가 해저에 자리를 잡고 성체가 되거든요. 바다달팽이들은 새벽녘과 해 질 녘에 해면동물과 갑각류(작은 게와 새우)를 먹는데, 아마 조일라 기가스도 그랬을 거예요.

신생대 • 조일라 기가스

145

# 고대 바다 괴물

**바실로사우루스 세토이데스**

바실로사우루스 세토이데스(*Basilosaurus cetoides*)는 몸길이가 18m에 이르는 포식자 고래로, 기차의 객차 한 칸과 비슷한 길이예요! 3800만 년 전, 오늘날의 미국 앨라배마주의 얕은 바다를 헤엄치고 다녔어요. 도마뱀을 닮은 모습에 무섭게 보이는 이빨이 나 있었어요. 화석화된 위의 내용물을 연구한 과학자들에 따르면, 이들이 상어, 물고기, 심지어 다른 고래도 먹었을 거라고 해요.

## 튼튼한 골격

세상에 그 정체가 알려지기 전인 1830년대에 **바실로사우루스 세토이데스**의 거대한 척추뼈는 가구와 건물을 만드는 데 사용되기도 했어요. 고대 바다 괴물로 만든 의자에 앉는다고 상상해 보세요!

## 누가 난로 좀 켜 줄래?

이빨이 있는 이 고대 고래는 3400만 년 전 무렵, 지구의 냉각과 해류의 변화로 멸종되었어요. 오늘날까지 살아남은 친척은 하나도 없어요.

# 이름은 무슨 뜻일까?

처음 발견 당시 과학자들은 이들이 멸종된 파충류인 줄 알았어요. 바실로사우루스는 라틴어로 '왕도마뱀'이라는 뜻으로, 잘못된 사실이지만 그대로 이름으로 굳어졌지요.

앗, 실수!

공식 화석

바실로사우루스 세토이데스는 미국 앨라배마주의 공식 화석이에요.

신생대 · 바실로사우루스 세토이데스

# 가장 큰 육지 포유류

**파라케라테리움**

파라케라테리움(Paraceratherium)은 지금까지 살았던 동물 중 가장 큰 육상 포유류예요. 여러분도 나도 포유류에 속해요. 포유류는 대부분 털이 나 있고, 새끼를 낳아 젖을 먹여요. 오늘날 살아 있는 가장 큰 육상 포유류는 아프리카코끼리로, 몸무게가 6000kg이나 나가요. 그런데 파라케라테리움의 무게는 코끼리의 3배에서 5배까지 나갔다고 해요! 두개골 길이만 해도 1.3m로, 아홉 살짜리 사람 아이의 키와 비슷해요.

워낙 몸집이 커서 다른 동물들한테 잡아먹힐 걱정은 없었어요. 몸이 아주 커서 좋은 점 중 하나지요.

신생대 · 파라케라테리움

약 2500만 년 전, 기둥 같은 다리로 오늘날의 유럽과 아시아를 느릿느릿 걸어 다녔어요.

# 파라케라테리움 퍼즐

화석은 고대 생물의 뼈대가 보존된 경우가 가장 많아요. 부드러운 부분은 보존이 쉽지 않거든요. 어떤 동물들은 완전한 뼈대가 아닌, 고작 뼈 몇 개로만 알려져 있기도 해요. 뼈대만 있을 때와 피부와 살과 머리카락이 다 있을 때 우리 모습이 얼마나 다른지 생각해 보세요. **어떻게 우리는 남아 있는 뼈만으로 고대 생물의 생김새를 알 수 있을까요?** 많은 과학자가 동물의 크기를 알아내기 위해 모델화와 같은 복잡한 컴퓨터 기술을 사용해요. 컴퓨터 모델(computer model)이란 알려진 정보를 이용해 알려지지 않은 정보를 예측하는 프로그램이에요. 여러분에게 멸종된 거대한 새의 뼈대 화석 몇 개가 있다고 생각해 보세요. 그럼 각 뼈의 길이와 새의 몸길이를 알 수가 있겠죠. 이 정보를 '데이터'라고 해요. 만약 나중에 여러분이 어떤 뼈를 1개 찾아낸다면, 컴퓨터 모델은 이 데이터를 이용해 가까운 친척 동물의 크기를 예측해 내요. 그 동물과 이어진 오늘날의 친척을 연구하고, 경험에 근거해 그 생김새를 추측할 수도 있고요. 하지만 과학자들끼리 항상 의견이 같은 건 아니에요. **파라케라테리움**을 예로 들어 볼까요? 어떤 과학자들은 파라케라테리움에게 코뿔소 같은 작은 귀가 아니라 몸을 식히기 좋게 코끼리처럼 펄럭이는 귀가 있었다고 추측하기도 해요. 코끼리 코처럼 코가 아래로 매달려 있었을 것으로 생각하는 과학자들도 있고요!

## 코뿔소인데 뿔이 없다고?

이 거대한 짐승은 기린과 낙타와 코끼리가 만나서 낳은 아기처럼 생겼어요. 그런데 **파라케라테리움**은 기린도 낙타도 코끼리도 아니에요. 사실 녀석은 뿔이 없는 고대 코뿔소예요. 목이 매우 길어서 거의 농구 골대만큼이나 높았어요. 오늘날의 코뿔소 사촌들처럼 나뭇잎과 작은 나무를 잘 씹어 먹었고요.

난 뿔 없는데.

# 지옥 돼지

## 다이오돈 쇼쇼넨시스

다이오돈 쇼쇼넨시스(*Daeodon shoshonensis*)는 1900만 년 전까지 북아메리카를 공포로 몰아넣은 돼지처럼 생긴 동물로, 엔텔로돈트류의 일종이에요. 엔텔로돈트는 기억에 남을 만한 별명이 있어요. 바로 지옥 돼지랍니다! 다이오돈 쇼쇼넨시스는 세상에서 가장 큰 지옥 돼지였어요. 어깨높이가 1.8m로, 보통 사람의 키보다도 커요. 가늘고 긴 다리에 발가락이 2개씩 달렸는데, 먹이를 쫓아 빠르게 달리기에 안성맞춤이었지요. 몸이 장대했으며, 튼튼한 목으로 지름이 거의 1m에 달하는 거대한 두개골을 지탱했어요. 입 속엔 커다란 이빨들이 가득했고요. 그러니 자칫 귀찮게 했다가는 큰일 나겠죠? 더구나 아래턱에 있는 무사마귀같이 튀어나온 딱딱한 돌기를 싸울 때 쓰지 않았을까 생각돼요.

**이름은 무슨 뜻일까?**

다이오돈은 그리스어로 '무시무시한 이빨'이라는 뜻이에요.

## 지옥 돼지는 돼지가 아니야?

별명도 그렇고 생김새도 오늘날의 돼지와 묘하게 닮았지만, 사실 돼지보다는 고래나 하마와 더 가까운 친척이에요. 참 희한하죠?

# 여기가 지옥인가?!

만약 여러분이 양 크기의 작은 낙타인 **포에브로테리움**(*Poebrotherium*)이라면 지옥 돼지가 나오는 악몽을 꾸느라 밤잠을 설쳤을 거예요. 1999년에 과학자들은 3300만 년 된 굴을 하나 발견했는데, 그 속엔 이 불쌍한 동물들의 뼈대가 그득했어요. 살이 많은 엉덩이 부분은 싹 사라지고, 남은 뼈는 지옥 돼지의 이빨 자국으로 벌집이 되어 있었다고 해요!

## 저녁 메뉴는 뭐야?

잡식성인 **다이오돈 쇼쇼넨시스**는 식물과 동물을 가리지 않고 먹었어요. 아마도 이미 죽은 동물을 먹었겠지만, 직접 먹잇감을 잡기도 했을 거예요. 녀석들의 이빨을 보면 잡식 동물이라는 사실을 알 수 있어요. 살을 베어 먹기도 좋고, 식물을 씹어 먹기도 좋은 모양이거든요. 화석화된 다른 동물들의 뼈에 녀석들에게 잡아먹혔다는 증거가 많이 남아 있어요. 과학자들은 법의학 탐정처럼 포식자의 이빨과 먹이에 남은 물린 자국을 맞춰 보기도 한답니다!

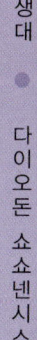

신생대 • 다이오돈 쇼쇼넨시스

# 아주 큰 거북

**메이올라니아 오웨니**

메이올라니아 오웨니(*Meiolania oweni*)는 쿵쿵거리며 느릿느릿 땅 위를 기어 다니는 가장 큰 거북 중 하나예요. 이처럼 땅 위에 사는 동물을 육생 동물이라고 해요. 메이올라니아 오웨니는 몸길이가 2.5m에 달하는 초식 동물로, 약 5만 년 전까지 오스트레일리아와 인근 섬들에 살았어요.

## 뿔이 솟은 머리

**메이올라니아 오웨니**는 넓고 평평한 두개골에 뿔이 아주 많이 솟아 있었어요. 큰 뿔이 많아서 위협을 받아도 다른 거북들처럼 등딱지 밑으로 머리를 숨기지는 못했을 거예요. 그런데 녀석들은 굳이 머리를 숨길 필요가 없었어요. 이들을 노리는 포식자는 많지 않았을 테니까요! 누구든 가까이 오기만 하면 돌기로 덮인 긴 꼬리를 휘둘러 몸을 지켰을 거예요. 만약 녀석을 크게 한입 베어 문다면 뾰족한 돌기가 씹혀 입이 아플 거예요.

## 플래너리 박사님의 탐험 수첩

### 뿔투성이 거북

오스트레일리아의 로드하우제도에서는 이따금 거대한 뿔거북 메이올라니아의 화석이 발견되곤 해요. 어느 날, 뼈대 하나가 발견되었다는 소식에 내가 일하던 오스트레일리아박물관의 화석 큐레이터가 그 섬으로 출장을 갔어요. 몇 주 동안 낙원 같은 아열대 섬에 다녀와서 하는 말이 하마터면 뼈를 발굴하지 못할 뻔했다는 거예요. 하필이면 그 화석이 관광객들에게 키스 명소로 유명한 해변 바위에 있었고, 동네 사람들은 그 바위에 손대는 걸 싫어했어요! 바위를 손상하지 않겠다고 약속하고 나서야 아주 조심스럽게 뼈를 발굴할 수 있었답니다.

### 도마뱀인 줄 알았네!

메이올라니아를 발견한 당시에 사람들은 거북이 아니라 도마뱀으로 오해를 했어요. 처음에 발견된 화석이 전체 골격이 아닌, 몇 개의 뼈로만 이루어져 있었기 때문이지요.

**이름은 무슨 뜻일까?**

메이올라니아는 '작은 방랑자'라는 뜻이지만, 이 녀석은 결코 작지 않았어요.

신생대 · 메이올라니아 오웨니

# 어마어마한 거북

### 스투펜데미스 게오그라피쿠스

닌자 거북은 많이 들어 봤겠죠? 혹시 자동차만 한 크기로 자라나는 뿔 달린 거북은 들어 봤나요? 1300만 년 전에서 500만 년 전에 살았던 스투펜데미스 게오그라피쿠스(Stupendemys geographicus)는 지금껏 존재한 거북 가운데 가장 큰 거북 중 하나예요. 주로 강과 호수 같은 민물 바닥에서 살았어요.

이 거북은 아무거나 잘 먹어서 물고기, 파충류, 뱀, 심지어 식물도 먹었어요.

잘 먹네!

스투펜데미스 게오그라피쿠스는 '엄청나게 큰 거북'이라는 뜻이에요.

이름은 무슨 뜻일까?

신생대 · 스투펜데미스 게오그라피쿠스

## 전투용 등딱지

스투펜데미스 게오그라피쿠스 수컷은 앞쪽 등딱지에 거대한 뿔이 여러 개 달려 있었어요. 뿔 일부에서 깊게 팬 상처가 발견되었는데, 다른 수컷 거북들과 뿔을 맞대고 싸우다 생긴 상처로 여겨져요. 싸움의 승자는 최고의 영역을 차지하거나, 짝짓기 상대인 암컷을 차지했겠죠?

## 왜 이렇게 컸을까?

이들은 몸길이가 11m인 악어(156~157쪽 '푸루사우루스 브라질리엔시스' 참조)를 비롯해 무시무시한 포식자들과 함께 살았어요. 큰 몸집과 등딱지는 이 같은 거대 사냥꾼들에게서 몸을 지키기 위해서였을 거예요. 불행히도 몸이 크다고 해서 늘 안전하다는 뜻은 아니지만요. 등딱지에 5cm 길이의 악어 이빨이 박힌 거대 거북이 발견되기도 했거든요. **스투펜데미스 게오그라피쿠스**의 육중한 몸은 먹이를 찾으러 오랜 시간 잠수를 하는 데 도움이 되었을 거예요.

신생대 · 스투펜데미스 게오그라피쿠스

# 초대형 악어

## 푸루사우루스 브라질리엔시스

악어가 무섭다고요? 이 녀석들을 보고 나면 생각이 달라질걸요. 푸루사우루스 브라질리엔시스(*Purussaurus brasiliensis*)는 지금까지 살았던 악어 가운데 가장 큰 악어 중 하나였어요. 몸길이가 약 11m까지 자랐는데 긴 화물 트럭과 비슷할 정도예요! 800만 년 전쯤에 오늘날의 남아메리카 습지에서 볼 수 있었어요. 초대형 거북인 스투펜데미스 게오그라피쿠스(154~155쪽 참조)가 살던 때와 같은 시기니까, 어마어마한 거인이 참 많이도 살았죠? 길이가 1.4m나 되는 거대한 두개골은 열 살짜리 사람 아이의 키와 비슷했고, 입 속엔 무시무시한 이빨이 가득했어요. 5cm까지 자라는 이 이빨들은 아무것도 눈치채지 못한 먹잇감을 낚아채기에 완벽했답니다.

### 잠복 포식자라고?

먹잇감이 가까이 다가올 때까지 숨어서 기다리다가 기습 공격으로 잡아먹는 포식자를 '잠복 포식자'라고 해요.

## 생체 역학이 뭐야?

생물의 몸이 어떻게 움직이는지 연구하는 학문을 생체 역학이라고 해요. 과학자들은 근육과 신체 구조를 이용해 오늘날 살아 있는 생물들의 생체 역학을 연구해요. 화석화된 동물은 흔치 않고, 있다고 해도 뼈가 군데군데 남은 경우도 많아요. 그렇다고 고대 생명체가 어떻게 움직였는지를 알아낼 수 없는 건 아니에요. 고생물학자들은 뼈 화석을 통해 아주 많은 정보를 얻어 낼 수 있어요! 생체 역학은 동물의 이동 속도와 자세, 교합력, 심지어 씹는 방법을 알아내는 데에도 사용되거든요. 교합력이란 아랫니와 윗니가 맞물리는 힘, 즉 무는 힘을 말해요. 교합력을 알면 그 동물의 먹이를 아는 데에도 도움이 돼요. **푸루사우루스는 어떤 동물보다도 교합력이 강해서 아주 단단한 뼈도 씹어 먹을 수 있었어요!**

# 조심해!

이 슈퍼 악어는 이빨이 매우 튼튼하고 무는 힘이 강해서 거대한 거북의 등딱지도 뚫을 수 있었어요. **푸루사우루스 브라질리엔시스**는 당대 최고의 포식자로, 자신의 손아귀에 들어오는 물속 동물을 닥치는 대로 잡아먹었을 거예요. 또 물속에 몸을 숨기고 있다가 물을 마시러 강둑으로 내려온 큰 동물을 기습적으로 공격했을 테고요. **푸루사우루스 브라질리엔시스**가 워낙 무시무시해서 죽기 살기로 싸우면 티라노사우루스 렉스(126~127쪽 참조)도 이겼을 거라고 말하는 과학자들도 있어요. 이 둘이 살던 시대가 서로 달라서 그런 일이 일어날 수는 없겠지만요!

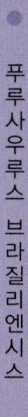

신생대 · 푸루사우루스 브라질리엔시스

## 죽음의 회전

오늘날의 악어들은 먹잇감을 제압하기 위해 '죽음의 회전'이라는 특별한 방법을 사용해요. 네, 그 이름만큼이나 무서운 방법이지요. 비위가 약한 친구는 그만 읽어도 좋아요! 악어는 일단 먹잇감을 물면 빠르고 강하게 돌리기 시작하는데, 이 과정은 주로 물속에서 이루어져요. 이렇게 회전을 당하면 어디가 위고 어디가 아래인지도 모르고 마치 세탁기 속에서 몸이 빙글빙글 도는 듯한 느낌이 들 거예요. 그러는 사이 팔과 다리가 떨어져 나가고 근육은 갈기갈기 찢겨요. 게다가 폐에 빠르게 물이 차다 결국엔 익사하고 말지요. 악어는 그제야 식사를 하려고 자리를 잡고 앉아요. 과학자들은 이 악어들이 다른 악어와 싸울 때도 죽음의 회전을 했을 것으로 생각해요. **푸루사우루스 브라질리엔시스**의 뼈의 움직임을 연구한 결과, 이들 역시 먹잇감을 상대로 죽음의 회전을 했을 거라고 해요.

# 고래 잡는 고래

### 리비아탄 멜빌레이

몸집이 거대한 고래는 항상 안전할까요? 포식자들이 감히 접근하지 못할 만큼 크게 자랄 테니까요. 900만 년 전에서 500만 년 전에 가장 큰 고래마저도 떨게 만든 치명적인 포식자가 있었어요. 리비아탄 멜빌레이(Livyatan melvillei)는 향고래예요. 향고래는 오늘날의 바다에서도 볼 수 있으며, 이빨이 있는 포식성 고래로 주로 오징어를 먹고 살아요. 하지만 다른 고래를 잡아먹을 수 있다면 굳이 오징어를 먹을 이유는 없겠죠? 먹이 사슬의 꼭대기에 있었던 리비아탄 멜빌레이는 아침, 점심 그리고 간식으로 고래를 먹었답니다!

오늘날의 페루에서 두개골 화석이 발굴되면서 리비아탄 멜빌레이가 세상에 알려졌어요. 몸의 나머지 부분은 발견되지 않았지만, 두개골 크기만 봐도 지금까지 살았던 동물 가운데 가장 큰 포식자 중 하나였다는 사실을 알 수 있답니다.

신생대 • 리비아탄 멜빌레이

## 무시무시한 이빨

**리비아탄 멜빌레이**의 두개골이 3m에 달하는 것으로 보아 몸 길이는 약 17m까지 자랐을 것으로 추정돼요. 고래치고는 특별히 큰 편은 아니지만, 리비아탄 멜빌레이만의 중요한 특징이 하나 있어요. 바로 생명의 역사상 가장 큰 이빨을 가지고 있다는 거예요! 이빨 하나가 36cm가 넘었어요. 짧은 자 하나로는 잴 수도 없겠지요? 긴 자로 얼마나 긴지 한번 재어 보세요! 오늘날 향고래의 이빨이 최대 20cm까지 자란다는 사실을 생각하면 이빨이 정말 컸던 셈이에요. 주둥이는 짧고 넓적했으며 턱 근육은 컸어요. 몸부림치는 먹잇감을 내리누르기에 완벽한 모양이었지요. 아마도 무시무시한 이빨로 제 몸집보다도 큰 고래의 살덩이리를 뜯지 않았을까요? 부디 이 괴물에게 잡히지 않기를 빌어요!

## 모래 속에 있는 저건 뭘까?

화석을 찾기 위해 머나먼 곳으로 갈 필요는 없어요. 도심부에서 멀지 않은 곳에서도 화석이 종종 발견되거든요. 2016년에 멜버른의 보매리스 베이에서 **리비아탄 멜빌레이**의 것으로 여겨지는 거대한 이빨 하나가 발견되었어요. 길이가 30cm로, 지금까지 오스트레일리아에서 발견된 이빨 화석 중에 가장 컸어요. 여름날 해변에서 놀다가 고래 이빨을 찾아낸다고 생각해 보세요. 상상만 해도 근사하죠?

*그럼 좋겠다!*

### 이름은 무슨 뜻일까?

리비아탄이라는 이름은 구약 성경에 나오는 바다 괴물 '리바이어던'의 고대 히브리어 이름을 따서 붙인 거예요. 처음에는 리바이어던을 그대로 쓰려고 했지만, 이미 다른 동물의 학명으로 사용되고 있다는 걸 알았어요. 동물의 학명은 세상에서 하나뿐이어야만 해요. 그렇지 않으면 생명의 역사 속 모든 생물을 추적할 수가 없을 테니까요. 학명에 대해 더 알고 싶으면 16쪽을 보세요.

## 초대형 경랍

향고래(sperm whale)는 경랍(spermaceti)에서 따온 이름이에요. 경랍은 밀랍 같은 물질로, 향고래의 머릿속에 있는 특별한 기관 안에 수천 리터가 들어 있어요. 과학자들은 경랍이 고래가 바다 위를 떠다니는 데 도움이 되거나, 반향 정위에 사용되었을 거라고 해요. 반향 정위는 고래, 돌고래, 박쥐가 사용하는 특별한 종류의 감각으로, 음파를 이용해 물체의 위치와 그 정체를 짐작해 내요. 앞이 보이지 않는 칠흑 같은 바닷속에서는 매우 유용하겠지요. 큰 음파는 매우 강력해서 오늘날의 돌고래와 향고래는 먹잇감을 혼란스럽게 할 목적으로 반향 정위를 사용하기도 해요. **리비아탄 멜빌레이**는 향고래치고는 경랍 기관이 아주 커서 반향 정위를 이용해 먹잇감을 기절시키기도 했을 것으로 여겨져요. 아니면 싸우면서 다른 고래를 들이받을 때도 유용했을 거예요.

## 보이지 않는 정보, 그리고 그것을 보는 법

**리비아탄 멜빌레이**처럼 오래전에 사라진 해양 생물이 어디에 살았었는지 과학자들은 어떻게 알아낼까요? 한 가지 방법은 그 동물이 죽은 곳의 환경을 보는 거예요. 한 고대 동물이 해저에서 죽는다고 상상해 보세요. 시간이 지나면서 그 생물은 화석화되고, 해저는 암석으로 변해요. 과학자들은 화석을 에워싸고 있는 물질의 종류를 연구해 볼 수 있어요. 얕은 물에서 나온 모래인지, 아니면 깊은 바다에서 나온 진흙인지 알아보는 거죠. 동물의 이빨과 뼈의 화학적 조성을 연구하면 훨씬 더 많은 정보를 얻을 수 있어요. 화학적 조성을 알면 그 생물을 구성하는 화학 물질을 모두 확인할 수 있어요. 화학 물질은 너무 작아서 확인하려면 실험실의 특별한 장비가 필요해요. 이빨과 뼈의 화학적 조성을 연구함으로써 우리는 고대 생명체가 어디에 살았고, 어떤 먹이를 좋아했는지 알 수 있어요. 과학자들은 리비아탄 멜빌레이의 이빨에 있는 화학 물질을 통해 이들이 남반구(지구의 남쪽 부분)의 차가운 물에서 사는 것을 좋아했다는 사실을 밝혀냈어요.

## 고유한 특징을 찾아내는 탐정

화석에는 오래전에 사라진 동물에 대한 정보가 우리가 생각하는 것보다 훨씬 더 많이 담겨 있어요. 모양을 보고 그 생물의 크기와 움직임, 심지어 좋아하는 먹이도 알 수 있어요. 발견된 장소를 보고 그 생명체가 살았을 것으로 여겨지는 환경도 알 수 있고요. 그렇지만 화석의 화학적 조성을 살펴보면 화석에 대해 훨씬 더 많은 사실을 알 수 있답니다. 이러한 정보는 화석에만 있는 건 아니에요. 여러분의 몸에도 있어요. 과학자들은 화학적 조성을 통해 여러분이 어디에서 자랐고, 무엇을 먹었고, 심지어 언제 이유식을 떼고 단단한 음식을 먹기 시작했는지까지 알 수 있어요! 여러분의 치아와 뼈 속의 원소를 연구하면 알 수 있지요.

# 원소가 답이다

태양, 공기, 바다, 바위, 나무, 동물 그리고 우리 자신을 포함한 세상의 모든 것들은 '원소'라고 불리는 다양한 물질의 조합으로 이루어져 있어요. 과학자들이 이 원소들을 모두 주기율표로 분류해 놓았어요. 주기율표에는 수소, 탄소, 질소, 철과 금을 포함한 100개 이상의 원소가 있어요. 원소에는 저마다 특별한 기호가 정해져 있고요. 우리 몸의 99%는 놀랍게도 수소, 탄소, 산소, 질소의 4가지 원소로만 이루어져 있어요.

원소는 서로 결합해 화합물을 형성해요. 예를 들어, 물은 수소와 산소로 이루어져 있어요. 수소의 기호는 H이고, 산소의 기호는 O예요. 물은 수소 2개와 산소 1개가 결합해 이루어지며, 따라서 물의 기호는 $H_2O$로 표시해요.

몇몇 원소는 같은 원소라고 해도 몇 가지 다른 형태로 나타나기도 해요. 예를 들면, 모든 탄소와 질소가 정확히 똑같지는 않아요. '동위 원소'라고 불리는 다른 형태로 나타나기도 하거든요. 과학자들은 '동위 원소 기호'라고 불리는 동위 원소의 비율을 이용해 과거를 탐구할 수 있어요.

# 기후와 식단

물의 동위 원소비는 기후에 따라 달라져요. 과학자들은 시간의 흐름에 따른 기후 변화를 알아보기 위해 해저에서 빙상의 코어를 분석해요. (코어는 땅에 구멍을 뚫어 채취한 큰 원통형 샘플을 말해요.) 동물들이 물을 마시면, 그 물의 동위 원소 기호가 이빨에 보존돼요. 이것에서 과학자들은 그 동물이 살아 있을 당시의 기후를 알아낼 수 있어요. 식물들도 잎 속에 서로 다른 비율의 동위 원소를 포함하고 있어요. 동물이 그 식물을 먹으면 이빨에 그 식물의 동위 원소 기호가 나타날 거예요. 따라서 동물의 이빨을 분석하면 그 동물이 가장 좋아하는 먹이를 알 수 있지요! 모든 화석에 이러한 실험을 할 수 있는 것은 아니에요. 너무 오래되지 않고 잘 보존된 화석만 가능합니다.

신생대 · 리비아탄 멜빌레이

# 입 크게 벌려, 턱 끝까지

**오토두스 메갈로돈**

지금까지 존재한 상어 중에 가장 큰 상어는 대체 얼마나 클까요? 영광의 주인공은 오토두스 메갈로돈(Otodus megalodon)이에요. 턱을 벌렸을 때 입의 넓이가 3m라니 믿어지나요? 사람 몇 명은 쉽게 들어가고도 남을 정도예요. 머리는 아예 입천장에 닿지도 않았겠죠. 과거로 돌아가 녀석이 여러분을 꿀꺽 삼킨다 해도 간식거리에 지나지 않았을 거예요. 오토두스 메갈로돈의 전체 몸길이는 16m였는데, 이는 오늘날 백상아리의 거의 3배에 이르는 크기예요. 등지느러미 높이만 해도 보통 성인 여성의 키와 비슷한 1.6m가 넘었고요! 해변에서 물놀이를 하는데 커다란 지느러미가 여러분 쪽으로 다가온다고 상상해 보세요. 으악! 이 녀석들은 물고기나 고래, 그리고 다른 상어를 잡아먹고 살았는데, 가장 큰 종류는 하루에 1000kg 넘게 먹었을 것으로 여겨져요. 화석화된 고래 뼈에서 녀석들의 이빨 자국이 발견되기도 했답니다.

**물지 마!**

신생대 • 오토두스 메갈로돈

## 무시무시한 바다

**오토두스 메갈로돈**은 **리비아탄 멜빌레이**(158~160쪽 참조)와 같은 시기에 살았어요. 두 괴물은 다음 먹잇감을 찾아 서로 경쟁하면서 지구의 바다를 공포로 몰아넣었답니다.

## 아주 많은 이빨

상어는 뼈대가 있긴 하지만 물렁뼈로 이루어져 있어서 뼈가 단단하지는 않아요. 물렁뼈는 매우 유연한 물질이라 헤엄치기에 좋아요. 그런데 일반 뼈보다 훨씬 부드러워서 화석으로 잘 보존되지는 않아요. 물렁뼈가 어떤 느낌인지 알고 싶으면 손으로 코끝이나 귓바퀴를 만져 보세요.
**오토두스 메갈로돈**에게 단단한 부분이 딱 한 군데 있는데 바로 이빨이에요. 거대한 이빨이 엄청나게 많아서 이 녀석들이 남긴 화석도 대부분이 이빨 화석이에요. 가장 큰 이빨 화석은 지름이 거의 18cm에 달하니까 아마 여러분 손바닥보다도 클 거예요! 오토두스 메갈로돈의 이빨은 전 세계 바다에서 잠수부들에게 발견되곤 하는데, 가끔은 해변을 산책하던 사람들이 발견하기도 해요.
상어는 우리처럼 이빨이 한 쌍만 있는 게 아니에요. 평생 쓸 수 있는 이빨이 있어요. 마치 끝없이 돌아가는 컨베이어 벨트처럼 이빨이 빠지면 계속해서 새 이빨이 자라나요. 오늘날의 상어 중에는 일생 동안 이빨을 수천수만 개나 가는 상어도 있어요. 상어는 당연히 먹잇감을 물기 위해 이빨을 쓰는 일이 많고, 먹잇감을 죽이려면 날카로운 이빨이 무엇보다 중요하지요.

## 서로를 잡아먹는 아기 상어

오늘날의 상어 중에 어미의 자궁 속에서 새끼들끼리 서로를 잡아먹는 상어가 있다는 사실을 알고 있나요? 가장 힘이 센 아기 상어가 형제자매를 다 먹어 치워서 태어나기 전에 이미 배가 빵빵해져 있기도 해요. 너무 섬뜩하죠! 과학자들은 **오토두스 메갈로돈**의 새끼들도 배 속에서 형제자매를 잡아먹었을 것으로 짐작해요. 이 맹수들은 식욕이 왕성했거든요!

## 플래너리 박사님의 탐험 수첩

### 나의 메갈로돈 이빨

나는 열일곱 살 때 빅토리아박물관에 채용되어 보매리스 화석 유적지에 가서 잠수를 한 일이 있어요. 발견한 화석을 모두 넘겨주는 조건으로 박물관에서 나에게 500달러라는 큰돈을 지급했어요. 일을 시작한 첫날, 나는 등에 잠수용 수중 호흡기를 메고 물속으로 미끄러져 들어갔고, 해저에 다다르자마자 내가 지금껏 본 것 중에 가장 크고 완벽한 메갈로돈의 이빨을 발견했어요! 그곳에서 몇 년 동안 잠수를 했지만 그런 이빨은 처음이었지요.

갖고 싶다는 마음을 간신히 떨쳐 내고 이빨을 박물관으로 가져가 톰 리치 박사님에게 건넸어요. 그런데 박사님은 이빨을 받으면서도 크게 감동한 얼굴이 아니었어요. 박사님은 내가 몇 달 전에 발견해 박물관에 기증한 물범의 등뼈 화석을 좀 더 찾아냈으면 했거든요.

몇 년 뒤 나는 다시 박물관을 찾았어요. 나의 아름다운 메갈로돈 이빨을 보여 달라고 했지만, 아무도 그 이빨을 찾지 못했어요! "도둑맞았다."라는 소문이 돌았어요. 박사님에게 그 말을 전했더니 박사님은 대수롭지 않게 말했어요. "그때 네가 그 이빨을 가졌더라면 얼마나 좋았을까? 내가 정말 원한 건 물범과 육지 포유류였는데 말이야." 아, 어린 마음에 박물관과의 약속을 지켰는데 참 아까웠어요! 아무튼 얼마 전에 드디어 이빨을 찾았다는 소식을 들었어요. 조만간 박물관을 다시 찾아 그 대단한 이빨을 보고 싶군요. 아직도 밤중에 자다가 깨서 가끔 이런 생각을 해요. '돈을 받기 전날 잠수를 했더라면 얼마나 좋았을까!'

신생대 • 오토두스 메갈로돈

### 이빨이 그렇게나 비싸다고?

메갈로돈 이빨은 수집가들이 좋아해요. 큰 이빨은 수천 달러에 팔려요! 나는 운이 좋게도 화석을 찾으러 다니면서 몇 개를 발견했어요. 언제 어떻게 찾아내느냐에 따라 박물관에 전시되기도 하고 집 선반에 진열되기도 한답니다!

**이름은 무슨 뜻일까?**

메갈로돈은 '거대한 이빨'이라는 뜻이에요.

# (거의) 살아 있는 화석

### 실러캔스

신생대를 마무리하기에 살아 있는 화석보다 더 좋은 방법이 있을까요? 잠깐, 살아 있는 화석이라니 무슨 말이죠? 때때로 자연은 우리를 깜짝 놀라게 해요. 오래전에 사라진 줄 알았던 동물이 발견되기도 하니까요. 그 주인공이 실러캔스(Coelacanth)예요. 특이하게 생긴 실러캔스가 유명해진 이유는 바로 거기에 있어요. 6600만 년 전 중생대 말에 공룡과 함께 멸종된 줄 알았거든요! 실러캔스는 먼 옛날의 친척들과 많이 닮았어요. 1938년 한 어선이 동아프리카 해안에서 실러캔스 한 마리를 끌어 올리기 전까지는 고대 화석으로만 알려져 있었어요. 당연히 전 세계가 술렁였죠! 이 환상적인 물고기는 몸길이가 2m에 무게가 90kg까지 나가고 60년을 살 수 있어요.

## 특이한 지느러미

실러캔스의 지느러미는 넓적하면서도 우리 귀와 비슷하게 잎 모양으로 생겼어요! 이들은 마치 동물들이 걸을 때처럼 지느러미를 돌리면서 독특한 방식으로 헤엄을 쳐요.

## 멍텅구리 물고기

실러캔스의 뇌는 워낙 작아서 두개골의 아주 작은 부분만 차지해요. 나머지 99.5%는 지방으로 채워져 있답니다!

# 유인원을 닮은 놀라운 동물

**오레오피테쿠스 밤볼리**

## 믿을 수 없는 발견

1950년대에 남부 이탈리아의 한 탄광에서 거의 완전하게 보존된 오레오피테쿠스 밤볼리(*Oreopithecus bambolii*)의 골격이 발견되었어요. 약 800만 년 전의 것으로, 몸무게가 30kg쯤 되는 유인원 비슷한 동물의 화석이었어요. 이는 열 살 된 사람 아이 정도 크기예요. 이 화석을 발견한 광부는 어떤 기분이었을까요? 신기하면서도 충격적이고 무서웠겠죠? 어쩌면 인간의 해골이라고 생각했을지도 몰라요, 으악! 아무튼 그 뒤로 더 많은 뼈대가 발견되었답니다.

## 이름은 무슨 뜻일까?

혹시 오레오피테쿠스라는 말을 들으면 맛있는 과자 이름이 떠오르나요? 사실 그 과자 이름은 그리스어로 '언덕'이라는 뜻이에요.

신생대 • 오레오피테쿠스 밤볼리

# 수수께끼 영장류

침팬지와 고릴라와 원숭이는 친숙하죠. 이들은 모두 영장류의 일종이며, 여러분도 영장류에 속해요! 이 털투성이 녀석들과 어디가 닮았냐고 하겠지만, 이들은 여러분의 먼 사촌이에요. 물론 오늘날 살아 있는 인간은 딱 한 종, 바로 우리뿐이지만, 과거에는 지구상에 여러 종류의 인간이 있었어요. 정확히 말하면 9종류죠! 다른 인간을 만나 보고 싶다면 **호모 플로레시엔시스**(Homo floresiensis, 180~181쪽 참조)나 **호모 네안데르탈렌시스**(Homo neanderthalensis, 198~199쪽 참조)를 보세요.

고대 영장류는 그 종류가 훨씬 많았어요. 영장류 화석이 하나 발견되면 생명의 나무 중 정확히 어디에 두면 좋을지 고민스러울 때가 종종 있어요. '인간과 더 닮았을까, 아니면 유인원과 더 닮았을까?' 하고 말이죠. **오레오피테쿠스 밤볼리**는 아마도 직립 보행이 가능했고, 손이 있어서 바늘에 실을 꿰는 일처럼 인간의 손이 할 수 있는 복잡하고 세밀한 작업도 가능했을 거예요. 그런데 뼈대 모양을 보면 나무를 잘 탔을 것으로 보이고, 발 모양을 보면 유인원 같은 특징도 있었어요. 이 생물이 정확히 어디에 속하는지를 두고 과학자들 사이에서 여전히 의견이 엇갈려요. 이들은 우리 인류의 조상일까요, 아니면 먼 유인원 사촌일까요? 아직은 풀리기를 기다리는 수수께끼랍니다. 이 수수께끼가 풀리면 우리 인류가 어떻게 진화했고, 또 어떻게 지구 곳곳으로 이동을 했는지도 밝혀지겠죠?

## 나는 섬의 늪지대에 살아

**오레오피테쿠스 밤볼리**가 살아 있을 당시의 기후는 지금보다 훨씬 더 따뜻했고, 이들은 섬의 늪지대에 살았어요. 질퍽질퍽한 섬이 썩 아늑해 보이지는 않지만, 이곳에는 포식자가 없어서 아주 편안히 쉴 수 있었어요! 앞에서도 나왔지만, 섬에 오래 살다 보면 동물들이 조금 특이한 모습으로 바뀔 수 있어요(124~125쪽 '하체고프테릭스 탐베마'와 180~181쪽 '호모 플로레시엔시스' 참조). 이들이 신기하게 인간과 유인원의 특징을 섞어 놓은 듯한 것도 섬에 살았기 때문이라고 생각하는 과학자들도 있어요.

# 거대 테라톤

### 아르겐타비스 마그니피센스

지금까지 살았던 새 중에 두 번째로 큰 새예요. 아르겐타비스 마그니피센스 (*Argentavis magnificens*)는 날개의 폭이 6.5m로, 범고래의 몸길이와 버금가요! 이 괴물은 팔뼈 하나만 발견되었지만, 그 크기를 추정하는 데는 그걸로 충분했어요. 무시무시한 포식자로, 멸종된 화석 조류 중 하나인 테라톤에 속하며, '괴물 새'라고도 불려요. 하늘을 날면서 갈고리 모양의 위협적인 부리로 먹잇감을 공격했을 것으로 여겨져요. 두개골 모양을 보면 먹이를 통째로 삼켰을 수도 있다고 해요.

아주아주 커다란 날개

이 거대한 새는 오늘날의 황새나 독수리와 사촌이에요.

신생대 • 아르겐타비스 마그니피센스

# 위로, 위로, 그리고 멀리!

## 하늘을 나는 거대한 새들은 오늘날 어디에 있을까?

오늘날 하늘에서 볼 수 있는 가장 큰 새로는 무게가 15kg 정도 나가는 콘도르가 있어요. 그렇다면 오늘날에는 왜 70kg에 달하는 아르겐타비스 마그니피센스 같은 거대 새들이 없을까요? 과학자들은 그 답이 대기 중의 열, 즉 지구를 둘러싸고 있는 공기층에 있다고 생각해요. 아르겐타비스 마그니피센스는 '상승 온난 기류'라고 불리는 상승하는 뜨거운 공기를 이용해 높은 곳을 날았을 것으로 짐작되거든요. 이 거인들이 살았던 약 900만 년 전에서 700만 년 전은 오늘날보다 더웠어요. 더운 기후가 더 많은 상승 온난 기류를 만들어 낸 덕분에 높은 곳을 날 때 도움이 되었을 거예요.

**아르겐타비스 마그니피센스**는 대단한 새였어요. 그런데 70kg이나 나가는 육중한 몸으로 어떻게 하늘로 날아올랐을까요? 이들이 멀리 날아가기 위해서는 비탈진 곳과 바람의 도움이 필요했을 것으로 여겨져요. 일단 공중에 뜨면 거대한 날개를 자주 퍼덕이지 않고 미끄러지듯 날았을 거예요.

신생대 • 아르겐타비스 마그니피센스

# 훌륭한 뒤죽박죽!

**아니소돈 그란데**

곰 같은 몸에, 당나귀 얼굴, 고릴라 팔을 가진 아니소돈 그란데(*Anisodon grande*)는 한마디로 생김새가 뒤죽박죽인 동물이었어요. 칼리코테리움(*Chalichotherium*)으로도 알려져 있고, 말, 얼룩말, 코뿔소와 같이 발굽이 있고, 뒷발가락 개수가 홀수인 유제류 포유류와 먼 친척이에요. 키가 1.5m에 몸무게는 말과 비슷했어요. 500만 년 전까지 오늘날의 유럽 지방에 살았어요.

## 너클 보행

**아니소돈 그란데**는 앞다리가 뒷다리보다 훨씬 길어서 등이 굽어 있었어요. 그런데 이 동물이 특히나 괴상해 보이는 이유는 고릴라처럼 주먹을 쥐고 발등으로 땅을 디디는 너클 보행을 하기 때문이에요! 이들은 왜 이렇게 별난 방식으로 걸었을까요? 이들은 앞다리에 큰 발톱이 있어서, 그 발톱으로 잎을 뜯어내거나 높은 나뭇가지에 달린 열매를 땄을 거예요. 그러려면 발톱을 늘 최고의 상태로 유지해야만 했어요. 만약 너클 보행을 하지 않았다면, 앞발톱이 닳아서 먹이를 구할 때 쓸모가 없었겠지요. 이 긴 발톱은 검치호(194~195쪽 참조) 같은 성가신 포식자들을 겁주어 쫓아 버리는 데에도 유용했을 거예요.

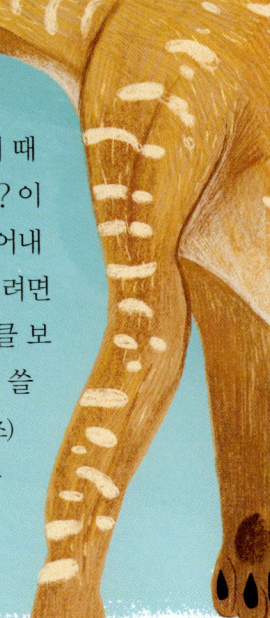

## 꼭 발톱이 필요할까?

많은 초식 동물은 얼굴 높이에서 자라는 풀이나 잎을 먹고 살아요. 이런 풀을 뜯어 먹는 데 꼭 발톱이 필요한 건 아니에요. 아니소돈 그란데의 거대한 발톱은 초식 동물에게는 드문 경우랍니다! (예외적으로 93쪽 '테리지노사우루스'는 발톱이 있어요.) 처음 발견했을 당시 과학자들은 아니소돈 그란데의 발톱 화석이 거대한 개미핥기의 것인 줄 알았어요! 개미핥기는 커다란 발톱으로 개미집을 파헤쳐서 곤충을 찾아내거든요.

# 미끈미끈한 바다나무늘보

**탈라소크누스**

탈라소크누스(*Thalassocnus*)는 약 500만 년 전에 남아메리카에서 살았던 거대한 나무늘보예요. 높은 나무에서 느릿느릿 살아가는 오늘날의 나무늘보는 많이 들어 봤죠? 거대한 땅나무늘보 에레모테리움(*Eremotherium*, 202~203쪽 참조)도 들어 봤을 수 있고요. 그런데 탈라소크누스는 땅이나 나무에 살지 않았어요. 바다에서 신나게 살았답니다! 오랫동안 과학자들은 이들이 헤엄을 못 치는 동물이라고 생각했어요. 진짜 나무늘보와 같은 식으로 얕은 물 속을 느릿느릿 걷고, 큰 발톱을 이용해 가까운 바위에 몸을 붙이고 사는 바다의 떠돌이에 가까울 것으로 여겼죠. 그런데 이제는 이들이 물속에 있을 때 훨씬 편했다는 사실을 알게 되었어요. 이들도 초기 고래들처럼 뼈의 밀도가 매우 높아서 얕은 물 속을 헤엄치는 데 도움이 되었을 거예요. 배의 아래쪽에 무거운 짐을 실으면 배가 흔들리지 않고 안정적으로 움직이듯이, 얕은 물에서는 뼈의 밀도가 높으면 부력을 조절하기가 훨씬 좋거든요! 오늘날의 하마처럼 물속을 걸어 다녔을 수도 있다고 해요.

## 맛있고 부드러운 바다 채소

탈라소크누스는 맛있는 해초와 해변 식물을 먹으려고 물가로 갔어요. 아마도 꼬리의 도움을 받아 바다 밑바닥으로 잠수해 풀을 뜯어 먹었을 거예요.

## 모두 한 가족

멸종된 헤엄치는 바다나무늘보는 5종류로, 모두 탈라소크누스속에 속해요.

이 나무늘보에게는 편리한 콧구멍이 있어요. 물속에서도 숨을 쉬기가 편하게 콧구멍이 머리의 좌우가 아닌 위를 향해 있었거든요.

신생대 · 탈라소크누스

# 이빨 대신 엄니가 달린 고래

**오도베노케톱스**

진공청소기처럼 생긴 이빨 없는 입과 뒤쪽을 향해 뻗은 기다란 엄니 2개가 달린 동물은 누구일까요? 오도베노케톱스(Odobenocetops)랍니다! 이들은 오늘날의 외뿔고래와 조금 닮았어요. 외뿔고래는 머리 중앙에 엄니가 1개 튀어나온 중간 크기의 뚱뚱한 고래예요. 오도베노케톱스는 몸길이가 2m 안팎이고, 주둥이가 짧았으며, 2개의 엄니가 뒤쪽으로 뻗었다는 점에서 특이한 동물이에요.

**이름은 무슨 뜻일까?**

오도베노케톱스는 '이빨로 걷는 것 같은 고래목'이라는 뜻이에요. 고래목은 고래와 돌고래와 쇠물돼지를 포함하는 해양 포유류 무리를 말해요.

약 500만 년 전에 오늘날의 남아메리카 열대 바닷속을 헤엄쳐 다녔어요.

## 흥미로운 사실

오도베노케톱스는 바다코끼리와 생김새는 비슷하지만 가까운 친척은 아니에요. 이 둘은 새끼에게 젖을 먹이는 방식이 비슷하다 보니 서로 닮게 된 것이랍니다. 아무 관련이 없는 두 생명체가 비슷한 생김새를 보일 때, 이를 수렴 진화(22쪽 참조)라고 해요.

## 뽀뽀해 줘!

**오도베노케톱스**는 바다 밑바닥을 따라 나아가며 진공청소기 같은 입으로 맛 좋은 벌레와 조개를 후루룩 빨아들였어요. 입술이 아주 튼튼해서 캄캄한 굴속이나 껍데기에서 먹이를 빨아들이기가 좋았어요. 반향 정위를 써서 진흙 바닥에서 먹이를 찾았을 수도 있고요.

> 반향 정위를 이용하면 앞을 더 잘 볼 수 있어요. 반사되어 돌아오는 초음파, 즉 반향을 이용해 물체까지의 거리와 방향을 알 수 있거든요. 많은 고래와 돌고래가 이 방법으로 어둡고 깊은 바닷속에서 물체의 위치를 알아내요.

## 무서운 시대야

엄니가 난 **오도베노케톱스**마저 벌벌 떨게 만드는 포식자가 있었으니, 바로 초대형 상어 **오도두스 메갈로돈**(162~163쪽 참조)이랍니다!

## 왜 엄니가 길었을까?

과학자들은 오도베노케톱스의 엄니가 방어용이나 다른 오도베노케톱스와 싸울 때 쓰기에는 너무 약했다고 말해요. 엄니는 먹이를 후루룩 삼킬 때 바다 밑바닥과 몸을 나란히 하는 데 도움이 되었을지도 몰라요. 어떤 수컷은 한쪽 엄니가 다른 쪽보다 더 길게 자랐어요. 1m가 넘는 엄니 화석이 발견되기도 했답니다! 아마도 몸 뒤쪽을 향해 난 이 엄니들은 다른 수컷을 가늠해 보거나, 짝짓기를 위해 암컷을 유혹하는 도구로 사용되었을 거예요.

신생대 • 오도베노케톱스

# 가장 귀여운 유대류

**훌리테리움 토마세티**

훌리테리움 토마세티(Hulitherium tomasetti)는 약 5만 년 전에 파푸아뉴기니의 산골짜기에서 발견되었어요. 대나무와 잎을 씹어 먹기 좋아하고, 팬더처럼 똑바로 설 수 있었어요. 키가 약 1m이고 몸무게는 200kg까지 나갔으며, 유대류라는 특별한 종류의 포유류예요. 유대류는 새끼를 새끼주머니(육아낭) 속에 넣어서 기르는 동물이에요. 훌리테리움 토마세티는 당시 파푸아뉴기니의 산에서 가장 큰 포유류였고, 오스트레일리아의 디프로토돈(191~193쪽 참조)과도 친척이었어요.

> 털이 복슬복슬하고 귀여운 동물이에요.

## 유명한 이유가 뭘까?

이 녀석의 이름은 1986년에 내가 직접 지었답니다! 연구용으로 화석을 가져다준 파푸아뉴기니의 가톨릭 성직자 버나드 토마세티(Bernard Tomasetti)의 이름을 따서 동료와 함께 그 이름을 지었어요. 훌리테리움은 파푸아뉴기니의 훌리족에서 따온 이름이에요. 훌리족은 지금으로부터 약 90년 전에야 세상에 알려진 부족이에요. 눈에 띄는 복장으로 유명한데, 머리카락으로 가발을 만들고 극락조의 아름다운 깃털로 그 가발을 장식해요. 극락조는 파푸아뉴기니와 오스트레일리아의 가장 북동쪽에 사는 독특하면서도 아름다운 깃털을 가진 새들이에요.

## 플래너리 박사님의 탐험 수첩

### 훌리테리움 기술하기

파푸아뉴기니의 높은 산에는 훌리족이 살고 있어요. 이 부족은 특별한 머리 장식 때문에 '훌리 위그맨(Huli Wigmen)'이라고도 불리는데, 극락조의 깃털과 꽃으로 아름다운 가발을 만들기로 유명해요. 그곳에서 발견된 신비한 유대류의 뼈대가 궁금해서 직접 그들을 찾아간 적이 있어요.

나를 맞아 준 신부님 말이 위그맨들이 활주로를 만들려고 낮은 언덕을 평탄화하는 과정에서 그 화석을 발견했다는 거예요. 훌리족은 땅을 잘 파기로 유명해요. 도랑으로 둘러싸인 요새화된 마을에 살고 있는데, 온종일 땅을 팔 수 있다는 걸 대단히 자랑스럽게 여겨요. 그런데 활주로를 만드는 중에 화석화된 뼈대를 발견하고 작업을 멈추었지요. 소식을 들은 신부님이 조심스럽게 뼈를 모아 오스트레일리아로 보냈고요. 그 지역에 방문했을 당시 나는 그 뼈들이 발견된 바위와 퇴적물을 조사해도 좋다는 허락을 받았어요. 나는 그 뼈들이 자이언트팬더 크기의 웜뱃을 닮은 새로운 종류의 유대류에 속한다고 기술했고, 화석을 발견한 훌리 위그맨을 기리기 위해 훌리테리움이라는 이름을 붙였답니다.

# 펠라고니스 샌더시

지금까지 하늘을 비행한 새 중에 가장 큰 새는 과연 얼마나 컸을까요? 그 주인공인 펠라고니스 샌더시(Pelagornis sandersi)는 날개 폭이 무려 7.5m로, 아르겐타비스 마그니피센스(168~169쪽 참조)보다도 1m나 커요. 2500만 년 전에 살았던 단 하나의 화석화된 개체를 통해 알려진 동물이에요. 몸이 무거울수록 날개를 펄럭이며 하늘 높이 날기가 어렵기 마련이지요. 펠라고니스 샌더시의 뼈는 오늘날의 새들처럼 매우 가늘고 속이 비어 있어서, 크기에 비해 몸이 가벼워서 하늘을 날 수 있었을 거예요. 하지만 펠라고니스 샌더시의 생김새는 오늘날의 어떤 새와도 달랐어요. 부리에 길고 무시무시한 이빨이 나 있었거든요. 왠지 하늘을 나는 악어가 떠오르지 않나요?

**비행의 왕**

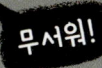
무서워!

## 먹이를 찾아 날다

**펠라고니스 샌더시**는 넓은 대양 위의 하늘이 곧 집이었어요. 먹이를 찾아 바다 위를 멀리 날아다녔고, 땅으로 자주 내려앉을 필요가 없었어요. 일단 맛 좋은 오징어나 물고기를 발견하면 순식간에 내려와 먹이를 낚아채는 사냥의 달인이었답니다.

신생대 • 펠라고니스 샌더시

## 호기심 많은 과학자 덕분이야

유일하게 알려진 **펠라고니스 샌더시**의 화석은 1983년 건설 노동자들이 국제공항에 건물을 짓기 위한 토대를 파던 중에 발굴되었어요. 안타깝게도 30년이 넘도록 미확인 상태로 미국 노스캐롤라이나주 찰스턴박물관의 서랍 속에 갇혀 있었지만요. 호기심 많은 한 과학자가 박물관의 소장품을 연구하고 나서야 그 화석의 중요성이 밝혀졌고, 역대급으로 새로운 이 동물의 이름이 지어졌어요! 얼마나 더 많은 동물이 박물관 서랍 속에서 자신들을 알아봐 줄 정확한 눈을 기다리고 있을까요?

# 육식을 즐기는 공포새

**티타니스 왈레리**

인간이 이 땅에 나타나기 전에 이 공포새가 멸종된 것은 우리로서는 참 다행스러운 일이에요. 그런데 타임머신을 타고 500만 년 전에서 180만 년 전 사이의 북아메리카로 돌아간다면 조심해야 해요! 비행에는 쓸모가 없는 아주 작은 날개가 달렸을 뿐이지만, 티타니스 왈레리(Titanis walleri)는 그냥 거대한 닭이 아니었어요. 팬더만큼이나 무겁고 집 천장만큼이나 키가 큰 녀석으로, 피부와 근육을 가를 만큼 날카로운 도끼 같은 부리가 달려 있었어요. 그것만으로는 성에 차지 않았는지 자칫 녀석의 발에 차이면 뼈가 부러질 수도 있었다고 해요. 포유류와 도마뱀과 뱀을 잡아먹고 살았던 것으로 여겨져요.

## 마지막 공포새

티타니스 왈레리는 멸종된 마지막 공포새였어요.

## 화석의 조각들

**티타니스 왈레리**는 일부 뼈대만 발견되었기 때문에 당시에 이 공포새가 살았던 모습을 제대로 알아내기란 쉽지 않아요. 다행히 가까운 친척들이 있어서 그들을 연구해 보면 대강 짐작할 수는 있지요. 공포새는 18종이 있었지만, 지금은 모두 멸종되고 없어요. 가장 큰 종은 키가 무려 3m에 달했어요. 뼈 화석을 연구한 과학자들은 이들이 치타만큼이나 빠르게 달릴 수 있었다고 해요. 크고 튼튼한 다리를 이용한 치명적인 발차기로 먹잇감을 죽였을 수도 있고요.

신생대 · 티타니스 왈레리

# 거대 유인원에게 인사를

## 기간토피테쿠스 블라키

기간토피테쿠스 블라키(*Gigantopithecus blacki*)라는 이름만 봐도 짐작하겠지만, 이 유인원은 거대한 녀석이었어요. 사실 지금까지 살았던 유인원 가운데 가장 컸어요. 크기가 수컷 고릴라의 2배나 되었고, 몸무게는 300kg에 달했으니까요! 약 30만 년 전까지 오늘날의 아시아에 살았어요.

열대 우림은 이 유인원의 집이었어요. 빛이 거의 들어오지 않는 울창한 숲에 살았지요.

이 유인원과 가장 가까운 오늘날의 친척은 몸집이 훨씬 작은 오랑우탄이에요.

## 씹기 좋은 이빨

**기간토피테쿠스 블라키**는 이빨이 컸고, 턱은 탄탄하고 힘이 셌어요. 뭐든 잘 씹어서 질기고 오래된 잔가지도 쉽게 먹을 수 있었지요. 초식 동물이라 나뭇잎과 열매는 물론이고 덩이줄기를 찾아 숲 바닥을 뒤지고 다녔을 거예요. 맛 좋은 덩이줄기는 덩이 모양을 이룬 땅속줄기로, 감자 등에서 볼 수 있어요.

## 믿거나 말거나!

어떤 사람들은 **기간토피테쿠스**가 결코 멸종되지 않았고, 지금까지 북아메리카에 살아남은 녀석들이 있다고 생각해요! 이들은 한때 신화 속 '빅풋(Bigfoot)'을 칭한다고 여겨지기도 했어요. 빅풋은 민간 설화에서 북아메리카의 숲속을 돌아다닌다는 유인원을 닮은 거대한 동물이에요. 오랫동안 많은 사람이 빅풋의 증거 사진을 찍으려고 노력했어요. 거짓으로 속인 사람들은 있었지만, 빅풋이 존재한다는 설득력 있는 증거는 아직 없답니다. 과학자들은 대부분 빅풋이 상상 속의 존재라고 생각하지요.

## 수컷과 수컷의 경쟁

**기간토피테쿠스 블라키** 수컷은 암컷보다 훨씬 컸어요. 수컷은 암컷의 사랑을 쟁취하기 위해 다른 수컷들과 경쟁해야만 했지요.

## 아시아의 한약방에 이빨이?

최초로 발견된 **기간토피테쿠스 블라키**의 화석은 이빨 1개였어요. 홍콩의 한약방에서 샀지요! 이빨이 너무나 특이하게 생긴 나머지 과학자들은 완전히 새로운 종의 이빨이라는 사실을 알아차렸어요. 앞으로 또 어떤 곳에서 중요한 화석을 발견하게 될까요?

# 아주 작은 인간

**호모 플로레시엔시스**

### 호빗

J. R. R. 톨킨의 《반지의 제왕》을 읽었거나 그 영화를 보았다면 인간을 닮은 키가 작은 가상의 생명체인 호빗을 잘 알 거예요. 그런데 판타지 소설 속 등장인물이 아니라 10만 년 전에서 5만 년 전에 인도네시아에는 실제로 작은 인간이 살았다고 해요. 참 놀랍죠? 이 작은 인간은 키에 비하면 발이 컸어요. 이들을 보면 호빗이 떠올라 호빗족이라는 별명이 생겼답니다!

## 플로레스의 작은 여인

2003년에 한 무리의 과학자들이 인도네시아 플로레스섬에서 어떤 동굴을 파내던 중 우연히 놀라운 발견을 하게 되었어요. 호모 플로레시엔시스(Homo floresiensis)라는 거의 완전하게 보존된 여인의 유골이었지요. 키가 1.1m쯤 되고, 뇌와 턱이 작고, 두개골 크기에 비하면 이빨이 컸으며, 이마가 뒤로 젖혀져 있었어요.

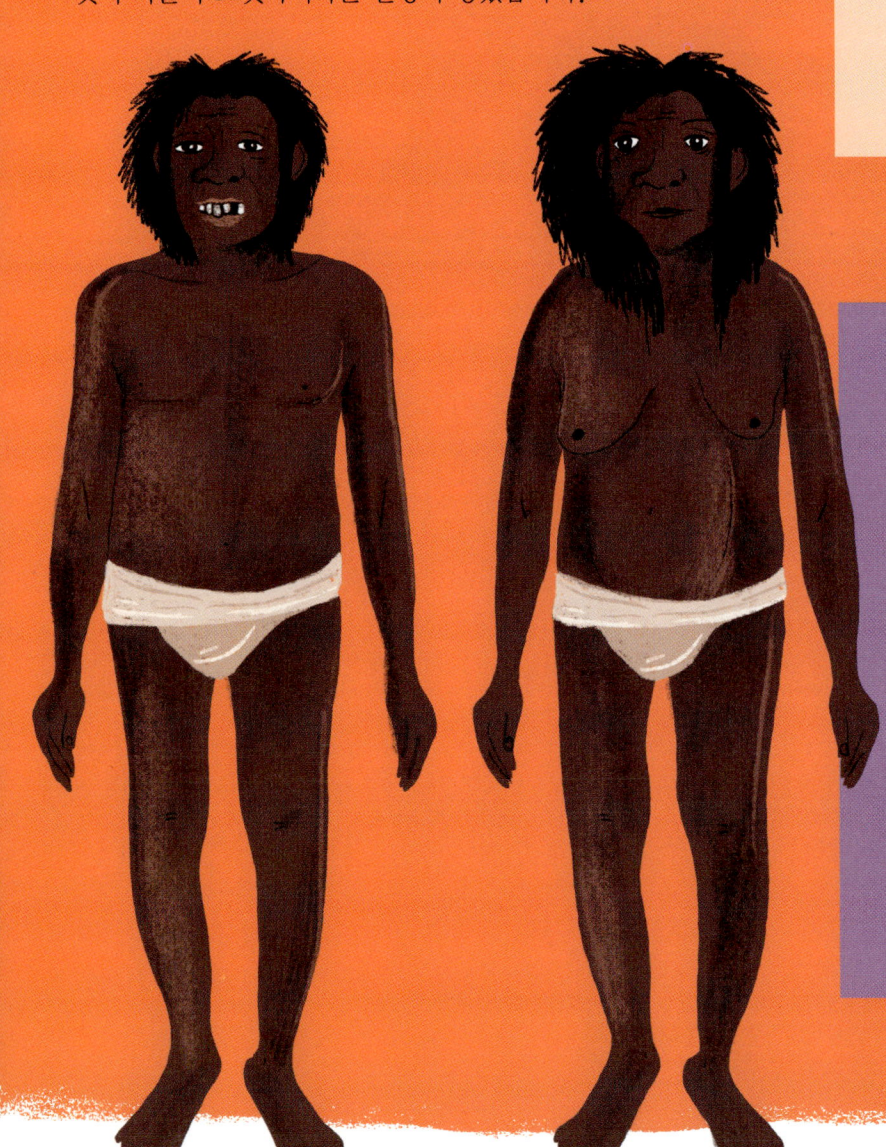

## 작아도 똑똑해

호모 플로레시엔시스는 뇌는 작아도 온갖 똑똑한 일들을 해내는 데는 문제가 없었어요. 유골 근처에서 석기도 몇 점 발견되었는데, 아마도 이 석기를 이용해 섬에 사는 보르네오코끼리와 다른 동물들을 사냥해서 잡아먹었을 것으로 여겨져요.

## 세상에서 가장 멋진 동굴

환영합니다!

**호모 플로레시엔시스**는 리앙부아(Liang Bua) 동굴에서 살았는데, 이는 '멋진 동굴'이라는 뜻이에요. 이 동굴은 최고의 집이었어요. 저택 못지않은 크기에, 언덕 위에 자리를 잡아 강이 한눈에 내려다보였지요. 호모 플로레시엔시스는 5만 년 전까지 이 동굴에서 살았고, 곧이어 호모 사피엔스가 들어와서 살았다는 증거가 남아 있어요.

## 인간이야, 아니야?

인간의 학명이 호모 사피엔스(Homo sapiens)라는 사실을 알고 있나요? 우리는 오늘날 살아 있는 유일한 인간이지만, 과거에는 다른 종류의 인간도 많았어요. 일반명만으로는 지구상의 모든 생명체를 이해하는 데 부족한 점이 있어서 과학자들은 학명을 함께 사용해요. 학명은 생명체 사이의 관계를 알려 주어서 매우 유용해요. 학명은 속명(예를 들면 Homo)과 종명(예를 들면 sapiens)으로 이루어져 있어요. 밀접한 관련이 있는 동물들은 같은 속명을 쓰지만, 종명은 생물마다 다 달라요(16쪽 참조). 인간은 호모속에 속하는 것으로 정의되고 있어요. 과학자들은 **호모 플로레시엔시스**를 두고 "정말 인간의 한 종이었을까, 아니면 생명의 나무 어딘가에 속한 다른 동물이었을까?"에 대해 몇 년 동안 논쟁을 벌였어요. 심지어 왜소하거나 병든 호모 사피엔스라고 생각하는 사람들도 있었어요! 많은 연구 끝에, 이제는 호모 플로레시엔시스가 하나의 독립된 인간종이라는 데 대부분 동의하고 있어요.

## 섬에 살면 뒤죽박죽이야

플로레스섬은 과거에는 환상적인 곳이었어요. 살아 있을 당시, 작은 **호모 플로레시엔시스**는 키가 1.8m에 달하는 거대한 황새와 나란히 서 있었어요. 황새가 호모 플로레시엔시스보다 더 컸다는 뜻이지요! 작은 인간, 작은 코끼리, 거대한 황새. 이것은 우연일까요? 우연은 아닐 거예요! 오늘날과 과거의 생명을 비교해 보면 섬에서는 신기한 일들이 일어날 수 있다는 것을 알게 돼요. 고립된 장소에서는 먹을 것이 제한적이고 포식자가 적다는 것도 하나의 이유가 될 수 있을 거예요. 섬에 포식자가 없으면 숨어 살던 작은 동물들도 몸집이 아주 커질 수 있어요. 코끼리와 같은 큰 동물들은 먹이가 많아야 하는데, 만약 섬에 식량 공급이 제한적이라면 시간이 지나면서 몸집이 작아지기도 하지요.

# 시베리아유니콘

**엘라스모테리움**

오늘날의 유럽과 아시아에 살았고, 피부는 추운 기후에서 몸을 보호하기 위해 털로 덮여 있었을 것으로 여겨져요.

신난다!

엘라스모테리움(*Elasmotherium*)은 유니콘만큼 아름답지는 않겠지만, 머리 한가운데에 거대한 뿔이 달린 건 똑같아요! 이들은 사실 고대의 코뿔소로, 몸무게가 3500kg에 달했어요. 오늘날의 코뿔소와 비교하면 거의 2배 크기예요. 거대한 뿔과 함께 어깨 사이에는 큰 혹도 하나 있었어요. 3만 9000년 전까지 살았고, 털매머드(208~211쪽 참조)나 인간과 같은 시기에 살았던 동물이에요.

가장 좋아하는 먹이는 질기고 마른 풀이었어요. 우리한테는 맛없는 것이지만요!

## 달리기 경주

과학자들은 이 녀석들이 초원을 빠르게 달릴 수 있었고, 위협하며 쫓아오는 그 어떤 동물보다도 빠르게 달아날 수 있었을 것으로 생각해요.

## 고대 동굴 예술

프랑스의 비탈진 언덕 한쪽에 있는 숨겨진 동굴 벽에는 **엘라스모테리움**으로 짐작되는 가장 아름다운 예술 작품이 남아 있어요. 털매머드(208~211쪽 참조) 그림도 100개가 넘어요. 이 빙하기의 짐승들은 당시 인간들 눈에는 매우 인상적으로 보였을 거예요. 동굴 벽에 그려진 이 예술 작품들은 수천 년도 넘게 남아 있어요. 여러분의 그림도 그렇게 오래갈 수 있을까요?

## 인간이 문제야

오늘날 살아 있는 코뿔소는 모두 5종으로, 하나같이 심각한 멸종 위기에 처해 있어요. 어른 코뿔소는 포식자가 아무도 없어요. 우리 인간만 빼고요! 인간은 코뿔소를 사냥하고 죽여서 그 뿔을 약으로 쓰거나 장식용으로 사고팔아요. 불법적으로 동물을 사냥하고 죽이는 행위를 '밀렵'이라고 하는데, 이는 단지 법을 어기는 것으로 끝나는 게 아니에요. 잘못하면 동물의 멸종을 불러올 수 있어요.

신생대 • 엘라스모테리움

# 거대 도마뱀

**바라누스 프리스쿠스**

오스트레일리아 오지에서 고아나를 본 적이 있나요? 고아나는 덩치 큰 도마뱀으로, 날카로운 이빨과 긴 발톱을 가진 무서운 포식자예요. 오늘날 존재하는 고아나 중 가장 큰 것은 코모도왕도마뱀인데, 몸길이가 약 2.5m에 이르러요. 그런데 바라누스 프리스쿠스(Varanus priscus)는 코모도왕도마뱀의 2배가 넘었어요! 5만여 년 전까지 오스트레일리아에서 살았고, 몸길이가 5m에서 7m까지 자랐으며, 몸무게는 약 600kg에 달했어요.

*이 도마뱀은 여러분을 한입에 삼킬 수 있어요! 기회만 있다면 망설이지 않을걸요.*

## 진귀한 발견

**바라누스 프리스쿠스 화석은 매우 드물어요. 전체 골격은 한 번도 발견된 적이 없답니다.**

이들은 몸집이 거대하고, 눈 사이에 작고 귀여운 볏이 달려 있었어요. 화석이 발견된 환경을 연구해 보면 당시의 생태를 어느 정도는 알 수가 있어요. **바라누스**는 아마도 탁 트인 숲이나 초원과 같은 넓은 범위의 환경을 집으로 삼았을 거예요. 오늘날의 가까운 친척들처럼 잠복 포식자로 여겨지는데, 따라서 몸집이 큰 먹잇감도 공격할 수 있었을 거예요. 일부 화석은 캥거루의 유해 근처에서 발견되었어요. 아마도 캥거루가 이들을 물리치고 달아나는 데 실패했던 것 같아요.

# ☠ 무시무시하기로 ☠
## 유명한 이유

치명적인 독은 뱀과 거미한테만 있는 게 아니라, 몇몇 도마뱀들한테도 있어요. 코모도왕도마뱀은 지구상에서 가장 큰 도마뱀으로, 물리면 목숨이 위험할 수도 있어요. 입 속에 스테이크 나이프처럼 날카로운 톱니 모양 이빨이 가득한데, 이빨 사이에 독샘이 있어서 공격할 때 벌어진 상처로 독을 뿜어내요. 설령 먹잇감이 간신히 탈출했다고 해도 코모도왕도마뱀은 독이 효과를 나타내기를 기다리기만 하면 되지요. **바라누스**는 코모도왕도마뱀의 고대 친척이기 때문에 이들에게도 독샘이 있었을 것으로 여겨져요. 그렇다면 바라누스는 지금까지 살았던 독이 있는 동물 중 가장 큰 동물이 되겠지요!

신생대 • 바라누스 프리스쿠스

> 최초의 바라누스 화석은 1858년 리처드 오언 경 (138~139쪽 참조)이 기술했어요. 오언은 '공룡(디노사우리아, Dinosauria)'이라는 용어를 만든 과학자로도 유명해요.
>
> **리처드 오언**

185

# 삽 모양의 큰 엄니

### 플라티벨로돈 그란게리

생김새가 특이한 이 코끼리는 흔히 삽 모양의 평평한 아랫니를 가진 '삽 주둥이(shovel-tuskers)'로 알려져 있어요. 오늘날의 아프리카코끼리만큼 크지는 않았고, 엄니 모양도 오늘날의 그 어떤 친척과도 달랐어요. 플라티벨로돈 그란게리(*Platybelodon grangeri*)는 주걱처럼 생긴 아래턱 양쪽에 기이하게도 엄니가 튀어나와 있는데, 마치 삽과 같은 희한한 모양이었어요.

**이름은 무슨 뜻일까?**
플라티벨로돈은 '납작한 엄니'라는 뜻이에요.

약 1200만 년 전에 오늘날의 아프리카와 아시아에서 볼 수 있었어요.

## 삽질용일까, 자르기용일까?

먹이 찾기용이든, 과시용이든, 짝짓기용이든, 방어용이든 동물의 별난 생김새에는 항상 이유가 있어요. 삽처럼 생긴 **플라티벨로돈 그란게리**의 턱은 처음에는 맛있는 식물을 파내기 위한 도구라고 생각되었어요. 그런데 최근에는 먹이를 자르는 데 사용되었을 것으로 여겨지고 있어요. 코로 나뭇가지를 집어 들어 특이하게 생긴 엄니로 잘라 내지 않았을까요?

# 유대류 사자

### 틸라콜레오 카르니펙스

틸라콜레오 카르니펙스(Thylacoleo carnifex)는 몸무게가 130kg이고 머리에서 꼬리까지의 길이가 1.5m로 건장한 체격을 자랑했어요. 커다란 고양이와 많이 닮아서 '유대류 사자'라고도 알려져 있지요. 하지만 말 그대로 유대류이기 때문에 고양이와는 전혀 관련이 없어요. 유대류는 특별한 종류의 포유류로('포유류'에 대한 설명은 148쪽 '파라케라테리움' 참조), 몸에 '육아낭'이라고도 하는 새끼주머니가 달려 있어요. 진짜 사자는 아니지만, 이들은 무시무시한 최상위 포식자였어요. 틸라콜레오 카르니펙스는 몸이 아주 컸고, 육식 동물이었으며, 4만 6000년 전까지 오스트레일리아에 살았어요.

## 이름은 무슨 뜻일까?

틸라콜레오 카르니펙스는 '육식성 주머니 사자'라는 뜻이에요.

## 헷갈리네

틸라콜레오는 매우 독특한 사냥꾼으로, 오늘날의 그 어떤 포식자와도 사냥하는 방식이 달랐을 것으로 여겨져요. 사자는 발톱으로 먹잇감을 잡고 날카로운 이빨로 물어 죽이지만, 과학자들에 따르면 이 녀석들은 정반대였다고 해요. 이빨로 먹잇감을 잡고 발톱으로 죽였거든요!

### 유럽인들이 찾아냈다고?

틸라콜레오 카르니펙스는 오스트레일리아에 정착한 유럽인들이 발견해 기술한 최초의 화석 포유류 중 하나예요.

무시무시하군!

신생대 • 틸라콜레오 카르니펙스

## 플래너리 박사님의 탐험 수첩

### 유대류 사자가 먹고 남긴 밥을 발견하다

어렸을 때 나처럼 화석에 관심이 많았던 라이어널 엘모어라는 형이 있었어요. 형은 서부 빅토리아의 해밀턴에 살았는데, 나를 여러 화석 유적지에 데리고 다녔어요. 형이 잘 아는 진흙탕 개울에서 우리는 화석화된 거대한 캥거루 뼈를 수십 개나 찾아냈어요. 몇 년 뒤 나는 그 현장을 다시 찾아 그곳을 파헤쳐 보았어요. 그러다 많은 캥거루 뼈에 뚜렷하게 남아 있는 긴 자국들을 발견하고 깜짝 놀랐지요. 연구 결과, 그 자국은 유대류 사자의 날카로운 앞어금니로만 생길 수 있다는 사실을 알게 되었어요. 멸종된 포식자들이 즐겼던 잔치의 흔적을 우연히 발견했던 것이랍니다!

### 균형을 잡아 주는 꼬리

틸라콜레오 카르니펙스의 꼬리는 캥거루 꼬리와 생김새가 비슷해요. 과학자들에 따르면, 녀석들이 상체를 젖히고 뒷다리로 설 때 꼬리를 이용해서 균형을 잡았을 것이라고 해요.

## 최고의 킬러

포식자 **스밀로돈**(194~195쪽 참조)처럼 초대형 송곳니를 뽐내는 대신 **틸라콜레오 카르니펙스**는 앞어금니가 컸어요. 앞어금니는 앞니와 맨 뒤쪽 어금니의 중간쯤에 있어요. 앞니부터 거꾸로 세어서 여러분의 앞어금니를 직접 느껴 보세요. 이들의 앞어금니는 면도날처럼 날카롭고 가위로 잘라 낸 듯한 모양이에요. 우리 앞어금니와는 매우 다르죠! 녀석들에게는 살인 무기가 하나 더 있었어요. 엄지에 달린 큰 발톱으로, 덮개가 있어서 평소에는 고양이처럼 숨기고 다녔답니다! 어떤 과학자들은 이 발톱이 할복에 쓰였다고 생각하기도 해요. 할복이란 동물의 배를 갈라 내장을 꺼내는 행동을 말해요. 징그럽죠! 녀석들은 또 턱 힘이 엄청나게 강한데, 아마도 동물들 가운데 최고였을 거예요. 이 모든 무시무시한 특징들을 무기로 이들은 디프로토돈(191~193쪽 참조)과 프로콥토돈(214~215쪽 참조) 같은 다른 큰 동물들을 먹이로 삼았을 것으로 여겨져요. 잠복 포식자로서 숲속에 몸을 숨기고 있다가 사냥감을 만나면 기습 공격을 했어요. 두 앞다리는 나무를 타기에 좋은 모양이었어요. 오늘날의 큰 고양이들처럼 강력한 턱으로 먹이를 나무 위로 끌고 올라가 신나게 먹었을 거예요.

## 원래 채식주의자였다고?

**틸라콜레오**는 초식 동물에서 진화한 동물이에요! 초식을 했던 조상들은 주머니쥐를 닮았거나, 아니면 고대 웜뱃이나 코알라 종류와 비슷했을 거예요. 오늘날의 웜뱃과 코알라는 틸라콜레오와 가장 가까운 살아 있는 친척이에요. 동물들은 많은 이유로 새로운 종으로 진화해요. 환경의 변화가 그 원인이 되기도 하고, 새로운 먹을거리가 생겨나면서 그것에 맞추어 진화하기도 한답니다 (20쪽 '진화' 참조).

# 초대형 뱀

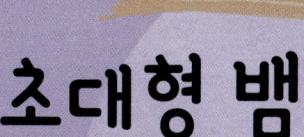
워남비 나라쿠르텐시스

워남비 나라쿠르텐시스(*Wonambi naracoortensis*)는 1만 2000여 년 전까지 오스트레일리아 오지를 기어 다녔던 초대형 뱀이에요. 몸길이가 6m까지 자랐고, 잠복 사냥꾼이었어요.

> 먹잇감을 기습 공격하기 위해 물웅덩이 근처에 숨어 있었을 거예요.

# 감고 조여서 간식으로 냠냠

워남비 나라쿠르텐시스는 독사는 아니었을지 몰라도 무서운 뱀인 것만은 분명해요. 먹잇감을 죽이기 위해 초강력 조이기 기술을 사용했거든요! 하도 꽉 조여서 불쌍한 먹잇감은 그대로 질식하고 말아요. 일단 조이기가 끝나고 먹잇감이 움직이지 않으면, 턱을 크게 벌려 통째로 천천히 삼켰을 거예요. 무시무시하죠? 이런 식으로 먹잇감을 감아 죽이는 사냥 전략을 '압박'이라고 하는데, 비단뱀과 같은 오늘날의 뱀들도 같은 방법으로 먹잇감을 죽여요.

## 이름은 무슨 뜻일까?

워남비는 오스트레일리아 원주민의 드림타임 신화*에 나오는 무지개 뱀의 이름이에요. 원주민의 조상들은 살아 있는 이 놀라운 생물을 직접 보았을까요? 종명인 나라쿠르텐시스는 이 거대한 뱀이 발견된 나라쿠르테 동굴에서 따온 이름이에요. 나라쿠르테 동굴은 사우스오스트레일리아주에 있어요. 1969년, 작은 입구를 용감하게 비집고 들어간 두 명의 탐험가는 그만 깜짝 놀랐어요! 이 동굴은 '함정 트랩'으로 알려진 동굴이에요. 함정 트랩이란 땅속에 숨겨진 구멍으로, 그 밑으로는 더 큰 공간이 이어져 있어요. 돌아다니다가 모르고 이 구멍으로 떨어진 동물들은 속수무책으로 아래쪽 공간에 갇히게 되지요. 20만 년이 넘도록 나라쿠르테 동굴에 이렇게 운 없는 동물들의 뼈가 쌓여서 오늘날 이 동굴에는 층층이 쌓인 화석들이 가득해요. 참 대단하죠!

엄청난 함정이군!

*드림타임 신화: 오스트레일리아 원주민의 천지 창조 신화.

신생대 • 워남비 나라쿠르텐시스

# 가장 큰 유대류

**디프로토돈 옵타툼**

느릿느릿 움직이는 이 거인은 키가 2m에 몸길이가 3m로, 오스트레일리아 메가파우나 중 하나였어요. 메가파우나란 몸무게가 40kg을 넘는 대형 동물을 말해요. 디프로토돈 옵타툼(*Diprotodon optatum*)은 틸라콜레오 카르니펙스(187~188쪽 참조)나 프로콥토돈 골리아(214~215쪽 참조)와 같은 유대류였어요. 유대류는 새끼를 새끼주머니 속에 넣어서 기르는 포유류의 일종이에요. 캥거루와 웜뱃을 생각해 보세요! 사실, 디프로토돈 옵타툼은 하마만 한 웜뱃처럼 보이기도 해요. 지금까지 존재했던 가장 큰 유대류로, 4만 4000년 전 무렵 멸종될 때까지 오스트레일리아에 살았어요.

**이름은 무슨 뜻일까?**

디프로토돈은 그리스어로 '2개의 앞니'라는 뜻이랍니다.

## 플래너리 박사님의 탐험 수첩

### 디프로토돈 발굴하기

1970년대에 열두 살 학생이었던 케리 하인은 집 근처 채석장에서 화석 뼈 하나를 발견했어요. 케리 하인처럼 집 근처에서 화석화된 거대한 뼈를 발견한다면 기분이 어떨까요? 케리 하인은 멜버른에서 가까운 바커스마시에 살았는데, 케리의 선생님이 그 화석을 박물관으로 보내 주었어요. 당시 열일곱 살이었던 나는 톰 리치 박사님을 도와 자원봉사를 하고 있었어요. 화석의 발견에 흥분한 박사님은 나에게 그 채석장에 가 보겠냐고 물었어요. 우리는 곧 채석장에서 코뿔소만 한 디프로토돈의 뼈대 수십 개를 발견했고, 그것들을 박물관으로 가져오기 위한 작전을 세웠어요. 팀원은 열 명쯤 되었고, 화석 발굴은 몇 주 동안이나 먼지를 뒤집어쓰며 해야 하는 고된 작업이었어요. 마침내 수 톤의 뼈와 암석을 옮기고 정리할 준비가 끝났어요. 그중에서도 가장 중요한 화석이 하나 있었는데, 거의 완전한 상태로 보존된 두개골이었어요. 박사님이 나에게 두개골에 붙은 퇴적물을 떼어 내 달라고 했어요. 잘못하면 깨질 수 있어서 매우 정교하게 작업을 해야만 했지요. 그런데 내가 그만 두개골 근처 잔뼈에 구멍을 내고 말았어요. 당연히 화를 낼 줄 알았는데, 박사님은 오히려 신기해했어요. 그 구멍은 뇌 위쪽의 공기가 가득한 공간과 통했어요. 그때까지만 해도 디프로토돈의 뇌가 큰 줄 알았었는데, 내가 사고를 친 덕분에 머릿속 대부분이 공기로 차 있다는 사실이 밝혀진 거예요. 이 둔한 동물의 뇌는 내 주먹보다도 작았답니다!

## 진실을 말하는 이빨

과학자들은 이빨을 보면 그 동물의 먹이를 알 수 있어요. **디프로토돈 옵타툼**의 이빨은 일생에 걸쳐 계속해서 자랐고, 그 이빨로 가장 좋아하는 먹이인 식물을 씹어 먹었어요. 과학자들은 이빨을 검사하는 특별한 장비를 이용해 과거의 화학적 신호를 볼 수 있어요. 이러한 신호들을 통해 이 거대한 동물이 어떤 종류의 음식을 먹었는지는 물론이고, 1년 동안 먹이를 바꾸어 가며 먹었다는 사실까지도 알아낼 수 있었어요. 이들이 계절에 따라 한 곳에서 다른 곳으로 이동하며 살았다고 생각하는 과학자들도 있답니다.

## 저녁 식사로 디프로토돈을?

**디프로토돈 옵타툼**이 아무리 큰 동물이라고 해도 누군가의 저녁거리가 되지 않으려면 조심해야 해요! 이들의 뼈에서 무시무시한 유대류 사자인 틸라콜레오 카르니펙스(187~188쪽 참조)의 이빨과 일치하는 자국들이 발견되었기든요.

## 비둘기 발가락과 웜뱃의 주머니

**디프로토돈**은 비둘기처럼 발가락이 안쪽으로 구부러져 있고, 새끼주머니는 뒤쪽을 바라보고 있어요. 오늘날의 웜뱃은 주머니가 뒤쪽으로 향해 있어서 땅을 파도 주머니 속에 흙이 들어가지 않아요. 과학자들은 땅을 파기에는 디프로토돈의 몸집이 너무 크다고 하는데, 왜 웜뱃과 똑같이 주머니가 뒷다리 쪽으로 향해 있었을까요? 그 답은 두 동물의 조상에게서 찾을 수 있어요. 둘의 공통된 조상이 땅을 파는 동물이었고, 그들에게 뒤쪽으로 향해 있는 주머니가 있었던 거예요. 같은 조상의 특성이 둘 모두에게 전해진 것이랍니다.

**머리가 텅 비었군!**

디프로토돈의 거대한 머릿속은 대부분 공기로 차 있어요. 뇌는 아주 작아서 사람의 주먹만 하답니다.

신생대 · 디프로토돈 옵타툼

# 와, 네 이빨 정말 크다!

### 스밀로돈 파탈리스

이 커다란 검치호는 무시무시한 사냥꾼으로, 1만 5000년 전 북아메리카를 어슬렁어슬렁 돌아다녔어요. 스밀로돈 파탈리스(*Smilodon fatalis*)는 오늘날의 암컷 사자 무게의 거의 2배에 달하며, 훨씬 근육질이었어요. 그런데 녀석들을 돋보이게 해 주는 것은 건장한 체격만이 아니었어요. 엄청나게 긴 송곳니가 시선을 사로잡았지요. 턱 양쪽으로 칼처럼 생긴 송곳니가 길게 나 있었어요. 길이가 18cm로 너무 커서 입 속에 들어가질 않았답니다!

여러분한테도 송곳니가 있어요. 위쪽에 난 앞니 4개 양쪽으로요. 상당히 작아서 길이가 1cm도 안 되죠. 그런데 18cm가 넘는 송곳니라니 상상이 되나요?

## 치명적인 단검

스밀로돈은 들소나 낙타 같은 대형 초식 동물을 사냥했을 것으로 여겨지는데, 아마도 송곳니를 날카로운 단검처럼 사용했을 거예요. 숲 지대에 잠복해 있다가 기습적으로 튀어나와 먹잇감을 덮쳤겠지요! 큼직한 발에 눌려 먹잇감이 꼼짝하지 못하면 길고 날카로운 이빨로 목이나 배에 구멍을 내서 죽게 했을 거예요.

노래하는 고양이?

과학자들은 스밀로돈 파탈리스의 목뼈가 오늘날의 가르랑대는 고양이 목뼈와 비슷하다는 사실을 알아냈어요! 녀석들은 시끄러운 고양이였을지도 몰라요!

## 타르 웅덩이에 빠져 죽다

미국 로스앤젤레스에 가면 라 브레아 타르 웅덩이(La Brea Tar Pits)라는 곳이 있어요. 수만 년이 된 이 웅덩이들은 깊은 땅속의 타르나 아스팔트가 자연스럽게 땅 위로 스며 나오는 곳이에요. 아스팔트는 끈적거리는 검은 물질로, 도로를 만드는 데 자주 사용돼요. 때때로 운이 나쁜 동물들이 이 끈적끈적한 웅덩이 속에 갇혔는데, 마치 타임캡슐처럼 이들의 뼈대가 타르 속에 보존되어 있어요. 대형 고양잇과 동물의 화석화는 흔하지 않아요. 최고의 포식자로 그 수가 그렇게 많지 않거든요. 그런 점에서 라 브레아 타르 웅덩이는 매우 특별해요. 놀랍게도 과학자들은 이곳에서 3000개가 넘는 대형 고양잇과 동물의 뼈대를 발견했어요. 이들 말고도 매머드, 땅나무늘보, 다이어울프, 아메리카사자, 짧은얼굴곰과 같은 신기하고도 멋진 여러 동물들의 뼈대가 나왔어요. 시간이 흐르면서 점점 더 많은 동물이 웅덩이에 갇히는 바람에 그 뼈대가 계속해서 쌓인 거예요. 지금도 몇몇 웅덩이는 여전히 활동 중이에요. 그러니 혹시라도 그곳을 찾게 되면 너무 가까이 가지 마세요. 자칫하다긴 여러분도 화석이 되어 버릴 수 있거든요!

조심해!

신생대 · 스밀로돈 파탈리스

# 털코뿔소

**코엘로돈타 안티쿠이타티스**

이 놀라운 코뿔소는 가장 추운 기후를 대비했어요. 따뜻하고 텁수룩한 털이 온몸에 덮여 있었고, 마지막 빙하기 동안 북유럽과 아시아에 살았어요. 엘라스모테리움(182~183쪽 참조)과 가까운 친척이며, 오늘날의 코뿔소 친척들처럼 머리에 뿔이 2개 있었고, 몸무게도 비슷해서 2300kg이나 나갔어요. 앞쪽 뿔은 뒤에 있는 뿔보다 훨씬 길어서 1.4m에 달했는데, 납작한 원뿔 모양으로 꼭 칼처럼 생겼어요. 오늘날의 코뿔소는 뿔 모양이 훨씬 둥글어요. 코엘로돈타 안티쿠이타티스(*Coelodonta antiquitatis*)는 머리를 좌우로 흔들어서 좁은 뿔로 길에 쌓인 눈을 치우며 이동했을 수도 있어요. 오늘날의 친척들과 다른 점은 털과 뿔만이 아니에요. 어깨 사이에도 커다란 혹 하나가 불룩 솟아 있었답니다.

**재미있는 사실**

코엘로돈타 안티쿠이타티스의 뿔 화석을 처음 발견했을 때, 사람들은 거대한 새의 발톱인 줄 알았다고 해요.

## 아주 작은 꼬리와 깜찍한 귀

미라화된 유해를 연구해 우리는 **코엘로돈타 안티쿠이타티스**의 꼬리와 귀가 꽤 작았다는 사실을 알게 되었어요. 추운 환경에 사는 동물은 귀와 꼬리가 작은 경우가 많아요. 크기가 작으면 몸과 더 가까워서 따뜻하게 유지할 수 있거든요. 귀가 크고 꼬리가 길면 동상에 걸리기도 쉬워요.

**동상을 조심해!**

## 이빨 닦아야지!

털코뿔소의 먹이는 확실하게 알아요. 먹던 음식이 이빨에 낀 채로 화석이 되었거든요! 이 녀석들은 풀과 이끼를 좋아했어요. 미라화된 코엘로돈타의 위장에서도 작은 나무들이 발견되었어요. 이 코뿔소는 풀을 얼마나 잘 먹었는지 걸어가면서도 바닥에 난 풀을 씹어 먹을 수 있게 머리가 항상 아래쪽으로 기울어져 있었어요.

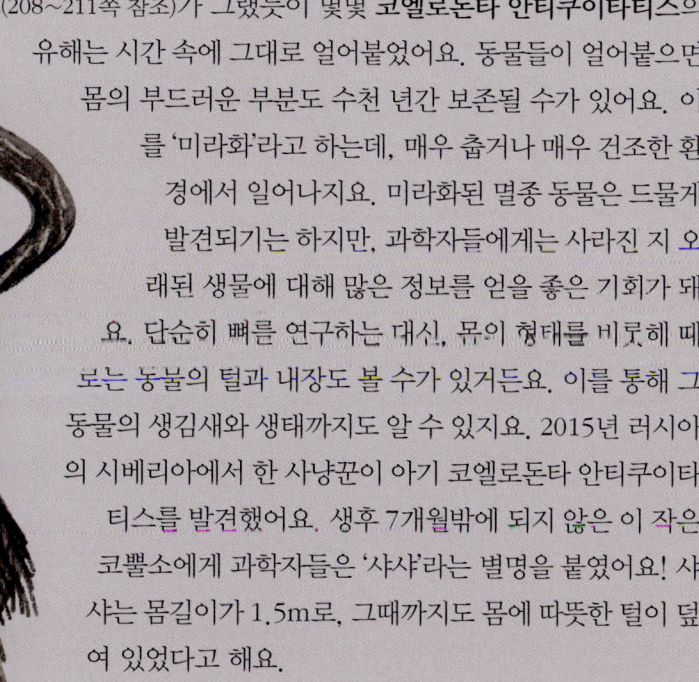

## 멈춰 버린 시간

털매머드(208~211쪽 참조)가 그랬듯이 몇몇 **코엘로돈타 안티쿠이타티스**의 유해는 시간 속에 그대로 얼어붙었어요. 동물들이 얼어붙으면 몸의 부드러운 부분도 수천 년간 보존될 수가 있어요. 이를 '미라화'라고 하는데, 매우 춥거나 매우 건조한 환경에서 일어나지요. 미라화된 멸종 동물은 드물게 발견되기는 하지만, 과학자들에게는 사라진 지 오래된 생물에 대해 많은 정보를 얻을 좋은 기회가 돼요. 단순히 뼈를 연구하는 대신, 몸의 형태를 비롯해 때로는 동물의 털과 내장도 볼 수가 있거든요. 이를 통해 그 동물의 생김새와 생태까지도 알 수 있지요. 2015년 러시아의 시베리아에서 한 사냥꾼이 아기 코엘로돈타 안티쿠이타티스를 발견했어요. 생후 7개월밖에 되지 않은 이 작은 코뿔소에게 과학자들은 '샤샤'라는 별명을 붙였어요! 샤샤는 몸길이가 1.5m로, 그때까지도 몸에 따뜻한 털이 덮여 있었다고 해요.

신생대 • 코엘로돈타 안티쿠이타티스

# 옆집에 사는 네안데르탈인?

**호모 네안데르탈렌시스**

생명의 역사상 지구에는 몇 가지 종류의 인간이 살았어요. 우리와 가장 가까운 친척은 흔히 네안데르탈인이라고 알려진 호모 네안데르탈렌시스(*Homo neanderthalensis*)예요. 네안데르탈인은 30만 년 전에서 2만 8000년 전까지 오늘날의 유럽과 아시아에 살았어요. 우리 인류의 조상과 같은 시기였지요. 옆집에 네안데르탈인이 산다니 상상이 되나요? 이들은 키가 1.5m에서 1.7m에 이르고 체격이 건장했어요. 작고 단단한 몸으로 추운 환경을 견뎌 냈고, 빙하기에는 집에만 있었어요. 이마는 툭 튀어나오고, 코는 크고 넓었으며, 턱은 작았지요. 붉은 머리카락에 밝은색 피부로, 심지어 주근깨가 난 네안데르탈인도 있었다고 해요.

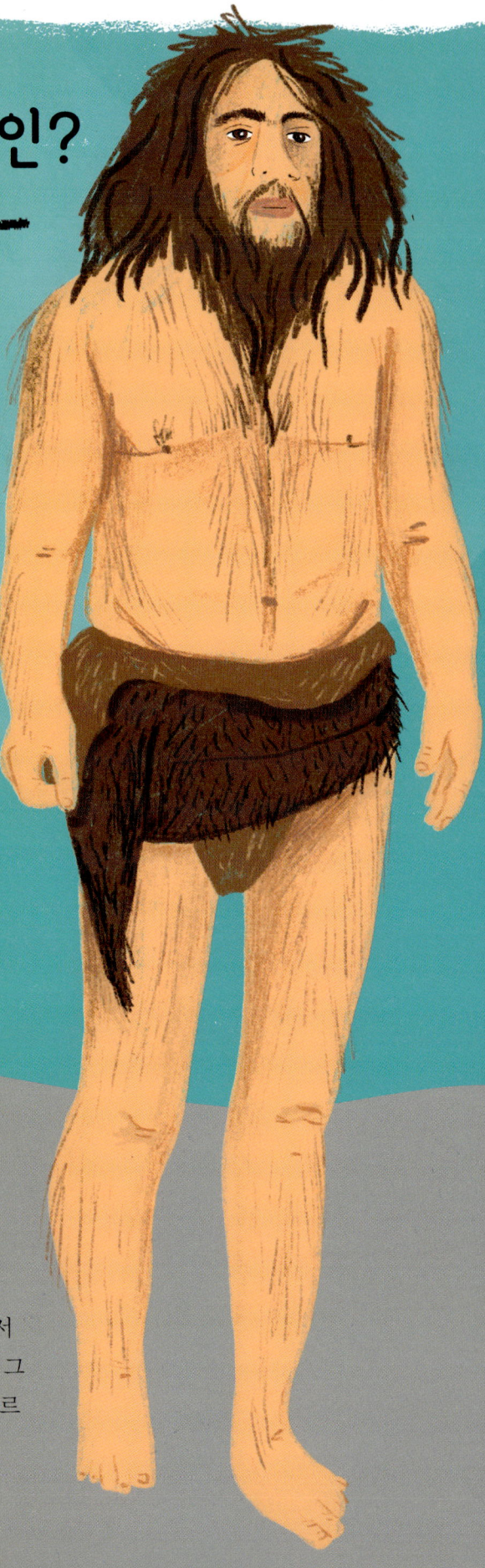

## 이름은 무슨 뜻일까?

**호모 네안데르탈렌시스**는 '네안데르 계곡에서 온 인간'이라는 뜻이에요. 1829년에 독일의 네안데르 계곡에서 최초로 화석이 발견되었지만, 몇십 년이 지난 1864년이 되어서야 그 중요성을 인정받고 새로운 종의 이름이 지어졌어요. 그 이후 유럽과 아시아에서 남성과 여성, 어린이 호모 네안데르탈렌시스의 화석 수천 점이 발견되었어요.

## 우리도 네안데르탈인일까?

네, 여러분도 네안데르탈인일 수 있어요! 오늘날의 인류가 평균적으로 디엔에이(DNA)의 2%를 네안데르탈인과 공유하고 있는 걸 보면, 우리는 네안데르탈인 이웃과 매우 친했던 게 틀림없어요. 두 동물이 짝짓기를 해서 번식하면, 그 자손은 양쪽 부모의 DNA를 반반씩 물려받아요. DNA는 매우 작으며, 우리 몸의 모든 세포에서 발견돼요. DNA에는 생물의 생김새뿐만 아니라 행동 방식에 대한 모든 정보가 담겨 있어요. 이 정보는 세대에서 세대로 전해져요. 엄마나 아빠가 네안데르탈인이라고 상상해 보세요!

### 편식은 안 해

네안데르탈인은 다양한 음식을 먹었지만 주로 고기를 먹었어요. 털매머드 같은 커다란 동물도 사냥할 수 있었거든요! 식물과 버섯, 홍합과 물범도 먹었다고 해요.

# 복합적인 인간

네안데르탈인은 야수 같은 원시인으로 유명하다 보니 똑똑한 인간이 아닐 것 같죠? 심지어 이들을 '어리석은 인간'이라는 뜻으로 호모 스투피두스(Homo stupidus)라고 부르자고 제안한 과학자도 있었어요! 다행히 그 이름이 붙지는 않았지만요. 사람들의 생각과는 달리, 네안데르탈인은 뇌가 컸고 매우 영리했어요. 이들이 복합적인 문화 행동을 했다는 증거가 있어요. 석기를 사용해 큰 짐승을 사냥했고, 불을 다룰 줄 알았으며, 털가죽 망토를 입었고, 색소(페인트)를 사용했으며, 죽은 사람을 땅에 묻었고, 심지어 보석까지 만들었으니까요.

신생대 · 호모 네안데르탈렌시스

# 내가 마지막이야

**톡소돈 플라텐시스**

톡소돈 플라텐시스(Toxodon platensis)는 몸이 술통 모양이고, 콧구멍이 크고, 발굽이 달린 건장한 동물이었어요. 이 포유류는 남아메리카의 숲에서 4만여 년 동안 살다가 1만 1000년 전(지질 연대로는 최근이지요!)에야 멸종되었어요. 인간과 같은 시기에 살았다니, 이 짐승과 마주친다고 생각해 보세요! 가까운 친척은 모두 멸종되고 톡소돈 플라텐시스가 마지막으로 남은 녀석이었어요. 우리는 이 동물이 오늘날의 발굽 달린 동물들과 사촌이라는 사실을 밝혀냈지요.

수생 동물과 육생 동물

수생 동물은 주로 물속에 사는 동물이에요. 육생 동물은 주로 땅 위에 살아요.

크기는 비슷하지만 코뿔소는 아니었어요.

## 재미있는 사실!

발굽이 있는 동물을 '유제류'라고 불러요. 말, 코뿔소, 낙타, 돼지, 하마, 염소와 사슴 등이 여기에 속해요.

## 코뿔소만 한 설치류라고?

**톡소돈 플라텐시스**는 우리 눈에는 특별히 신기하게 보이지 않을 수도 있지만, 발견 당시에는 과학자들을 당황하게 만든 동물이었어요. 이들과 가장 가까운 친척은 어떤 동물일까요? 진화론(228~229쪽 참조)으로 유명한 찰스 다윈(226~229쪽 참조)은 이들의 화석 뼈를 처음으로 접한 과학자 중 한 명이에요. 1833년에 농부한테서 화석 두개골을 구입하고는 "지금껏 발견된 가장 이상한 동물 중 하나"라고 불렀어요. 특이한 생김새와 계속 자라는 이빨 때문에 세계 최초로 코뿔소만 한 설치류가 나타났을 수도 있다고 생각했거든요! 또한 다윈은 이들이 오늘날의 하마나 매너티처럼 물에서 일생을 보낸 수생 동물이라고 생각했어요. 이제는 이들이 육생 동물이라는 것을 알지만요.

지금껏 발견된 **가장 이상한** 동물 중 하나로 꼽힘.

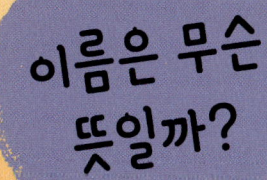

이름은 무슨 뜻일까?

톡소돈은 '활 이빨'이라는 뜻으로, 이빨이 활처럼 구부러진 모양이라서 붙은 이름이에요. 토끼처럼 이빨이 평생토록 자랐어요! 이 구부러진 이빨로 나뭇잎과 잔가지, 풀을 갈아 먹고 살았답니다.

신생대 • 톡소돈 플라텐시스

# 거대 땅나무늘보

**에레모테리움**

나무늘보는 일생을 높은 나무에서 보내고 느릿느릿 움직이기 때문에 게으른 동물로 여겨져요. 오늘날 살아 있는 나무늘보는 모두 6종으로, 인간을 닮은 얼굴이 작고 귀엽지요. 영화 속 ET와도 많이 닮았답니다! 오늘날 가장 큰 나무늘보는 작은 개만 한 크기에 몸무게가 10kg이 채 되지 않아요. 과거에는 에레모테리움(Eremotherium)과 같은 거대 땅나무늘보를 포함해 수백 종류의 나무늘보가 있었어요. 땅나무늘보는 1만 1000년 전 무렵까지 남북 아메리카에 살았어요. 그중에서도 에레모테리움 같은 가장 큰 땅나무늘보는 몸길이가 6m에 달했고, 어른 수컷 코끼리만큼이나 육중했답니다!

영어로 'being a sloth (나무늘보가 되다)'는 게으르고, 느리고, 비생산적이라는 뜻으로 쓰여요. 그런데 나무늘보가 그런 말을 들으면 질색할걸요!

## 어마어마한 발톱

**에레모테리움**은 팔다리가 굵고, 큰 손에 손가락이 5개씩 달렸어요. 그중 4개는 끝에 아주 커다란 발톱이 있지요. 지금까지 발견된 발톱 화석 중 가장 큰 발톱은 그 길이가 무려 43cm로, 갓 태어난 사람 아기만큼이나 길어요! 하지만 겁내지 마세요. 이 발톱은 다른 동물을 자르고 베는 데 쓰인 게 아니라 방어용으로만 사용되었거든요. 에레모테리움은 식물을 씹어 먹기 좋아하는 친근한 거인이었어요. 거대한 발톱은 높은 나무에서 나뭇잎을 끌어 내리는 데 썼을 거예요.

이크!

신생대 • 에레모테리움

202

**재미있는 사실**

거대 땅나무늘보 중에는 중세의 기사처럼 보호용 갑옷을 입은 녀석들도 있었어요! 포식자들로부터 몸을 보호해 주는 갑옷 같은 뼈판이 등과 어깨 주위에 있었거든요.

## 대단한 발견이야!

1920년대에 미국에서 탐험가들이 일생일대의 발견을 했어요. 미라화된 땅나무늘보를 발견한 거예요. **노트로테리옵스(Nothrotheriops)**라고 불리는 이 나무늘보는 곰만 한 크기로, 보존 상태가 아주 좋아서 근육 일부가 온전하게 남아 있을 정도였어요. 이 불쌍한 동물은 땅에 난 구멍에 빠져 죽고 말았어요. 사체가 구덩이 속에 있어서 청소동물이나 비바람을 피해 보호를 받은 셈이지요. 녀석의 미라는 오늘날의 사막에서 발견되었는데, 매우 건조한 환경도 미라화에 도움이 되었을 거예요. 운 좋게도 사체 옆에 거대한 똥도 함께 보존되어 있어서 녀석이 어떤 종류의 식물을 먹고 살았는지도 알 수 있었어요! 이 미라는 미국 코네티컷주 예일대학교 피바디 자연사박물관에 전시되어 있답니다.

## 인간은 나무늘보를 사냥했을까?

화석 뼈와 그 주변 환경을 보면 종종 그 동물이 어떻게 살았는지, 또 어떻게 죽었는지에 대한 흥미로운 단서가 남아 있어요. 남아메리카에는 고대의 '사냥 현장'이 있는데, 그곳에서 거대한 나무늘보의 화석 뼈와 함께 인간이 만든 칼도 발견되었어요. 아마도 인간이 남아메리카에서 땅나무늘보를 사냥했던 것으로 여겨져요. 이들의 멸종은 인간의 잘못 때문일 수도 있어요.

신생대 • 에레모테리움

## 화석의 보고

에콰도르의 땅끄 로마(Tanque Loma)라는 곳에 약 2만 년 전으로 거슬러 올라가는 화석의 보고가 있어요. 최소 22마리의 나무늘보가 거의 비슷한 시기에 이곳에서 죽었어요. 이 텁수룩한 동물들은 왜 단체로 발견되었을까요? 같이 있는 걸 좋아해서였을까요? 아니면 다들 목이 너무 마른 나머지 바짝 마른 물웅덩이 근처에서 죽어서일까요? 그런데 이곳에서는 거대한 나무늘보들뿐만 아니라 많은 양의 나무늘보 똥도 함께 발견되었어요. 웩! 이 굼뜬 동물들은 위생 관념이 없어서 먹는 물에 똥을 쌌고, 결국 오염된 물을 마시고 죽은 것 같아요!

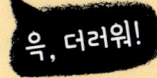

으, 더러워!

# 짧은얼굴곰

### 악토두스 시무스

오늘 숲으로 놀러 온다면 깜짝 놀랄 텐데! 아니, 오늘 말고 1만 년 전 북아메리카라면 악토두스 시무스(Arctodus simus)가 여러분을 깜짝 놀라게 했을 거예요. 이들은 코가 짧은 대형 곰이었어요. 대부분 900kg쯤 나갔지만 1200kg에 달하는 녀석들도 있었어요. 이는 보통 회색곰의 3배에 달하는 무게예요. 몸을 숙여 네 다리로 걸으면 성인 남자와 눈을 마주할 높이지만, 뒷다리로 일어서면 대형 트럭의 꼭대기까지 닿았을 거예요.

"메롱!"

지금까지 북아메리카에 살았던 육생 동물 중 가장 큰 육식 포유류로 여겨져요.

## 아무거나 괜찮아

과학자들은 이들이 꼭 육식을 고집하지는 않았을 거라고 해요. 동물도 먹고 식물도 먹는 동물을 잡식 동물이라고 해요. 잡식 동물은 기회주의적 섭식자로, 그때그때 먹을 수 있는 먹이를 먹는다는 뜻이에요. 좋아하는 먹이를 찾기가 어려울 때, 대신해서 먹을 음식이 있다면 생존에 유리하겠죠!

# 갑옷으로 무장한 고대 동물

### 도에디쿠루스 클라비카우다투스

도에디쿠루스 클라비카우다투스(Doedicurus clavicaudatus)는 전투에 단단히 대비한 선사 시대 동물 중 하나로, 이 짐승을 죽이기란 보통 일이 아니었을 거예요. 매우 둥그런 몸에 최강의 갑옷을 자랑했거든요. 딱딱한 껍데기와 단단한 골질로 무장한 머리뿐만 아니라 곤봉 같은 꼬리가 뾰족한 무기의 기능까지 겸했어요! 아르마딜로와 친척이지만, 오늘날의 그 어떤 아르마딜로보다 훨씬 컸어요. 몸 길이는 4m이고 몸무게는 1400kg으로, 소형차와 맞먹었지요. 오늘날의 아르마딜로와 마찬가지로 먹이를 먹거나 주위를 살필 때는 뒷다리로 설 수 있었어요. 7000년 전까지 남북 아메리카에서 풀을 뜯어 먹으며 살았어요.

### 이름은 무슨 뜻일까?

클라비카우다투스는 라틴어로 '곤봉 꼬리'라는 뜻이에요.

## 헤비급 챔피언

조심하세요! 도에디쿠루스 클라비카우다투스가 무시무시한 꼬리를 여러분 쪽으로 흔들고 있어요! 꼬리에 있는 장갑판은 서로 접합이 되어 있어서 야구 방망이처럼 흔들기도 하고, 꼬리에 닿는 것은 무엇이든 날려 버릴 수가 있었어요. 아마도 공포새(177쪽 '티타니스 왈레리' 참조)처럼 꼬리를 무기 삼아 가까이 다가오는 포식자들에게서 몸을 지켰을 거예요. 흥미롭게도 이들의 등딱지에서도 뾰족한 곤봉 모양의 꼬리에 맞아 생긴 상처가 발견되었어요. 같은 도에디쿠루스끼리도 꼬리 싸움을 했다는 뜻이지요! 영역 다툼이나 먹이다툼, 또는 짝짓기 때문에 싸웠을 것으로 여겨져요.

# 거대 비버

### 카스토로이데스 오히오엔시스

카스토로이데스 오히오엔시스(*Castoroides ohioensis*)는 몸길이가 2.2m, 몸무게는 125kg까지 자랐어요. 키다리 농구 선수보다도 크고, 대형견인 그레이트데인보다 더 무거운 셈이에요! 오늘날의 설치류는 쥐, 햄스터, 호저, 다람쥐처럼 몸집이 작아요. 갉아 먹기를 좋아하는 설치류는 매우 성공한 집단이에요. 오늘날 포유류 종의 약 40%를 차지하고 있고, 남극 대륙을 뺀 전 세계에서 발견되니까요. 이들은 오늘날의 작은 비버들과는 생김새가 조금 달랐어요. 꼬리는 길었지만, 오늘날의 친척들만큼 꼬리가 넓고 평평하지는 않았어요.

당시에는 녀석들이 지구상에서 볼 수 있는 가장 큰 설치류였어요.

## 커다란 이빨

앞쪽으로 위아래에 난 4개의 이빨을 앞니라고 해요. 설치류는 갉아 먹는 것을 좋아해서 큰 앞니가 계속 자라나는 동물이 많아요. **카스토로이데스 오히오엔시스의** 앞니는 15cm까지도 자랐어요! 오늘날의 비버는 큰 이빨로 나무를 씹어 먹고, 댐과 집을 만들어서 사는 환경에 자주 변화를 준답니다.

## 작은 뇌

과거에 살았던 거대 비버는 몸 크기에 비하면 오늘날의 비버보다 뇌가 훨씬 작았어요. 이들은 뇌가 큰 오늘날의 친척들처럼 나무를 씹어 먹거나 댐을 짓기 위해 큰 이빨을 사용하지는 않았을 것이라고 해요.

비버는 참 영리해!

신생대 · 카스토로이데스 오히오엔시스

## 냄새나는 집

거대 비버는 연못과 호수, 특히 악취를 풍기는 늪지대에서 헤엄치며 돌아다니는 걸 좋아했어요! 이들은 물속에서 자라는 식물을 먹고 살았을 것으로 여겨져요. 물속에 사는 식물을 수생 식물이라고 해요.

# 으으, 여긴 너무 추워!

**맘무투스 프리미게니우스**

맘무투스 프리미게니우스(*Mammuthus primigenius*)는 흔히 털매머드로 알려져 있어요. 이 거대한 털북숭이는 지구가 매우 추웠던 빙하기라고 불리는 시대에 살았어요. 하지만 얼어붙을 듯이 추운 날씨에도 걱정이 없었지요. 아주 따뜻한 털옷을 입고 있었거든요! 매머드는 모두 10여 종이 있었는데 털매머드는 그중에서 가장 마지막으로 멸종되었어요. 가장 좋아하는 먹이는 풀이었고, 약 1만 년 전에서 4000년 전까지 북유럽과 아시아, 북아메리카에 살았어요. 아프리카코끼리와 크기가 거의 비슷했어요.

## (엉덩이가 놀랄 만한) 재미있는 사실

매머드는 무슨 수를 써서라도 따뜻하게 지내야 했어요. 따라서 상대적으로 귀가 작았을 뿐만 아니라, 추위를 막기 위해서라면 종류를 가리지 않고 적응을 했어요. 믿거나 말거나, 몸에서 열이 빠져나가는 것을 막기 위해 항문까지 열고 닫고 했답니다!

## 매머드만의 특징은 무엇일까?

매머드는 코끼리와 친척이지만 몇 가지 큰 차이점이 있어요. 매머드는 구부러진 긴 엄니가 있었고, 등이 굽은 털북숭이였어요. 그런데 매머드라고 해서 다 거대하진 않았어요. 말보다 작은 드워프매머드도 있었답니다!

# 생태계를 만드는 매머드

생태계는 특정한 환경에서 살아가는 식물과 동물이 이루는 체계로, 동식물과 주변 환경과의 상호 작용도 중요한 요소로 꼽혀요. 매머드는 자신들만의 생태계를 만들어 냈다는 점에서 특별한 집단이었어요. 이들은 매우 추운 환경에서 살았어요. 땅은 쉽게 얼었고 눈으로 뒤덮이는 일이 잦았어요. 매머드는 길고 구부러진 엄니를 일종의 눈 쟁기처럼 사용해 풀을 뜯어 먹었어요. 엄니로 눈을 옆으로 밀치면서 풀을 뜯다 보니 자연스럽게 땅이 햇볕에 노출되었어요. 햇볕은 땅을 덥히고 새 풀이 자라나게 했지요. 매머드가 풀을 뜯어 먹으려고 눈밭을 갈면서 만들어진 생태계를 '매머드 대초원'이라고 해요.

## 아주 작은 귀

털매머드는 거대한 몸집에 비해 놀라울 정도로 귀가 작았어요. 추위에 대비해 특별하게 적응했기 때문이에요. '적응'이란 동물의 몸이나 행동이 시간이 지남에 따라 환경에 맞게 변하는 것을 말해요. 귀가 작으면 체열의 손실이 적은데, 이는 극도로 추운 북극에 사는 동물들에게는 매우 중요해요. 반대로 오늘날의 아프리카코끼리는 귀가 아주 커요. 큰 귀를 펄럭이며 다니는 모습을 여러분도 많이 보았을 거예요. 이들은 아프리카의 뜨거운 태양 아래에서 귀를 펄럭이며 더위를 식혀요.

## 안녕, 인간들

인간과 털매머드는 수천 년 동안 함께 살았어요. 인간에게 이 거대한 털북숭이들은 아마도 그 느낌이 남달랐을 거예요. 그림과 조각품을 포함해서 털매머드를 주제로 한 고대 예술 작품이 많이 남아 있기든요. 거대한 크기에도 불구하고, 인간은 매머드를 사냥했어요. 도살 흔적이 있는 매머드 뼈가 발견되었기 때문에 알 수 있지요. 심지어 인간은 매머드 뼈로 집을 짓기도 했어요!

신생대 · 맘무투스 프리미게니우스

# 놀라운 예술

1994년에 발견된 프랑스의 쇼베 동굴에는 고대 동물들을 주제로 한 매우 아름다운 벽화가 많아요. 약 3만 년 전, 한 재능 있는 예술가가 이곳에 매머드를 많이 그려 놓았어요. 이와 비슷한 다른 작품들을 통해 우리는 털매머드와 다른 고대 생물들의 생김새를 알 수 있어요. 때로는 당시 동물들의 습성까지도 나타나지요. 지금은 멸종된 코뿔소가 다른 코뿔소와 뿔을 맞대고 싸우는 놀라운 장면도 있답니다! 우연히 이런 동굴을 만나 수천 년 된 고대의 예술 작품을 접한 최초의 인간이 된다면 기분이 어떨까요?

## 미라화된 아기 매머드

생명체를 이해하는 데 가장 좋은 화석은 부드러운 부분, 예를 들어 피부와 장기가 보존된 화석이에요. 이것을 '미라화'라고 하는데, 고대 이집트의 미라와 아주 비슷해요! 미라화가 자연적으로 일어나는 일은 드물어요. 시간이 지나면서 몸은 허물어지고 딱딱한 뼈나 껍데기만 남거든요. 주어진 환경에 따라 미라화가 진행되기도 해요. 매우 춥거나 건조한 기후라면 가능성이 있어요. 믿기 어렵겠지만, 러시아의 얼어붙은 땅에서 매머드 미라 몇 점이 발견되었어요. 가장 잘 보존된 미라는 약 3만 9000년 전에 살았던 아기 매머드로, 내장 일부와 혈액, 두꺼운 털가죽, 심지어 마지막으로 먹은 음식까지 보존되어 있었어요! 얼음 속에 꼭꼭 숨어 있어서 우리가 모르고 지나치는 매머드는 몇 마리나 될까요?

# 좀비 매머드?

한번 멸종되면 끝이라고요? 꼭 그렇지는 않아요! 몇몇 과학자들은 멸종된 털매머드를 되살리는 것은 시간문제라고 생각해요. 이를 '멸종 생물 복원'이라고 해요. 하지만 걱정 마세요. 좀비 매머드가 우리 뇌를 먹어 치우는 일은 없을 테니까요!

멸종 생물 복원이 가능한 이유는 매머드의 일부분이 차가운 곳에 아주 잘 보존된 덕분에 DNA라고 불리는 매우 특별한 분자를 찾아낼 수 있기 때문이에요. DNA는 크기가 아주 작으며, 우리 몸속에 있어요. 머리카락 색깔부터 발 모양까지 우리 몸의 모든 부분을 만드는 데 필요한 명령이 담겨 있지요. 지구상의 모든 동식물에게는 고유한 DNA가 있고, 우리는 실험실에서 특별한 장비를 이용해 살아 있는 생명체의 DNA를 알아낼 수 있어요. 죽은 뒤에는 DNA가 오래 살아남지 못하고 쉽게 분해되지만, 털매머드가 살았던 곳처럼 매우 추운 환경에서는 온전하게 남아 있을 가능성이 커요. 그동안 전 세계에서 모인 과학자들이 '털매머드 프로젝트'를 공동으로 작업해 왔어요. 털매머드의 모든 DNA를 찾아내려고 노력하는 중인데, 성공하면 매머드를 되살려 낼 수 있어요! 여러분이 이 책을 읽고 있는 순간에도 과학자들은 털매머드를 되살리기 위해 노력하고 있답니다.

**엄니로 나이를 안다고?**

털매머드의 엄니 속에는 가는 띠가 있어서 그 수를 세면 나이를 알 수 있어요. 나무의 나이테처럼요!

신생대 · 맘무투스 프리미게니우스

# 북섬 자이언트모아

**디노르니스 노바이질란디아이**

뉴질랜드에 사는 날지 못하는 새 키위는 많이 들어 봤을 거예요. 키위는 털이 복슬복슬한 축구공처럼 생겼어요. 45cm까지 자라서 특별히 크지는 않아요. 이 작고 솜털 같은 키위에게 멸종된 거대한 사촌이 있다는 사실을 알면 깜짝 놀랄걸요? 600년 전만 해도 날지 못하는 거대한 새가 뉴질랜드를 쿵쿵거리며 돌아다녔어요. 그냥 큰 새가 아니라 말 그대로 거대했지요. 디노르니스 노바이질란디아이(*Dinornis novaezealandiae*)는 지금껏 살았던 새 가운데 가장 큰 새였어요. 키가 3.5m로 다 큰 어른의 2배가 넘었으니까요. 다리가 튼튼하고 몸통이 컸으며, 긴 목 위로 아주 작은 머리가 달려 있었어요. 깃털은 18cm까지 길게 자랐고, 색깔은 흰색과 검은색과 갈색이었어요.

## 화석화된 음식

이 새는 공포새였을까요, 아니면 순하고 얌전한 새였을까요? 몸집은 엄청나게 컸지만 무서운 새는 아니었어요. 미라로 발견된 몇몇 디노르니스를 통해 위장 속의 음식을 연구할 수 있었거든요. 디노르니스는 나뭇잎과 나무 열매, 잔가지를 먹고 살았어요. 키가 커서 아주 높은 나무에 달린 잎도 먹을 수 있었답니다.

이 새는 흔히 '자이언트모아'라고 불려요.

## 우리 인간의 잘못일까?

자이언트모아는 1500년에 뉴질랜드에서 멸종했어요. 화석의 역사로 보면 매우 최근이지요. 의심스럽게도 정확히 같은 시기에 인간이 이 섬으로 왔고, 인간의 지나친 사냥으로 이 새가 종말을 맞았을 가능성이 매우 커요.

## 알이 정말 크구나!

## 아주 특이한 커플

자이언트모아는 오랫동안 수컷과 암컷이 완전히 다른 종으로 여겨졌어요. 암컷이 수컷보다 더 크게 자랐거든요. 키는 최대 2배, 몸무게는 거의 3배까지 나갔어요! 암컷 모아는 새끼를 돌보기 위해 수컷을 여러 마리 거느렸을 가능성이 있어요. 종은 같은데 암수의 생김새가 매우 다른 것을 '성적 이형'이라고 해요. 암컷과 수컷의 몸 크기에서 큰 차이를 보이는 또 다른 동물로는 심해에 사는 아귀가 있어요. 수컷 아귀는 암컷보다 20배 이상 작기도 해요!

이 거대한 새는 알도 거대해요. 럭비공만 하지요. 크기만 컸지 알껍데기 두께가 평균 1mm밖에 되지 않아서 아주 약했어요. 알 위에 어른이 앉았다가는 자칫 깨질 수도 있겠죠! 어미 새도 알 위에 털썩 앉지 않고 연약한 새끼를 보호하려고 조심스럽게 몸을 구부리고 앉았을 거예요.

신생대 · 디노르니스 노바이질란디아이

## 모아 사냥꾼

모아만큼 큰 새는 잡아먹힐 걱정이 없을까요? 그렇지 않아요! 모아처럼 큰 먹잇감을 잡으려면 몸집이 커야겠죠. '하스트수리'로도 알려진 히라에투스 무레이(*Hieraaetus moorei*)는 지구상에 존재했던 가장 큰 독수리였어요. 모아 사냥꾼인 이 독수리는 오늘날의 가장 큰 독수리보다 2배 이상 컸어요. 방심한 모아를 급습해 날카로운 발톱으로 움켜쥐고서 무시무시한 부리로 몸을 찢었을 거예요.

끔찍해!

# 짧은얼굴캥거루

**프로콥토돈 골리아**

프로콥토돈 골리아(*Procoptodon goliah*)는 4만 5000년 전까지 오스트레일리아 본토에서 볼 수 있었던 특이하게 생긴 캥거루예요. 오늘날 오지에서 볼 수 있는 캥거루들은 주둥이가 길지만 이 녀석들은 눈이 정면을 향해 있고 얼굴이 납작해서 캥거루보다는 원숭이 얼굴과 더 비슷했어요! 게다가 몸이 아주 탄탄했어요. 오늘날의 캥거루보다 거의 3배나 큰 크기로, 지금껏 살았던 캥거루 중에 가장 컸어요. 키가 2m에 몸무게는 약 200kg이나 되었으니 링에 오른 헤비급 권투 선수 두 명보다도 더 큰 셈이랍니다!

**진짜 크다!**

## 건조한 곳이 좋아

이 짧은얼굴캥거루는 오스트레일리아 본토의 건조 및 반건조 지역에 많이 살았어요. 건조하다는 것은 비가 많이 오지 않는 곳이라는 뜻이에요. 땅이 건조하니까 식물이 많이 자라지 않아요. 듣기만 해도 살기 힘들 것 같은데 말이죠!

**재미있는 사실**

프로콥토돈 골리아에게는 '통통 볼'이라는 별명이 있답니다!

신생대

프로콥토돈 골리아

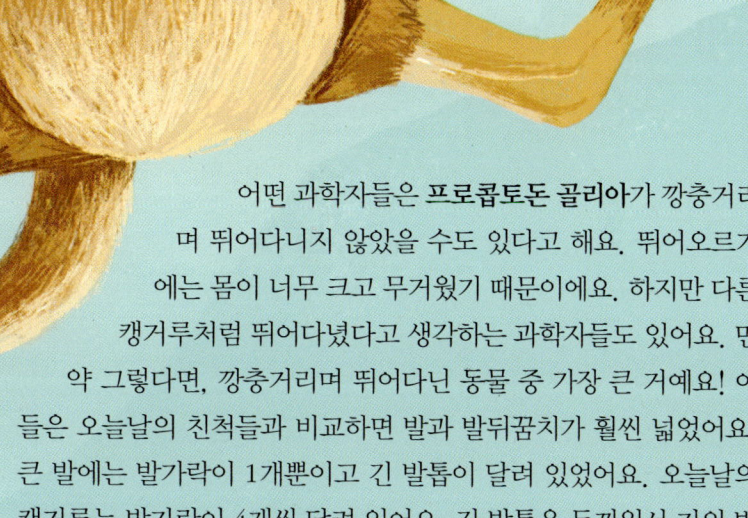

# 뛸까, 말까?

어떤 과학자들은 **프로콥토돈 골리아**가 깡충거리며 뛰어다니지 않았을 수도 있다고 해요. 뛰어오르기에는 몸이 너무 크고 무거웠기 때문이에요. 하지만 다른 캥거루처럼 뛰어다녔다고 생각하는 과학자들도 있어요. 만약 그렇다면, 깡충거리며 뛰어다닌 동물 중 가장 큰 거예요! 이들은 오늘날의 친척들과 비교하면 발과 발뒤꿈치가 훨씬 넓었어요. 큰 발에는 발가락이 1개뿐이고 긴 발톱이 달려 있었어요. 오늘날의 캥거루는 발가락이 4개씩 달려 있어요. 긴 발톱은 두꺼워서 거의 발굽에 가까웠는데, 포식자를 피해 빠르게 달리는 데 도움이 되었을 것으로 보여요.

## 아주아주 작은 아기

프로콥토돈 골리아는 거대한 녀석들이었지만 털이 없는 아주 작은 새끼를 낳았어요. 짧은 얼굴의 이 작은 새끼 캥거루들은 젖을 먹고 자랄 수 있는 어미의 주머니를 향해 꿈틀거리며 움직였을 거예요. 오늘날의 캥거루도 똑같아요. 새끼 캥거루는 콩 모양 젤리만 하답니다!

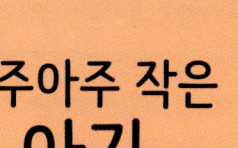

## 긴 팔을 쭉 뻗어서 먹으면 돼

프로콥토돈 골리아는 캥거루치고는 팔이 길었고, 가운데 두 손가락에는 길고 구부러진 발톱이 달려 있었어요. 이 발톱은 갈고리와 같은 역할을 했으며, 높은 나뭇가지를 잡아 입으로 가져오는 데 아주 쓸모가 있었어요. 이빨 모양을 보면 풀보다는 나무에 달린 질긴 잎을 씹어 먹는 걸 좋아했다는 사실을 알 수 있어요.

신생대 • 프로콥토돈 골리아

215

## 메가파우나에게 무슨 일이?

디프로토돈, 바라누스, 프로콥토돈과 같은 오스트레일리아의 메가파우나들이 멸종된 이유를 두고 여러 가지 이론이 제시되고 있어요. 인간이 오면서 사냥을 하고 불을 사용해 멸종을 일으켰다고 생각하는 과학자들도 있어요. 기후 변화가 원인이라고 하기도 하고요. 그 답을 알아내는 한 가지 방법은 더 많은 화석을 찾는 거예요! 화석이 많으면 거대 동물들의 최후의 날이 언제였는지 그 시기를 좁힐 수 있으니까요. 정확히 언제 멸종되었고, 인간은 정확히 언제 도착했을까? 이 두 가지가 같은 시기에 일어났을까? 뼈에 남은 사냥 흔적이나 인간이 만든 불이 당시의 풍경에 끼친 영향을 찾아볼 수도 있고요.

### 플래너리 박사님의 탐험 수첩

#### 가장 오래된 캥거루 찾기

나의 박사 학위 연구에 캥거루의 진화를 추적하는 내용이 포함되어 있어서 그 작업의 일환으로 캥거루가 처음 진화했을 당시 쌓인 퇴적물을 보기 위해 사우스오스트레일리아주의 외딴 소금 호수(물은 거의 없고 바닥이 소금으로 덮인 호수)로 떠났어요. 호수의 퇴적물은 물에 실려 와 호수 밑바닥에 쌓인 점토와 암석 조각들로 이루어져 있는데, 그 속에 묻힌 뼈들은 보존될 수가 있었어요.

최초의 캥거루는 아주 작아서 크기가 쥐만 했어요. 나는 그 뼈대를 찾고 싶었어요. 무릎을 꿇고서 호수 바닥을 천천히 기어 다니며 작은 뼈들을 열심히 찾았지요. 파리가 어찌나 많은지 어떤 때에는 수천 마리가 등에 달라붙기도 했어요. 무언가를 확인하려고 멈추기만 하면 구름처럼 몰려들었지요. 눈과 코에 들어가는 것도 모자라 삼키는 일도 다반사였어요. 파리는 감초 맛이 났어요!

더위 속에서 진흙 위를 기어 다니다 보니 너무 힘들었어요. 무릎과 허리가 아프고, 먼지와 파리 때문에 눈이 따끔거렸어요. 몇 주를 뒤진 끝에 드디어 작은 뼈 하나를 발견했어요. 아주 초기 캥거루의 발목뼈로, 성냥 머리만 한 크기였어요. 더 많은 뼈를 발견하지 못해 조금 실망스러웠지만, 그 뼈를 연구한 결과 이 녀석들이 깡충거리며 뛰지는 못해도 육상 생활에 적응한 발이라는 사실을 알아냈어요. 누구라도 이 수수께끼 동물이 남긴 화석을 더 많이 찾아낼 날이 언젠가는 오겠죠?

# 곡예 전문가

**팔레오프로피테쿠스 잉겐스**

팔레오프로피테쿠스 잉겐스(Palaeopropithecus ingens)는 공중 곡예사였어요. 나무 위에 있는 것을 좋아했고, 가지와 가지 사이를 능숙하게 이동했지요. 이 녀석들의 몸은 높은 나무 꼭대기에 살기에 안성맞춤이었어요. 팔다리가 길어서 나뭇가지를 잡기에 편리했고, 갈고리 같은 긴 손가락과 발가락은 나뭇가지에 거꾸로 매달리기에 더없이 좋았답니다!

나무에서 살면 꽤 안전해요. 무시무시한 땅 위의 포식자를 피할 수 있을뿐더러 잎사귀와 열매까지 골고루 먹을 수 있으니까요.

# 가장 큰 여우원숭이

**아르케오인드리스 폰토이논티**

아르케오인드리스 폰토이논티(*Archaeoindris fontoynontii*)는 아주 거대한 녀석으로, 지금까지 살았던 여우원숭이 가운데 가장 컸어요(220~221쪽 '메갈라다피스 마다가스카리엔시스' 참조). 가장 힘센 고릴라로 알려진 수컷 실버백 고릴라만큼이나 컸지요! 오늘날의 여우원숭이는 대부분 집고양이보다 크지 않아요. 몸집은 건장해도 다른 여우원숭이 사촌들처럼 나무를 탔어요. 나무 타기에 편리한 길고 튼튼한 팔이 있었지만, 더 먼 거리를 이동하기 위해 땅으로 내려왔을 거예요. 주로 잎을 먹었는데, 열매와 견과류, 씨앗도 먹었어요.

냠냠!

## 사라진 뼈대

지금까지 **아르케오인드리스 폰토이논티**의 완전한 뼈대는 한 번도 발견되지 않았고, 뼈 화석도 거의 발굴되지 않았어요. 그래서 과학자들은 이들의 정확한 생김새를 알지 못해요. 다행히도 연구할 턱뼈와 팔뼈, 다리뼈를 비롯해 온전한 두개골도 몇 개가 남아 있어요. 과학자들은 (대부분) 똑똑해서 이 뼈의 모양을 살아 있는 동물들의 뼈와 비교해 볼 수 있어요. 이렇게 해서 이들이 어떻게 움직였는지는 물론이고 크기도 짐작할 수 있지요.

# 멸종

이 책을 읽으면서 멸종이 지구 진화의 중요한 특징을 이룬다는 사실을 알았을 거예요. 한 종이 죽으면 새로운 종이 그 종을 대체해요. 오랜 시간이 흐르면서 지구상에 있는 총 종의 수는 대멸종의 시기를 제외하고는 상당히 일정하게 유지되었어요. 대멸종은 소행성 충돌, 화산 폭발, 기후 변화를 포함한 여러 사건과 과정 속에서 일어나요. 멸종이 지구 역사의 큰 부분을 차지하긴 했지만, 여러 가지 이유로 우리는 지금도 계속되는 멸종을 막기 위해 노력해야만 해요.

생물 다양성이란 한 지역에서 상호 작용을 하며 살아가는 다양한 식물과 동물을 말해요. 먹는 음식에서부터 숨 쉬는 산소에 이르기까지, 우리는 광범위한 것들을 지구의 생물 다양성에 의존하며 살아요. 생물 다양성이 없다면 살기 힘들 거예요! 생존을 넘어서 여러분이 살고 싶은 세상을 떠올려 보세요. 크고 작은 생물로 가득한 놀랍도록 아름다운 숲과 자연환경 인가요, 아니면 빛나고 아름다웠던 옛 시절의 그림자만 남은 그런 곳인가요? 인간으로서 우리는 신성 다음 대멸종의 주범이 되기를 원하나요? 당연히 아니겠지요! 다행히도 멸종을 막기 위해 우리가 할 수 있는 일은 많아요. 첫 번째 단계는 멸종 위기에 처한 종, 즉 멸종 위기종에 대해 아는 거예요. 주변 세상을 더 많이 알아야 세상을 지켜 내기 위해 더 많은 일을 할 수 있잖아요. 정원이나 동네 공원, 또는 가까운 야생 동물 공원과 자연 보호 구역을 찾아가서 눈에 보이는 동식물의 수를 세어 보세요. 관심을 가지고 보면 그 수가 얼마나 많은지 깜짝 놀랄걸요! 집에서는 가족들과 함께 야생 동물이 찾아오도록 정원을 만들어 볼 수도 있어요. 토종 식물을 심어서 토종 동물 종을 유인하고, 야생 동물이 놀라 도망가지 않도록 집고양이는 되도록 실내에서 키우는 것도 한 방법이에요. 세계의 자원은 한정적이니 아껴 쓰면 좋아요. 이를 위한 한 가지 쉬운 방법은 재활용이에요. 지금 소개한 일들은 우리의 아름다운 행성을 지키기 위해 우리가 할 수 있는 수많은 일 가운데 몇 가지에 지나지 않아요. 앞으로도 배우고 발견해야 할 것들이 참 많답니다!

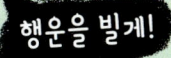

행운을 빌게!

신생대 • 아르케오인드리스 폰토이논티

# 코알라여우원숭이

**메갈라다피스 마다가스카리엔시스**

특이한 생김새의 이 녀석은 500년 전까지만 해도 마다가스카르에서 볼 수 있었어요. 아프리카의 동쪽 섬 마다가스카르에는 진기하고 놀라운 생물이 가득해요. 바오바브나무와 아름다운 꽃이 피는 난초, 위장의 달인 카멜레온과 수많은 여우원숭이가 살고 있어요. 여우원숭이는 나무에 사는 영장류로, 유인원과 원숭이 그리고 우리와도 친척이에요! 보통 주둥이가 뾰족하고 꼬리와 몸이 길어요. 현재 마다가스카르섬에는 100여 종의 여우원숭이가 살고 있으며, 이곳을 빼면 세계 어디에서도 볼 수가 없어요. 모양과 크기가 제각각이지만, 코알라여우원숭이인 메갈라다피스 마다가스카리엔시스(Megaladapis madagascariensis)만큼 별난 녀석도 없어요. 여우원숭이라기보다는 코알라처럼 행동해서 흔히 코알라여우원숭이라고 불려요. 몸길이 1.5m의 통통하고 짧은 몸으로 코알라처럼 나무에 앉거나 매달리기를 좋아했어요. 몸무게는 약 50kg이었어요. 오늘날의 여우원숭이가 대부분 10kg 미만인 점을 생각하면 아주 컸지요! 우리처럼 낮에는 깨어 있고 밤에는 자는 주행성 동물이었어요.

## 엽식 동물

새로운 낱말을 소개할게요. 엽식 동물은 잎을 먹는 동물을 멋지게 표현한 말로, **메갈라다피스 마다가스카리엔시스**가 바로 엽식 동물이었어요! 이들이 마다가스카르에서 즐겨 먹던 잎들은 꽤 질겨서 씹어 먹기 좋게 턱 힘이 셌다고 해요.

## 가장 똑똑한 여우원숭이는 아니야

메갈라다피스 마다가스카리엔시스는 몸 크기에 비하면 뇌가 작은 편이었어요. 그러니 나무에 사는 가장 똑똑한 여우원숭이는 아니었을 거예요.

# 희한한 모양의 두개골

**메갈라다피스 마다가스카리엔시스**는 1894년에 처음 발견되었어요. 두개골 모양이 너무 독특해서 과학자들은 이들의 친척을 알아내는 데 어려움을 겪었어요. 주둥이가 튼튼했고, 눈이 앞쪽으로 향하는 대부분의 여우원숭이와는 달리 녀석들은 신기하게도 머리 양쪽에 눈이 달려 있었어요.

## 거대 여우원숭이에게 무슨 일이?

안타깝게도 이들의 멸종은 인간과 관련이 있는 것 같아요. 인간은 약 2000년 전에 마다가스카르섬에 왔어요. 인간은 거대한 여우원숭이를 사냥하기도 했겠지만, 땅을 개간해서 주변 풍경도 바꾸어 놓았어요. 다시 말해, 메갈라다피스 마다가스카리엔시스의 서식지가 줄었다는 뜻이지요. 인간이 온 뒤로 17마리의 거대한 여우원숭이를 포함해 마다가스카르에 사는 영장류의 약 3분의 1이 멸종했다는 사실이 믿어지나요? 인간이 새로운 곳으로 가면 마다가스카르뿐만 아니라 전 세계 많은 곳에서 멸종이 일어났어요. 안타깝게도 인간의 활동은 오늘날까지도 동식물의 멸종을 일으키고 있답니다.

# 나무늘보여우원숭이

나무늘보와 친척은 아니지만 비슷한 생김새 때문에 아르케오인드리스 폰토이논티와 팔레오프로피테쿠스 잉겐스는 흔히 나무늘보여우원숭이로 알려져 있어요. 오늘날의 나무늘보는 높은 나무에서 나뭇잎을 먹고 사는 느림보 동물이지만, 멸종된 땅나무늘보도 있답니다(202~203쪽 '에레모테리움' 참조).

과거 마다가스카르섬의 숲에는 나무늘보여우원숭이 8종류가 살고 있었지만, 지금은 단 한 종류도 남아 있지 않아요.

## 나무늘보여우원숭이에게 무슨 일이?

나무늘보여우원숭이 아르케오인드리스 폰토이논티는 350년 전까지만 해도 살아 있었고, 팔레오프로피테쿠스 잉겐스는 적어도 500년 전, 또는 그보다 전에 마다가스카르에서 자취를 감춘 것으로 여겨져요. 이들의 멸종은 인간의 잘못 때문일 수도 있어요. 고대 예술 작품에 그 단서가 남아 있지요. 2020년에 과학자들은 나무늘보여우원숭이를 그린 하나뿐인 동굴 벽화를 세상에 소개했어요! 인간이 개를 데리고 거대한 나무늘보여우원숭이를 사냥 중인 장면을 담은 벽화로 보여요.

# 큰 부리, 아주 작은 날개

### 압토르니스 데포소르

압토르니스 데포소르(Aptornis defossor)는 600년 전 무렵까지 뉴질랜드 남섬에 살았던 날지 못하는 큰 새였어요. 오늘날의 학과 먼 친척으로, 튼튼한 다리와 아래로 구부러진 거대한 부리가 있었어요. 날지 못했기 때문에 날개도 몹시 작았지요. 너무 작아서 깃털에 가려 보이지 않을 정도였답니다! 몸무게는 약 18kg으로, 중형 개와 비슷했어요.

## 거대한 닭 다리
### 하나 먹을래?

마오리족의 패총에서 압토르니스 데포소르의 뼈가 발견되었어요. 패총은 오랜 시간에 걸쳐 인간이 먹고 버린 쓰레기가 쌓인 천연 쓰레기 더미와도 같아요. 패총 속에서 종종 뼈와 조개껍데기가 발견돼요. 이는 인간이 이 거대한 새를 먹었다는 뜻으로, 압토르니스 데포소르 멸종의 한 원인이 되었을 것으로 여겨져요. 여러분 팔뚝만 한 이 새의 다리를 먹는다고 상상해 보세요!

## 먹는 방법이 특이해

과학자들은 압토르니스 데포소르가 거대한 부리로 썩어 가는 통나무를 부수었을 것으로 생각해요. 통나무 속에서 큰 벌레들과 숨어 있던 도마뱀, 심지어 작은 포유류까지 찾아 먹었겠지요.

# 과학자 이야기

## 틸리 에딩거(Tilly Edinger)

### 어려움에 굽히지 않는 과학자

틸리 에딩거는 강인한 사람이었어요. 그 무엇도 화석에 대한 에딩거의 열정을 막을 수는 없었어요! 1897년 독일에서 삼 남매 중 막내로 태어난 에딩거는 열심히 공부하는 총명한 학생이었어요. 에딩거는 고대 생물에 대한 넘치는 열정으로 인생의 큰 장애물들을 극복해 냈어요. 첫 번째는 여자라는 장애물이었어요. 당시 여자들은 과학을 공부하는 것은 물론이고 직업을 갖기도 힘들었거든요! 두 번째이자 매우 큰 장애물은 에딩거가 제2차 세계 대전이 시작될 무렵 독일에 살고 있던 유대인이었다는 사실이에요. 유대인들은 나치에게 박해를 받았고, 많은 유대인이 죽거나 고국을 탈출해야만 했어요. 마지막으로, 에딩거는 귓병이 있어서 서서히 청력을 잃어 갔어요. 어른이 되자 귀가 거의 들리지 않았고 직장 동료들과 의사소통을 하기도 어려웠어요. 이러한 어려움에도 에딩거는 누구보다 뛰어났고, 오늘날 고생물학에서 가장 훌륭한 여성 가운데 한 명으로 기억되고 있어요. 여러분도 틸리 에딩거를 본받아서 하고 싶은 일이 있다면 멈추지 않고 나아가도록 해요!

**최초의 여성**

틸리 에딩거는 척추동물 고생물학회 회장으로 뽑힌 최초의 여성이었어요.

# 뇌 화석!

사람은 누구나 자신만의 특별한 관심사가 있어요. 에딩거는 특히 뇌 화석에 관심이 많았어요. 참 흥미로운 분야죠. 뇌 화석을 연구하는 학문을 '고생물 신경학'이라고도 해요. 에딩거 이전에는 뇌의 진화를 알아내기 위해 화석을 증거로 쓰는 과학자가 많지 않았어요. 주로 오늘날의 동물을 사용했지요. 틸리 에딩거는 고생물 신경학의 창시자로 널리 알려져 있어요.

뇌는 너무 부드러워서 화석으로 발견되기가 어려워요. 그런데 가끔 뇌를 그대로 본뜬 주형이 발견될 때가 있어요. 주형은 한 동물이 죽은 뒤에 만들어질 수가 있어요. 원래 뇌를 이루던 물질이 분해된 자리가 모래나 진흙으로 대체되고, 시간이 지나면서 이것이 암석으로 변해 화석이 되는 거예요. 때때로 이 주형에 뇌 겉면의 아주 세밀한 특징까지 보존되기도 하는데, 이를 '엔도캐스트(endocast)'라고 해요. 에딩거는 엔도캐스트를 연구해서 말의 뇌를 비롯해 일부 생물의 뇌 모양이 시간이 지남에 따라 어떻게 변하는지를 알아냈어요. 《뇌 화석(Fossil Brains)》이라는 책을 포함해 100권이 넘는 책과 연구 논문을 출판하기도 했지요! 틸리 에딩거는 고생물 신경학에 일생을 바친 존경받는 뛰어난 과학자였어요. 안타깝게도 청각 장애로 트럭에 치여 69세의 나이로 세상을 떠났답니다.

# 선구적인 고생물학자

틸리 에딩거는 1921년에 박사 학위를 마쳤어요. 박사 학위는 대학에서 마칠 수 있는 가장 높은 수준의 학위로, 학위를 받으면 '박사(doctor)'라는 호칭으로 불리게 돼요. 의사와는 달라요. 여기서 박사는 선택한 분야의 전문가라는 뜻이에요. 박사 학위를 받을 때쯤이면 해당 주제에 대해서는 세상에서 가장 많이 알고 있어야 해요!

틸리 에딩거가 선택한 주제는 2억 년도 전에 바다를 헤엄쳐 다녔던 고대 화석 파충류인 노토사우루스(Nothosaurus)의 두개골이었어요. 에딩거의 아버지는 의학 연구원이었지만, 딸이 학업과 일에 일생을 바치는 것을 용납하지 않았어요. 당시에는 여자라면 결혼을 하고 주부가 되어 가족을 돌보는 것을 당연하게 여겼거든요. 그러나 에딩거는 굴하지 않았어요. 화석에 대한 열정이 얼마나 컸는지 6년 동안 자원봉사자로만 일하기도 했어요! 그러다 드디어 젠켄베르크 자연사박물관의 화석 척추동물 큐레이터라는 좋은 직업을 갖게 되었어요. 큐레이터는 박물관에 있는 특정 소장품을 관리하는 사람이에요. 전쟁 직전, 에딩거는 박물관과 주변 사람들, 특히 독일 나치에게 푸대접을 받았어요. 박물관의 정문 출입이 금지되었을 뿐만 아니라 명찰까지 빼앗겼지요. 결국엔 쫓겨나 1939년에 곧바로 영국으로 도망쳤어요. 유대인 여성들에게 영국은 독일보다는 훨씬 안전한 나라였으니까요. 에딩거가 독일을 떠날 수 있었던 것은 행운이었어요. 안타깝게도 독일에 남아 있던 오빠는 전쟁 중에 목숨을 잃었어요. 틸리 에딩거는 마침내 이름난 미국 하버드 대학교에 가게 되었고, 그곳에서 마음껏 화석을 연구할 수 있었어요.

과학자 이야기

# 찰스 다윈(Charles Darwin)

## 유명한 과학자

이 책에서 오래전에 사라진 기이하고도 멋진 생물을 많이 만나 봤어요. 그런데 여러분은 화석화된 동식물이 오늘날의 동식물과 크게 다른 이유를 생각해 본 적이 있나요? 우리가 어디에서 왔는지 궁금한 마음이 든 적이 있나요? 찰스 다윈이 그랬답니다. 다윈은 우리에게 진화론을 소개한 과학자예요.

오랜 역사 동안 우리는 인류가 어떻게 지구상에 나타나게 되었는지, 또는 지구의 나이가 몇 살인지도 알지 못했어요. 과거에는 자연계는 변함이 없다고 생각하는 유럽인이 많았는데, 다시 말해 오늘날과 과거의 동식물이 똑같다고 여겼다는 뜻이에요. 당시만 해도 모든 생명이 하나의 큰 가계도로 연결되어 있다는 생각이 생소하기만 했지요.

과학계에서는 찰스 다윈의 진화론이 나온 뒤에야 우리와 우리를 둘러싼 자연계의 기원이 밝혀지게 되었어요. 진화론은 매우 획기적이었고, 따라서 찰스 다윈은 매우 유명해졌어요. 오늘날까지도요!

## 젊은 다윈

찰스 다윈은 1809년 영국에서 여섯 자녀 중 다섯째로 태어났어요. 어머니는 다윈이 여덟 살 때 세상을 떠났지요. 의사였던 아버지는 다윈도 의사가 되기를 바랐어요. 다윈은 과학에 관심이 많았고, 동물과 식물을 보면서 오랫동안 숲을 거니는 걸 좋아했어요. 배우고 연구하는 것도 좋아했는데, 가장 좋아하는 책 중 하나가 《세계의 불가사의》였어요. 또한 정원에 있는 공구 창고에서 형을 도와 화학 실험을 하는 것도 좋아했어요. 여러분도 화학 실험 용품으로 실험을 해 본 적이 있을 거예요. 참 재미있답니다! 다윈은 마지못해 아버지의 뒤를 이어 의과 대학에 들어가 의학을 공부했지만, 의학 수업도, 끔찍한 해부도 좋아하지 않았어요. 결국 다윈은 의대를 떠나 케임브리지대학교에서 인문학 학위를 받기로 결심했어요. 학업을 마치자 다윈은 모험을 떠나고 싶어 좀이 쑤셨지요. 운 좋게도 좋은 기회가 찾아왔어요. 비글호를 타고 항해를 떠나게 된 거예요!

# 비글호로 항해하다

비글호에서 다윈은 진화론을 발전시키기 시작했어요. 1831년부터 거의 5년간 비글호를 타고 세계를 탐험했거든요. 바다에서 그렇게 긴 시간을 보내 다니 상상이 되나요? 비글호는 영국에서 남아메리카, 뉴질랜드, 오스트레일리아, 남아프리카와 갈라파고스 제도로 항해했어요. 한 목적지에서 다음 목적지까지의 거리가 워낙 멀어서 당시에는 한 곳에 가려면 몇 주나 몇 달이 걸렸어요. 다윈은 바빴어요. 동식물 연구가로서 항해 중에 다윈이 맡은 일은 발견한 모든 동식물과 암석을 수집하고 기록하는 일이었어요. 다윈은 많은 것을 배웠고, 주변 세계를 두루 관찰했어요. 다윈은 땅의 모양이 끊임없이 변하고 있다는 사실을 깨달았어요. 칠레에서 무서운 지진을 경험한 뒤에는 발밑에 있는 땅이 몇 미터 상승했는지 알았어요. 이는 산이 그냥 불쑥 솟아나는 게 아니라 지질학적 시간에 걸쳐 천천히 생겨난다는 하나의 증거가 되었어요! 해양 동물의 화석이 절벽 꼭대기에서 발견되는 까닭을 이해하는 데에도 도움이 되었고요(18쪽 '지각판' 참조). 다윈은 비글호를 타고 항해를 하면서 동식물이 주변 환경과 어떻게 상호 작용을 하는지 예리한 눈으로 지켜보았어요. 갈라파고스 제도를 방문한 뒤에는 섬마다 고유한 동식물이 있으며, 이들이 섬이라는 환경에 적응해서 살았다는 사실에 주목했어요. 땅나무늘보(202~203쪽 참조)나 발굽이 달린 거대 포유동물인 톡소돈 플라텐시스(200~201쪽 참조)처럼 멸종 동물들의 화석도 많이 수집했답니다.

# 종의 기원

비글호 항해를 마치고 몇 년이 지나 다윈은 《종의 기원》을 출간했어요. 이 책은 오늘날 우리가 사는 세계와 오래전에 사라진 세계를 새롭게 이해하게 해 주었어요. 또한 새로운 종류의 식물과 동물이 어떻게 존재하고 진화하게 되었는지 설명해 주었지요. 이 책에서 다윈은 진화의 증거를 많이 제시했어요. 자연 선택(21쪽 참조)을 통한 진화도 설명해 주었고요.

## 전 세계를 충격에 빠뜨리다!

이름이 다윈이라고?

다윈

《종의 기원》은 순식간에 베스트셀러가 되었어요. 전 세계를 사로잡았지만 모두가 진화론을 납득한 것은 아니었어요. 시간이 지나면서 동식물이 변한다는 생각은 새롭고도 급진적이었거든요. 어떤 사람들은 인간이 유인원 같은 조상에서 진화했다는 생각에 격분하기도 했어요. 당시에는 성서에 나오는 생명의 기원 이야기, 즉 하느님이 7일 안에 세상과 모든 생명을 만들었다는 말을 믿는 사람들이 많았으니까요. 다윈의 연구를 비판하는 목소리는 리처드 오언(138~139쪽 참조)을 포함한 과학계에서도 많이 나왔지요.

찰스 다윈은 매우 중요한 과학자이자 사상가여서 그 이름을 따서 붙여진 동식물만 수백 종에 달해요. 그중 하나가 다윈코개구리(리노데르마 다위니이, *Rhinoderma darwinii*)예요. 남아메리카 칠레에서 다윈이 발견한 작은 개구리라서 다윈의 이름을 붙였어요. 오스트레일리아 북부 지역 수도 다윈도 그의 이름을 따서 지은 것이랍니다!

## 다윈의 핀치

다윈의 진화에 대한 증거 중 일부는 갈라파고스 제도에 다녀오면서 나왔어요. 갈라파고스 제도는 바다에서 폭발한 화산으로 만들어진 섬들로, 층층이 포개진 퇴적물이 바다 위로 높이 쌓이면서 생겨났어요. 처음 형성될 당시에는 척박한 환경이었어요. 동물이나 식물이 보이지 않았지요. 오늘날 이 섬에 사는 모든 생물은 아마도 하늘을 날거나 통나무를 타고 이곳으로 왔을 거예요. 일단 섬에 다다른 뒤에는 그 조상들에게서 거의 고립되었어요. 갈라파고스에는 13개의 주요 섬이 있어요. 다윈은 갈라파고스 제도를 전체적으로 보면 새의 종류가 다양하지 않은데 유독 핀치만은 그 종류가 많다는 사실에 주목했어요. 핀치는 고운 소리로 우는 작은 새예요. 갈라파고스에 사는 핀치들은 모두 조금씩 달랐어요. 어떤 먹이를 먹느냐에 따라 부리 모양이 달라지기도 했고요. 예를 들면 땅핀치의 두꺼운 부리는 단단한 씨앗과 바삭거리는 벌레를 먹기에 좋았고, 워블러핀치의 좁은 부리는 잎 속에 숨은 벌레를 골라내는 데 안성맞춤이었어요. 다윈은 이 핀치들이 조상은 하나지만 섬에 고립되면서 새로운 환경에 적응한 새로운 종의 진화가 일어났다는 사실을 깨달았어요.

## 위대한 사상가이자 가정적인 남자

《종의 기원》으로 다윈은 과학계에 크게 기여했어요. 거창한 생각이 넘쳐 나는 사람이었지만, 그렇다고 작은 동물들을 무시하지도 않았어요. 다윈은 산호, 지렁이, 심지어 따개비 연구에도 여러 해를 보냈지요. 따개비는 게와 친척으로, 동물이나 물체의 표면에 붙어사는 바다 생물이에요. 다윈은 가정적인 남자이기도 했어요. 사촌인 엠마와 결혼을 했고 여러 명의 자녀를 두었어요. 당시에는 사촌과의 결혼이 흔한 일이었거든요! 다윈은 1882년에 73세의 나이로 세상을 떠났고, 지금까지도 위대하고 혁명적인 과학자로 기억되고 있어요.

# 화석을 향한 뜨거운 열병에 걸린 가족

팀 플래너리 박사님의 딸 **엠마 플래너리**가 전하는 말

지금까지 참 엄청난 시간 여행을 했네요! 우리는 기후 변화와 큰 재앙과도 같은 멸종으로 무수한 생명체가 나타났다 사라지는 광경을 지켜보았어요.

선캄브리아대에는 최초로 생명의 형태를 갖춘 특이한 스트로마톨라이트와 발 매트처럼 생긴 디킨소니아를 만났어요. 고생대에는 최초의 포식자 중 하나인 아노말로카리스 같은 동물들이 다른 동물을 잡아먹기 시작했어요. 할루시제니아처럼 긴 가시로 몸을 보호한 물고기도 있었고, 둔클레오스테우스처럼 튼튼한 갑옷을 입은 물고기도 있었어요. 진기한 동물들은 여기서 끝이 아니었지요. 기어 다니는 소름 돋는 녀석들도 있었어요.

노래기인 아르트로플레우라와 바다전갈인 약켈롭테루스는 여러분보다도 몸이 길었어요! 숲도 지금의 모습과는 달라서 거대한 버섯인 프로토택사이트가 나무보다 높이 솟아 있었어요. 중생대에는 최초의 공룡인 니아사사우루스가 나타났고, 놀라운 생물들이 육지와 하늘과 바다를 점령하는 데는 오랜 시간이 걸리지 않았지요. 모사사우루스와 어룡은 바다를 위협했고, 익룡은 하늘을 차지했어요. 마지막으로 신생대에는 포유류가 크게 번성했어요. 파라케라테리움과 디프로토돈을 포함한 많은 포유류가 엄청난 비율을 차지했어요. 무시무시한 포식자들도 있었어요. 큰 고양이 스밀로돈은 칼 같은 날카로운 이빨을 자랑했고, 공포새 티타니스

래전에 사라진 생명체를 발견한다는 것은 기쁘고도 매혹적인 일이에요. 이 점에 대해선 아버지에게 감사를 드려야겠죠. 나는 이 세상 최고의 아버지를 가진 행운아니까요. (물론 여러분의 아버지는 빼고요!)

팀 플래니리. 아버지는 어렸을 때부터 우리를 데리고 화석 발굴 여행을 떠났고, 지금도 그래요. 가족 여행을 가면 온 가족이 눈을 크게 뜨고 주변을 살피느라 바빠요. 화석이 어디에서 나타날지는 아무도 모르는 일이니까요.

나의 기억으로 우리 가족은 '화석 열병'을 앓고 있었어요. 그게 무슨 병이냐고요? 이 병을 모르면 여러분은 아주 멋진 경험을 할 기회를 놓치는 거예요. 이 병에 한번 걸리면 화석만 보면 걷잡을 수 없는 흥분으로 몸이 마구 떨린답니다!

> 화석을 찾으러 굳이 멀리 갈 필요는 없어요. 심지어 가까운 교외에서도 환상적인 보물을 발견할 수가 있어요.

는 도끼처럼 치명적인 부리가 있었어요. 코엘로돈타와 매머드 같은 동물들은 추위로부터 몸을 보호하기 위해 두꺼운 털옷을 입고 있었어요. 마침내 우리는 우리와 가장 가까운 인간 친척인 이마가 넓은 호모 네안데르탈렌시스와 체구가 작은 호모 플로레시엔시스를 만났어요. 정말 대단한 화석의 보고죠! 한때 지구를 빛냈던 오

우리는 부모님의 고향인 빅토리아주 멜버른을 자주 찾았어요. 데이비드 오빠와 나는 몇 시간이고 해변을 돌아다녔어요. 한번은 보매리스의 모래밭에서 오빠가 1000만 년 된 상어 이빨을 자랑스럽게 치켜들고서 아주 기뻐했던 기억이 나요. 그때 나는 모두가 탐낼 만한 하트 모양의 성게 화석을 발견했지요.

## 혹시 손바닥에 화석을 올려 본 적 있나요?

화석을 손에 들고 있다는 것은 타임머신을 타고 가서 과거를 발견하는 것과 마찬가지라고 생각해요. 화석을 가진다는 것은 수천수만 년 전에 살고 호흡했던 생물을 손에 쥔 셈이니까요. 가만히 화석을 내려다보고 있으면 문득 그 생물의 삶이 궁금해져요. 어디에서 어떻게 살았고, 어떻게 죽었을까?

열두 살 때 뉴사우스웨일스주의 웰링턴 동굴에 간 적이 있어요. 옛 광산의 일부인 이 동굴에 가면 동굴 벽 밖으로 튀어나온 거대 동물들의 뼈를 볼 수가 있어요! 오스트레일리아의 메가파우나로 알려진 동물들이죠. 짧은얼굴캥거루 프로콥토돈과 거대한 디프로토돈을 비롯한 아주 놀라운 동물들이 이곳에서 처음으로 발견되었어요. 오랑우탄만 한 거대한 나무타기캥거루의 뼈가 발견되기도 했고요. 나무타기캥거루는 말 그대로 나무에서 사는 캥거루의 일종이에요. 아버지는 이 놀라운 캥거루에게 우리 어머니 폴라 여사의 이름을 따서 보흐라 폴래 (Bohra paulae) 라는 이름을 붙였답니다!

클수록 화석에 대한 나의 뜨거운 열병은 더욱 깊어졌어요. 우리는 화석이 있는 훨씬 더 놀라운 곳들을 찾아갔어요. 10대에는 오스트레일리아 빅토리아주 남서부 해안의 공룡만으로 모험을 떠나기도 했어요. 이 공룡만은 절벽 속에 숨어서 끝없는 바다를 바라다보는 곳이에요. 1억 년 된 공룡 뼈들을 간직한 흥미로운 곳이지요! 시간이 흐르면서 세계의 대륙은 서서히 움직였고, 이곳에서 발견되는 녀석들은 빅토리아주가 남극 위에 위치할 당시 이곳에 살았던 공룡들이에요. 남극은 겨우내 해가 뜨지 않는 암흑천지예요. 어둠 속에서 사는 공룡이라니 상상이 되나요? 이 중에는 적응력이 놀라운 녀석들이 있었는데, 예를 들면 눈이 아주 커서 지극히 적은 빛 속에서도 앞을 볼 수가 있었어요. 이 책에서는 그중 레엘리나사우라 아미카그라피카와 티미무스를 만나 보았어요. 티미무스는 나의 아버지의 이름을 따서 지은 이름이랍니다!

우리는 화석 탐험대의 일원으로 빅토리아주 쿤와라 유적지를 찾기도 했어요. 굴착기로 흙과 바위를 깊이 파냈는데, 흙을 퍼낼수록 구멍은 더욱 깊어졌고, 우리는 선사 시대의 소중한 보물로 더욱 가까이 다가갔어요.

**우리는 고대 호수에서 화석을 찾고 있었는데 헤아릴 수 없이 많은 물고기와 곤충을 비롯해 놀라운 과거의 생명체를 다수 발견했어요. 이곳의 화석들은 보존 상태가 아주 좋아서 부드러운 몸의 윤곽까지도 다 볼 수 있었답니다!**

물고기 화석 중에는 꼭 머리가 폭발한 것처럼 보이는 너석들이 있는데, 실제로는 호수 바닥으로 가라앉기 전에 머리 표면이 썩은 거였어요. 과학자들이 이곳에서 발견한 놀라운 화석 중에는 공룡의 초기 깃털 화석과 세계에서 가장 오래된 꽃 화석도 있어요.

데이비드 오빠와 나는 대학에서 과학을 공부했어요. 오빠는 (스트로마톨라이트 같은) 가장 고대의 생물을 연구하는 우주생물학을, 나는 고생물학과 화학을 공부했어요. 과학자들은 연구 논문을 통해 발견한 내용을 기술함으로써 자신들이 발견하고 실험한 내용을 세상에 알려요. 우리 플래너리 가문에는 아주 자랑스러운 업적이 하나 있어요. 오트웨이로 떠난 특별히 흥미로웠던 화석 발굴 여행 이후, 우리 가족은 우리가 발견한 화석을 주제로 공동 연구 논문을 펴냈어요. 세 명의 플래너리가 이룬 업적이었지요! 오트웨이는 오스트레일리아 빅토리아주 남부 해안의 아름다운 지역이에요. 최고의 화석지에 도달하기 위해 우리는 맹렬한 여름 태양 속에서 모래 언덕을 걷고 가시투성이 덤불을 뚫고 나아갔어요.

해안선으로 가기 위해 밧줄에 의지해 가파른 절벽을 타고 내려오기도 했고요. 내 평생 그렇게 지저분하고 땀투성이였던 적은 처음이었어요! 세 사람 모두 화석을 찾겠다는 열정에 너무 들뜬 나머지 점심 먹는 것도 잊었어요. 우리는 너무나 아름다운 앵무조개의 화석 껍데기를 발견했어요. 앵무조개는 오징어와 친척인 멸종된 생물이에요. 오징어와는 달리 껍데기가 부드러운 몸을 감싸고 있어요. 그 화석을 연구한 결과, 우리는 앵무조개의 삶과 죽음에 대한 흥미로운 사실을 알아냈어요. 그 앵무조개는 깊고 차가운 물속에 살았어요. 죽은 후에 훨씬 따뜻한 얕은 물로 쓸려 왔고요. 너무 따뜻해서 껍데기에 산호가 자라났을 정도였지요!

어느 해 아버지 생일에 아버지가 우리 남매를 빅토리아주 오지의 무릎까지 오는 진흙투성이 개울로 불렀어요.

> 도대체 아버지는 왜 진흙탕 속에서 생일 파티를 하고 싶었을까요?

짐작했겠지만, 그 개울은 화석으로 가득 차 있었어요! 최근에 이 진흙투성이 개울에 큰 홍수가 났고 그 둑에서 아름다운 화석들이 발견되었어요.

**지구의 바다와 땅은 계속해서 변하고 있으며, 심해에 살았던 화석화된 생물이 오늘날에는 높은 산에서 발견될 수도 있어요. 이 진흙투성이 개울에서 화석화된 생물들은 살아 있을 당시에는 숲으로 둘러싸인 얕은 바다에서 살았어요.**

우리는 진흙 속을 뒤지면서 발견하기 힘든 거대 개오지를 찾을 수 있을 거라는 희망을 품었어요. 개오지는 바다달팽이의 일종으로, 우리가 발견한 녀석은 축구공만큼이나 컸어요! (이 책에 나오는 거대 개오지는 조일라 기가스예요.) 며칠 동안 찾아 헤맨 끝에 우리는 귀한 개오지를 발견해 강둑에서 조심스럽게 파냈어요. 몇 시간에 걸쳐 신중하게 작업을 했지만 실수로 엉뚱한 곳을 찌르는 바람에 연약한 화석이 부서지고 말았어요. 대참사였죠! 화석을 찾는 일은 참 어려워요. 우리는 운이 나빠서 개오지 껍데기를 통째로 가져오지는 못하고, 조각난 부분 몇 개에 만족해야만 했어요. 우리는 거대한 펭귄의 뼈도 찾아냈어요. 거의 사람만 한 펭귄이었어요. 아버지는 열일곱 살에 바로 이 진흙투성이의 개울에서 초대형 상어인 오토두스 메갈로돈의 거대한 이빨을 발견했어요. 아버지는 지금도 그 이빨을 간직하고 있답니다!

진흙탕 개울에서 화석 사냥을 하며 힘든 나날을 보낸 후, 근처 모텔에서 며칠 밤을 묵으며 우리가 발견한 화석들을 분류했어요. 화석 전문 서적들을 챙겨 간 덕분에 우리가 찾아낸 보물의 정체가 무엇인지 찾아볼 수 있었지요. 놀이공원이나 리조트 수영장에서 보내는 휴가를 좋아하는 아이들도 있겠지만, 우리 남매는 손에 화석이 가득해서 너무나 행복했어요!

**분주한 도시로 휴가를 갔을 때조차 우리는 화석을 찾을 수 있었어요.**

한번은 아버지와 이탈리아 밀라노의 한 호텔에 머물고 있었어요. 그런데 세상에, 아버지가 화장실 바닥에서 대리석에 박힌 화석화된 공룡 이빨을 발견한 거예요! 변기 바로 앞이라 눈에 띄지 않을 수가 없었지요. 우리는 흥분해서 호텔 프런트로 전화를 걸어 이 짜릿한 소식을 알렸어요. 그런데 직원들은 이탈리아어를 하고 우리는 영어를 해서인지 오해가 생겼어요.

우리가 활짝 웃으며 공룡 이빨을 가리키자, 직원은 이렇게 말했어요. "정말 죄송합니다, 손님. 당장 청소하겠습니다!"

> 화석 유적지는
> 인간의 진화를 이해하는 데
> 대단히 중요해요.

나중에 연구원이 된 나는 운이 좋게도 매우 특별한 화석 유적지 몇 곳을 방문할 기회가 있었어요. 한번은 인도네시아 플로레스섬의 열대 우림 속 동굴로 트레킹을 떠난 적이 있어요. 이 거대한 동굴은 2003년, 멸종된 우리의 친척이자 아주 작은 인간인 호모 플로레시엔시스의 뼈가 발견된 곳이에요. 같은 시기에 그 섬에는 다리가 긴 거대한 황새가 살았어요. 이 황새는 키가 작은 호모 플로레시엔시스를 내려다보았지요. 이들뿐만 아니라 당시에는 드워프코끼리도 살았어요. 참 뒤죽박죽이죠?

대학 시절에는 러시아 시베리아의 머나먼 곳에 있는 데니소바 동굴에 갔어요. 시드니의 집에서부터 꼬박 이틀이 걸렸어요. 세 번이나 비행기를 갈아탄 끝에 승합차에 올라 울퉁불퉁한 황무지를 9시간이나 달렸어요. 알타이산맥에 있는 데니소바 동굴은 우리와 가장 가까운 친척인 호모 네안데르탈렌시스의 화석 뼈가 있는 곳이에요. 호모 네안데르탈렌시스는 다부진 체격에 이마와 코가 넓었어요. 한때는 우리와 종이 다른 인간들과 함께 살았다는 사실이 믿어지나요? 세계 곳곳의 화석 유적지에는 저마다의 이야기가 있으며, 우리에게 생명의 역사에 대한 귀중한 통찰력을 선사해 주지요.

화석을 찾는 모험은 굳이 화려한 장비도, 머나먼 곳으로의 트레킹도 필요하지 않아요. 화석에 대한 열정만 있으면 돼요! 화석은 여러분의 세계를 탐험하는 하나의 방법이에요. 여러분이 어디에 있건 중요하지 않아요. 화석은 세상 어디에나 있으니까요. 근교 해변에서부터 호텔 화장실까지, 전혀 예상하지 못한 곳에서 튀어나올 수 있거든요! 전 세계의 자연사박물관에서도 기막히게 아름다운 화석들을 볼 수가 있답니다.

> 이 책을 읽으면서 화석에 대한 뜨거운 열병이 여러분에게도 옮았으면 하는 마음이에요. 여러분도 세상을 탐험하면서 산꼭대기에서부터 욕실 바닥에 이르기까지, 어딜 가든 꼭 화석을 찾아보기를 바라요. 우리 주변은 모두 과거의 조각들이에요. 우리는 생명의 역사 속에 살고 있어요. 고대 생명체는 흔적을 남겼어요. 우리는 앞으로 세상에 어떤 흔적을 남기게 될까요? 여러분의 화석 발굴 탐험을 위하여!
>
> *Emma Flannery*

# 낱말 사전

### 고생물학
화석을 연구하는 학문을 말해요.

### 균류
버섯, 곰팡이, 흰곰팡이 들이 포함된 생물 집단으로, 식물보다는 동물에 더 가까워요. 균류는 생존을 위해 유기물을 소비하는데, 죽거나 살아 있는 유기물을 분자로 분해해서 에너지원으로 쓰거나 번식하는 데 사용해요.

### 기생충
다른 생물의 몸속이나 밖에 붙어살면서 양분을 취하고, 쉴 곳과 사는 데 필요한 그 밖의 모든 것을 해결하는 생물이에요. 기생충이 집으로 삼는 동물을 '숙주'라고 해요.

### 대륙
넓은 땅덩어리로, 하나의 대륙에는 여러 나라가 속해 있는 경우가 많아요. 세계의 대륙에는 유럽, 아시아, 아프리카, 남북 아메리카, 오스트레일리아와 남극 대륙이 있어요.

### 동종 포식
같은 종의 동물끼리 서로를 잡아먹는 것을 말해요. 1500종이 넘는 동물이 동종 포식을 한다고 알려져 있어요. 먹이가 부족할 때만 동종 포식을 하는 종도 있지만, 먹이와 상관없이 아무 때나 동종 포식을 하는 동물들도 있어요.

### 디엔에이(DNA)
우리 몸을 이루는 모든 세포 속에서 발견되는 아주 작고 매우 특별한 분자예요. 머리카락 색깔부터 발 모양까지 우리 몸의 모든 부분을 만드는 데 필요한 명령이 담겨 있어요. 지구상의 모든 식물과 동물은 고유한 DNA를 가지고 있어요.

### 먹이 사슬
동물들과 식물들끼리 서로 먹고 먹히는 것을 중심으로 사슬처럼 이어진 관계를 말해요.

### 메가파우나
'메가파우나(megafauna)'라는 단어는 '거대한 동물'이라는 뜻이에요. 플라이스토세(마지막 빙하기 말기)의 초대형 동물을 가리키는 말로 가장 흔히 쓰이는데, 오늘날의 대형 동물들의 더 커다란 조상이에요. 오늘날 살아 있는 종들도 메가파우나라고 지칭하기도 하는데, 코끼리, 코뿔소, 하마, 기린, 사자, 곰, 고래가 여기에 속해요.

### 밀렵
불법으로 동물을 잡거나 죽이는 일을 말해요.

### 반향 정위
소리의 울림과 음파를 이용해 물체의 위치를 알아내는 방법이에요. 돌고래, 고래, 박쥐 그리고 몇몇 새들이 이 방법을 이용해서 사냥을 하거나 길을 찾아요.

### 산소($O_2$)
공기를 구성하는 기체로, 반응이 매우 빨라 다른 원소(예를 들어 탄소)와 쉽게 결합해요. 동물은 생존하는 데 산소가 꼭 필요해요. 산소를 들이마셔 영양분을 에너지로 바꾸는 데 이용한 다음, 그 과정에서 나온 이산화 탄소를 배출하지요. 반대로 식물은 이산화 탄소를 흡수하고 산소를 배출하기 때문에 동물과 완벽한 공생 관계를 이루어요.

### 생물 다양성
해양의 한 지역과 같이, 특정한 서식지 속에 존재하는 다양한 동식물의 삶을 일컫는 말이에요. 생물 다양성이 높으면 생태계를 안정적으로 유지하는 데 도움이 돼요. 서로 다른 동식물이 많다는 것은 그곳에 먹이가 풍족하다는 뜻이니까요.

### 속(屬)과 종(種)
동식물의 학명은 속명과 종명으로 이루어져 있어요. 속은 비슷한 특징을 가진 동식물을 분류하는 하나의 방법이에요. 종은 속의 아래로, 서로 번식이 가능한 유사한 생물 집단을 말해요.

### 수생 동물
주로 물속에서 사는 동물을 일컫는 말이에요.

### 양서류
개구리, 도롱뇽, 영원류처럼 축축한 환경에서 사는 작은 척추동물을 말해요.

### 여과 섭식자
몸속의 특별한 여과 기관을 이용해 다량의 바닷물을 걸러 내어 필요한 만큼의 먹이를 찾아 먹는 수중 동물을 말해요. 상어 중에도 여과 섭식자가 있어요.

### 외골격
조개껍데기처럼 동물의 몸을 단단하게 덮고 있는 구조로, 몸을 지탱하고 보호해 주는 역할을 해요. 뼈대가 몸 밖에 있어서 외골격이라고 하는데, 모든 곤충과 갑각류는 외골격이 있어요.

### 유대류
포유류에 속하는 한 무리로, 안전하고 따뜻한 어미의 주머니(육아낭)에서 새끼를 키워요. 유대류 중에는 초식 동물도 있고 육식 동물과 잡식 동물도 있어요. 대부분 오스트레일리아와 남아메리카에 살고 있어요.

### 유전자
DNA로 이루어져 있으며, 세상에 있는 모든 동물이 고유한 특징을 지니도록 하는 물질이에요. 생물의 세포 안에 들어 있으며, 부모에게서 그 자손에게로 전해져요. 인간은 엄마 아빠의 유전자가 만나 눈동자나 머리카락 색깔과 같은 겉모습이 정해져요.

### 육생 동물
주로 육상에서 생활하는 동물을 말해요.

### 육식 동물
고기를 주로 먹고 사는 동물이에요. 다른 동물을 죽여서 먹거나, 이미 죽은 동물의 고기를 먹기도 해요.

### 잠복 포식자
몰래 숨어 있다가 기습적으로 먹이를 잡는 동물을 말해요.

### 잡식 동물
동물과 식물을 가리지 않고 먹는 동물이에요.

### 조류(藻類)
주로 물속에서 자라는 단순한 형태의 식물이에요. 아주 작은 것부터 아주 크게 자라는 해조류까지 그 크기도 다양해요. 바닷물과 민물 모두에서 볼 수 있어요.

### 진화
유기체(인간과 동식물)가 환경에 적응하는 것을 돕기 위한 점진적인 변화 과정을 말해요. 환경은 오랜 시간에 걸쳐 변화하고, 생물들은 새로운 살 곳을 찾아요. 따라서 식물과 동물은 새로운 환경에서 더 잘 살아갈 수 있도록 진화해요.

### 청소동물
먹이를 스스로 사냥하기보다 이미 죽은 다른 동물의 사체를 먹는 동물을 말해요.

### 체온 조절
동물이 체온을 유지하는 과정을 뜻해요.

### 초식 동물
주로 식물을 먹고 사는 동물이에요.

### 최상위 포식자
먹이 사슬의 가장 꼭대기에 있어서 이들을 잡아먹을 천적이 없는 동물이에요. 건강하고 균형 잡힌 생태계를 유지하는 데 중요한 역할을 맡고 있어요.

### 탄소(C)
화학 원소 가운데 하나로, 식물과 동물을 이루는 가장 기본이 되는 구성 요소에 속해요. 모든 유기 화합물은 탄소가 그 기본이 돼요. 탄소는 다른 원소와 결합해 새로운 화합물을 만들어 낼 수 있어요.

### 포식자
동물학에서는 먹이를 얻기 위해 다른 동물을 사냥하는 동물을 포식자라고 해요. 기생충도 포식자의 일종이에요. 포식자는 생태계의 균형을 잡는 데 꼭 필요한 존재예요.

### 포유류
매우 넓은 부류의 동물이에요. 걷는 동물, 헤엄치는 동물, 하늘을 나는 동물에서부터 육식 동물과 초식 동물에 이르기까지 다양하지만, 몸에 털이 있고, 젖을 먹여 새끼를 키우고, 온혈 동물이라는 몇 가지 공통점이 있어요.

### 호박
흘러나온 나뭇진이 화석화되면서 굳은 누런색 광물을 말해요. 이따금 식물과 동물이 호박 속에 보존되기도 해요.

# 찾아보기

## ㄱ

가장 세게 무는 동물 127, 156~157
가장 수명이 긴 단세포 동물 37
가장 오래된 기생충 45
가장 큰 달팽이 144
가장 큰 상어 162~163
가장 큰 여우원숭이 218
가장 큰 유대류 191
가장 큰 육지 동물 106
가장 큰 육지 포유류 148~149

가장 큰 하늘을 나는 척추동물 124
가짜 화석 137
갈라파고스 제도 23, 227, 229
갈라파고스 제도의 핀치 229
갑옷 입은 공룡 104~105
갑옷 입은 땅나무늘보 203
갑옷 입은 판피어류 56~57
개미핥기 170
개오지 144~145, 234
거대 개오지 144~145, 234
거대 도마뱀 184~185
거대 땅나무늘보 171, 202~203

거대 버섯 41, 52~53, 230
거대 비버 206~207
거대 뿔거북 152~153, 154~155
거대 새 168~169, 175~176, 212~213, 223
거대 신경절 89
거대 유인원 142~143, 178~179
거대 캥거루 188, 214~215
거대 황새 143, 181, 235
거북 15, 143, 152~155
거북 화석 15
거북을 닮은 어룡 109

거품코삼엽충 48
걷기 위한 날개 125
검치호 21, 143, 170, 194~195
격리를 통한 새로운 종의 진화 23, 229
겹눈 42
고대 예술 작품 183, 209~210, 222
고래 146~147, 158~159, 172~173
고생대 16, 17, 38~68, 230
고생물 신경학 225
고생물학자 9, 13
   메리 애닝 70~71
   틸리 에딩거 224~225
   학자 간의 논쟁 14, 43, 62, 79, 123
   화석 탐정 15, 44
고아나 117, 184
곤충 68
곤충을 먹는 동물/식충 동물 80, 115, 118
곰 204
공룡 62, 69, 71, 74, 82~83, 92~99, 102~105, 125
   갑옷 입은 공룡 104~105
   공룡의 꼬리 88~89, 103
   공룡의 멸종 75, 129, 142
   깃털이 난 공룡 78, 86, 96~97
   네 날개 공룡 96~97
   돌기가 있는 공룡 92, 105
   두개골이 두꺼운 공룡 122~123
   목이 긴 공룡 88~89
   박쥐 날개 공룡 86~87
   발톱이 무서운 공룡 93, 96
   볏 달린 공룡 82
   뿔 달린 공룡 119
   외발톱 공룡 118
   육식 공룡 69, 74, 82, 83, 96
   초식 공룡 74, 92, 93, 102, 106, 119

최초의 공룡 76, 230
공룡 발자국 13, 77
공룡 뼈
   빅토리아주 83, 94, 95, 101, 103, 232
   퀸즐랜드주 77
   (공룡의) 돌기 92, 105
공통 조상 28, 193
공포새 143, 177, 205, 230
과학자 이야기 36~37, 69~71, 134~139, 224~229
광충 작용 12
괴물 톨리 60~61
굴을 파는 동물 67
균류 41, 52~53, 230
극락조 174
극한성 생물 29
기간토피테쿠스 블라키 142, 178~179
기디언 맨텔 139
기생충 45
기생충 화석 45
기후 변화 142~143, 146, 161, 167
깃털이 난 공룡 78, 86, 96~97
깃털 달린 도마뱀 78~79
껍데기
   거대 개오지 144~145, 234
   나우틸로이드 49, 233
   루디스트 130~131
   암모나이트 98, 128~129
꽃식물 75, 90~91

**ㄴ**

나무늘보 171, 202~203
나무늘보여우원숭이 217, 222

나무에 사는 동물 217, 218, 220, 222
나무타기캥거루 216, 232
나우틸로이드 49
난징안투스 덴드로스틸라 91
날지 못하는 새 212~213, 223
남극 대륙 82
내핵 18
너클 보행 170
네 날개 공룡 96~97
네발 동물 55
네안데르탈인 198~199
노래기 58, 230
노토사우루스 225
노트로테리옵스 203
뇌 화석 225
눈 42, 109, 232
눈덩이 지구 34, 40
뉴사우스웨일스주 라이트닝 리지 12
뉴사우스웨일스주 웰링턴 동굴 232
뉴질랜드에 사는 날지 못하는 새 212~213, 223
니아샤사우루스 패링토니 74, 76~77, 230
닉토사우루스 그라실리스 74, 121

**ㄷ**

다윈의 핀치 229
다윈코개구리 228
다이노수쿠스 111
다이오돈 쇼쇼넨시스 142, 150~151
단세포 생물 27, 28~29, 37
대량 멸종 219
   고생대 41, 67, 129
   중생대 75, 129, 143

대륙 74, 98, 103, 143
대륙 지각 18
대멸종 41, 74
대양(바다) 34, 40
    바다 위의 생명 121
    바닷속 생명 29, 31~33, 42~43, 46, 49~50, 56~57, 71, 74, 108~109, 146~147
데이비드 플래너리 231, 233
도마뱀
    거대 도마뱀 184~185
    깃털 달린 도마뱀 78~79
    독이 있는 도마뱀 185
도에디쿠루스 클라비카우다투스 205
독이 있는 도마뱀 185
독일 메셀 피트 15
독일 뮌스터의 자연사박물관 128
동굴 예술 183, 210, 222
동위 원소 161
동족 포식 62, 163
둔클레오스테우스 테렐리 41, 56~57
들창코 악어 120
디노르니스 노바이질란디아이 212~213
디메트로돈 그란디스 16, 62
디엔에이(DNA) 199, 211
디킨소니아 렉스 16, 27, 34, 35
디프로토돈 174, 188, 216, 230, 232
디프로토돈 옵타툼 191~193
디플로도쿠스 88~89
    두 개의 뇌 89
    소닉 붐을 만드는 꼬리 89
땅나무늘보 171, 202~203, 227
똥 화석 13, 58, 71, 127

라거슈테트 15
랜돌프 커크패트릭 37
레엘리나사우라 아미카그라피카 102~103, 232
레이오노세라스 솔리디포르메 49
레인지오모프 16, 27, 33, 34
레지널드 스프리그 32
로드하우 제도 153
로베니아 포르베시 7
롱기스쿠아마 인시그니스 78~79
루디스트 130~131
루디스트 암초 131
루카 27, 28~29
리노데르마 다위니이 228
리비아탄 멜빌레이 158~159, 160, 162
리스트로사우루스 무라이 66~67
리처드 오언 77, 138~139, 185, 228
린헤니쿠스 모노닥틸루스 118

마다가스카르의 여우원숭이 220~221
말꼬리 59
맘무투스 프리미게니우스 17, 208~209, 231
매머드 208~210
    생태계를 만드는 매머드 209
맨틀 18
먹이
    먹이와 몸 색깔 113
    먹이와 섭식 35, 43~44, 56~57, 86, 105, 151, 177, 179, 186, 223
    이빨을 통한 먹이 확인 80, 161, 192

먹이 사슬 42, 43, 63, 125, 126
메가네우라 68
메가파우나 143, 191, 216, 232
메갈라다피스 마다가스카리엔시스 218, 220~221
메갈로돈 이빨 164
메갈로사우루스 69
메리 애닝 70~71
메이올라니아 오웨니 152~153
멸종 14, 20, 27, 183, 219
    날개 없는 새 212, 223
    대량 멸종 41, 67, 75, 129, 143, 219
    마다가스카르의 여우원숭이 221, 222
    메가파우나의 멸종 216
    멸종의 예방 219
멸종 생물 복원 211
멸종 위기종 183, 219
명왕 누대 17
모르가누코돈 왓소니 75, 80
모사사우루스 74, 75, 77, 116~117, 230
모사사우루스 호프마니 74, 116~117
모아 125, 138, 212~213
몬체치아 비달리 75, 90~91
몸체가 부드러운 생물 17, 32, 35
무악어류 61
물고기 11, 54~57, 165, 233
    갑옷을 입은 판피어류 56~57
    총기어류 55
물고기 도마뱀 71, 74, 108~110
    헤엄치는 동작 108
물고기 화석 11, 233
물렁뼈 163
물, 동위 원소비 161
미간 48
미국 노스캐롤라이나주 찰스턴박물관 176

미국 로스앤젤레스 라 브레아 타르 웅덩이 195
미국 유타주 자이언국립공원 81
미라화 196, 197, 203, 210
미생물 28, 35
미치류 101
민물 거북 154~155
밀랍 183

## ㅂ

바다나무늘보 171
바다달팽이 144, 234
바다성게 화석 7
바다이구아나 23
바다전갈 41, 50~51
바다(해양) 파충류 98~99, 108~109, 116~117, 132~133
바라누스 216
바라누스 프리스쿠스 184~185
바실로사우루스 세토이데스 146~147
박쥐 날개 공룡 86~87
박테리아 30, 31
반수생 동물 67
반향 정위 159, 173
발굴 107
발굽 달린 동물 200, 227
발톱 93, 170, 171, 187, 188, 202, 215
뱀 189~190
버섯 41, 52~53, 230
변이 19, 21
볏 82, 121
보레알로펠타 마크미첼리 104~105
보링(구멍 뚫기) 53
보행

날개로 걷기 125
너클 보행 170
해저에서 걷기 46
보흐라 폴래 232
북섬 자이언트모아 212~213
분석 13, 58, 71
불가사리 51
비행의 진화 87
빅토리아박물관 7, 8, 51, 83, 99, 164
빅토리아주 공룡만 94, 95, 103, 232
빅토리아주 바커스마시 192
빅토리아주 보매리스 164, 231
빅토리아주 쿤와라 유적지 11, 97, 232~233
빅토리아주 포트필립만 7
빅풋 179
뼈
  뼈대의 재구성 76, 149, 177, 218
  뼈의 구조, 성장 및 동물의 형태 66, 94, 102
뼈 화석의 재구성 76, 149, 177, 218
뿔 64, 119, 182

## ㅅ

사우스오스트레일리아박물관 109
사우스오스트레일리아주 나라쿠르테 동굴 190
사우스오스트레일리아주 우무나·쿠버 페디 12
시지 16, 65
산맥 18
산소 31, 68, 161
산호초 19
살아 있는 화석 31, 165

삼엽충 16, 43, 46~47
삼지창삼엽충 49
삽 주둥이 186
상어 162~164, 173
새 15, 84~85, 87, 114~115, 213
  거대 새 168~169, 175~176, 212~213, 223
  공포새 143, 177, 205, 230
  날개 없는 새 129, 138, 212~213, 223
  새의 멸종 212, 223
새로운 종
  격리를 통한 새로운 종의 진화 23, 229
  기술하기 22
  새로운 종 발전의 환경적 요소 189
새를 닮은 공룡 95
새의 깃털 78
생명의 나무 20
생명체 재구성을 위한 컴퓨터 모델화 149
생명체의 크기 32
생물 다양성 219
생체 역학 156
생태계를 만드는 동물 209
샤스타사우루스 108
선캄브리아대 16, 17, 24~35, 230
설치류 206~207
섬에 사는 동물 23, 125, 167, 181, 229
성적 이형 65, 213
세르콥테쿠스 캠벨리 82
세포 27, 29
소닉 붐 89
소셜 네트워크 33
속명 16, 181
수궁류 63

수렴 진화 22, 87, 172
수생 동물 200, 201
수생 식물 90, 207
수소 161
수수께끼 생명체 33
숲 75, 82, 91
숲 인터넷 53
슈퍼 포식자 56
스밀로돈(검치호) 21, 143, 170, 188, 230
스밀로돈 파탈리스 17, 194~195
스크로툼 후마눔 69
스테로포돈 12
스투펜데미스 게오그라피쿠스 154~155, 156
스트로마톨라이트 26~27, 30~32, 43, 81, 230
시모수쿠스 클라키 120
시베리아 데니소바 동굴 235
시베리아유니콘 182
시생 누대 17
식물 20, 32, 41, 43, 91, 171
　꽃 피는 식물 75, 90~91
　동위 원소 기호 161
신기한 벌레 44
신생대 17, 140~223, 230~231
실러캔스 165
씨앗 91

### ㅇ

아가미 54, 55
아노말로카리스 42~43, 45, 230
아니소돈 그란데 170
아르겐타비스 마그니피센스 15, 168~169, 175

아르마딜로 205
아르카이옵테릭스 리토그라피카/시조새 84~85, 139
　깃털 색 85
아르케오인드리스 폰토이논티 218, 222
아르트로플레우라 58, 230
아리스토넥테스 74, 132~133
아마르가사우루스 카자우이 92
아즈다르코 124
악어 77, 111, 143, 155, 156~157
　들창코 악어 120
　죽음의 회전 157
악토두스 시무스 204
악티노펠티스 글로보수스 47, 48
암류권 18
암모나이트 98, 116, 128~129
암보프테릭스 론기브라키움 86~87
암석권 18
압박하는 뱀 190
압토르니스 데포소르 223
앵무조개 49, 233
야생 동물 친화적 정원 219
약켈롭테루스 레나이에 41, 50~51
양서류 77, 100~101
양치류 91
어둠에 적응하기 103, 232
어룡 71, 74, 77, 108~110, 230
어류 11, 54~57, 165, 233
엄니 172, 173, 186, 211
에드워드 드링커 코프 134~135
에디아카라 동물군 32
에레모테리움 171, 202~203
에로망가해 98
에스템메노수쿠스 우랄렌시스 64~65
에오안트로푸스 도소니 136

에콰도르의 땅끄 로마 203
엔텔로돈트 150
엘라스모테리움 182~183, 196
엠마 플래너리
　화석 열병에 걸린 가족 230~235
　화석 탐험 235
여과 섭식자 112, 130
여성 과학자 70~71, 224~225
여우원숭이 218
　나무늘보여우원숭이 217, 222
　코알라여우원숭이 220~221
연실 세관 129
열수 분출공 29
엽식 동물 220
영국 런던 자연사박물관 136, 139
영장류 142, 167
예일대학교 피바디 자연사박물관 203
오도베노케톱스 172~173
오레오피테쿠스 밤볼리 166~167
오르토세리드 나우틸로이드 49
오리너구리 화석 12
오스니얼 찰스 마시 134~135
오스트레일리아 메가파우나 143, 191, 216, 232
오스트레일리아 원주민 드림타임 신화 190
오스트레일리아박물관 12, 144, 153
오쿨루덴타비스 카운그라에 114~115
오토두스 메갈로돈 162~163, 173, 234
오팔화 12
오팔화된 어룡 109
오팔화된 오리너구리 12
오프탈모사우루스 109
완족동물 45
왈리세롭스 트리푸르카투스 41, 47, 49
외골격 47

외발톱 공룡 118
외뿔고래 172
외핵 18
요한 베링거 36
용각류 92
워남비 나라쿠르텐시스 189~190
원생 누대 17
원소 161
웜뱃을 닮은 유대류 175, 193
웨스턴오스트레일리아주 내리어산 81
웨스턴오스트레일리아주 샤크만 30
웨스턴오스트레일리아주 잭힐스 81
유대류 174~175, 187, 191~193, 214~215
유대류 사자 187~188
유인원을 닮은 동물 166, 167
유전자 28, 29
유제류 170, 200~201
육생 동물 152, 200
육식 공룡 69, 74, 82, 83, 96
육식 동물 62, 63, 80, 177, 187~188, 204
육지 무척추농물 58
육지 식물 41
육지 척추동물 67
의사소통 33, 53
이노스트란케비아 알렉산드리 63
이빨 7, 12, 15, 44, 60, 62, 65, 74~75, 98, 110~111, 120, 126, 156, 175, 187
    거대 유인원 178~179
    검치호 194
    상어 162, 163, 164, 231
    설치류 206~207
    앞어금니 188
    이빨을 통한 먹이 확인 80, 161, 192
    톡소돈 201
    향고래 159

이빨 대신 엄니가 달린 고래 172~173
이빨이 있는 고래 146~147, 158~159
이족 보행 102, 122
익룡 71, 74, 75, 77, 112~113, 121, 124~125, 230
익티오사우루스(어룡) 71, 74, 77, 108~110, 230
인간
    고대 예술 작품 183, 209~210, 222
    사냥꾼으로서의 인간 199, 203, 209, 212, 216, 221~223
    인간과 동물의 멸종 212, 216, 221~223
    인간의 진화 136~137, 139, 167, 180~181, 198~199, 231, 235
인도네시아 플로레스섬 180, 181, 235
일반명 16
잃어버린 고리 84, 136
입 42, 44

## ㅈ

자연 선택 21, 228~229
자이언트모아 125, 138, 212~213
잘못된 식별 43
잠복 포식자 21, 156, 184, 188, 189, 194
잡식 동물 65, 86, 122, 151, 204
재활용 219
적응 21, 22, 23, 87, 208, 209
절지동물 42, 46, 50~51
조일라 기가스 145, 234
종 16, 19
    새로운 종 기술하기 22, 138, 139
종 분화 19
종명 16, 181
주 공식 화석 61, 147

주기율표 161
주물 11
주형 11
중생대 17, 72~133, 142
중생대 말의 소행성/혜성 충돌 75, 129, 142
쥐라기 해안 70
지각 18
지각판 18, 103
지구
    가장 오래된 암석 81
    가장 오래된 화석 30, 81
    가장 초기의 생명 27
    기후 변화 142, 146, 161
    눈덩이 지구 34, 40
    대멸종 41, 75
    중생대 말의 소행성/혜성 충돌 142
    지각의 층 18
    진화 20
지구상에서 가장 오래된 암석 81
지구상에서 가장 오래된 화석 30, 81
지느러미 54, 55
지방층 108
지옥 돼지 142, 150~151
지진 103, 227
지질 연대 17
지질학 17, 103
진화 20
    격리를 통한 새로운 종의 진화 23, 229
    다윈의 이론 139, 228~229
    물에서 육지로의 이동 55
    비행의 진화 87
    수렴 진화 22, 87, 172
    시조새의 발견 84
    인간의 진화 136~137, 139, 167,

180~181, 198~199, 231, 235
잃어버린 고리 84, 136
자연 선택을 통한 진화 21, 228
진화와 섬 생명 23, 125, 181, 229
초식 동물에서 육식 동물까지 189
캥거루 216
질소 161
짐 젠슨 99
짧은얼굴곰 204
짧은얼굴캥거루 214~215, 232

194~195
최초의 꽃 화석 90~91
추운 기후 196~198, 208~209
침엽수 91

카르토린쿠스 렌티카르푸스 109
카스토로이데스 오히오엔시스 206~207
칼라미테스 59
칼리코테리움 170
캄브리아기 대폭발 40
캄파닐레 기간테움 144
캉규랍토르 양기 78, 86, 96~97
캠벨모나원숭이 82
캥거루 188, 214~215, 216, 232
케이프 패터슨의 발톱 83
코끼리 186
코모도왕도마뱀 184, 185
코뿔소 149, 182, 183, 210
  털코뿔소 21, 196~197
코스모케라톱스 리차르드소니 119
코알라여우원숭이 220~221
코엘로돈타 안티쿠이타티스 196~197, 231
쿨라수쿠스 클리란디 100~101
퀸즐랜드 열대박물관 99
퀸즐랜드주 다이애맨티나강 77, 107
퀸즐랜드주 라크 채석장 13
크로노사우루스 17, 98~99
크리올로포사우루스 엘리오티 82~83
키노돈트 63
킬리뉴 로스트라타 57

탄소 161
탈라소크누스 171
턱의 기원 57
털매머드 21, 143, 183, 208
  고대 예술 속 묘사 209~210
  멸종 생물 복원 211
  미라화된 아기 매머드 210
  적응 209
  털매머드와 인간 209
털코뿔소 21, 196~197
테라톤 168~169
테리지노사우루스 첼로니포르미스 93, 170
톡소돈 플라텐시스 200~201
톰 리치 박사 8, 51, 77, 99, 101, 107, 164, 192
퇴적암 9, 10
툴리몬스트룸 그레가리움 60~61
트리케라톱스 119
티라노사우루스 렉스 17, 69, 93, 95, 126~127, 157
티미무스 헤르마니 94~95, 232
티타노사우루스 106~107
티타니스 왈레리 17, 177, 205, 230
틱타알릭 로제 16, 41, 54~55
틸라콜레오 카르니펙스 187~188, 191, 193
틸리 에딩거 224~225
팀 플래너리
  공룡 뼈 발견 83, 97
  나무타기캥거루 화석의 이름을 짓다 232
  박물관 자원봉사 8, 35, 97, 99, 192
  캥거루 진화 연구 216
  팀의 이름을 딴 공룡 94~95

찾아보기

244

파푸아뉴기니 화석의 이름을 짓다 174~175

화석 사냥꾼 9

# ㅍ

파라케라테리움 142, 148~149, 187, 230

파라푸조시아 세펜라덴시스 17, 128~129

파충류

바다(해양) 파충류 98~99, 108~109, 116~117, 132~133

하늘을 나는 파충류 71, 74, 112~113, 121

헤엄치는 파충류 74, 98~99, 108~109, 116~117, 132~133

파키케팔로사우루스 와이오밍겐시스 122~123

파타고티탄 마요룸 92, 106~107

파푸아뉴기니 유대류 174~175

판테라 레오 16

판테라 티그리스 16

판피어류 56~57

팔레오프로피테쿠스 잉겐스 217, 222

패총 223

펠라고니스 샌더시 175~176

폐 55

포식자 43, 47, 51, 62~63, 75, 96, 146, 168, 213

포에브로테리움 151

포유류 62, 63, 66, 74~75, 142, 148, 174, 187, 200~201, 230

푸루사우루스 브라질리엔시스 155, 156~157

프랑스의 쇼베 동굴 210

프랙털 구조 33

프로콥토돈 188, 216, 232

프로콥토돈 골리아 191, 214~215

프로토택사이트 41, 52~53, 230

프테로다우스트로 구이나주이 112~113

플라티벨로돈 그란게리 186

플레시오사우루스 71, 74, 75, 132~133

플리오사우루스 12, 98~99

필트다운인 사기 사건 136~137

# ㅎ

하늘을 나는 공룡 78, 86, 96~97

하늘을 나는 새 84~85

하늘을 나는 파충류 71, 74, 112~113, 121, 124~125

하버드대학교 자연사박물관 99

하스트수리 213

하체고프테릭스 탐베마 23, 74, 124~125, 167

학명 16, 159, 181

이름은 무슨 뜻일까? 46, 64, 66, 79, 83, 84, 96, 100, 104, 106, 112, 114, 118, 119, 122, 124, 126, 147, 150, 153, 154, 159, 164, 166, 172, 186, 187, 190, 191, 198, 201, 205

할루시제니아 44, 230

해수면 상승 98

해저(바다 밑바닥) 27, 32, 35, 46, 161, 173

향고래 158~159

헤엄치는 바다나무늘보 171

헤엄치는 파충류 74, 98~99, 108~109, 116~117, 132~133

현생 누대 17

호랑이 16

호모 네안데르탈렌시스 143, 167, 198~199, 231, 235

호모 사피엔스 181

호모 플로레시엔시스 23, 143, 167, 180~181, 231, 235

호박 10, 114, 129

호빗 180

홍학 112, 113

화산/화산 폭발 14~15, 19, 26, 41, 67, 103, 229

화석 232

살아 있는 화석 31

정의 10

주형과 주물 11

체화석 10

화석 산지 18

화석으로 보존된 생명체 14

화학적 조성 160

흔적 화석 13, 35

화석 사냥 6~9, 61, 70~71, 77, 83, 97, 134~135, 164, 188, 231, 232~235

화석 열병 230~235

화석 준비 과정 104, 105, 107

화식 탐징 15, 160

화석의 날 133

화석의 조각 15, 43, 177

화석화 10, 11

화폐석 37

화학적 조성 160

화합물 161

환경의 변화 19, 21, 40

훌리테리움 토마세티 174

흔적 화석 13, 35

히라에투스 무레이 213

힐로시르투스 프린세칼레시 16

# 감사의 말

내가 고생물학자가 되기까지는 너무나 많은 분의 도움이 있었어요. 그분들에게 크나큰 감사를 드립니다. 제 어머니 발 플래너리 여사는 화석에 집착하는 나를 끝없이 인내해 주었습니다. 시리얼을 왕창 사는 것에서부터(시리얼 상자에 작은 플라스틱 공룡이 들어 있었거든요) 어렸을 때 화석 유적지에 태워다 주는 건 물론이고, 내가 가르침을 받고 싶어 하는 과학자들에게도 앞서서 연락해 주었어요. 어머니에게 끝없는 감사를 드립니다. 어렸을 때 라이어널 엘모어 형과 브라이언 크라이튼은 어디에 가면 화석이 있는지 나에게 알려 주었어요. 사촌인 존 롱 박사는 나의 수많은 화석 발굴 탐험에 함께한 동반자였습니다. 톰 박사님과 팻 리치는 나를 보살펴 주며 좋은 고생물학자가 되도록 이끌어 주었습니다. 박사님은 화석을 찾으려면 끈기가 필수라는 것도 가르쳐 주었어요. "실패할 의지가 있어야 해!"라는 말을 입에 달고 다녔지요. 톰 박사님은 진정 오늘의 나를 만드신 분입니다. 박사 과정 지도 교수였던 마이클 아처 교수님은 멸종된 생물을 기술하는 과학 논문을 쓰는 법을 가르쳐 주었고, 시카고의 빌 턴불, 텍사스의 어니 룬델리우스, 뉴욕의 딕 테드포드 같은 해외 동료들은 나의 훌륭한 멘토였습니다. 딸 엠마와 아들 데이비드도 외딴곳으로의 화석 발굴 여행을 함께해 주고, 커 가면서는 우리의 탐험을 성공으로 이끄는 데 주도적인 역할을 해 주었어요. 정말 고맙게 생각합니다. 아내인 케이트 홀든과 이 글을 쓸 당시 겨우 일곱 살이었던 막내아들 콜비에게도 지루할 법한 기나긴 화석 발굴 여행을 잘 참아 주어서 참 고맙게 생각해요.

팀 플래너리

# 감사의 말

무엇보다도 지금까지 살아오면서, 또한 사회생활을 하면서 나의 어머니 폴라 여사의 무조건적인 사랑과 지지에 감사를 드리고 싶습니다. 어머니는 그야말로 최고의 어머니예요. 어머니가 없었다면 지금의 나는 없을 거예요. 나의 파트너인 맥신에게도 한없는 격려와 이해심에 감사를 전합니다. 당신의 열정과 창의성에는 전염성이 있어요. 이렇게 멋진 사람과 삶을 함께할 수 있다니 나는 정말 행운아라고 생각해요. 모든 우여곡절 속에서도 현명한 조언을 해 주고 끈기를 보여 준 비키에게 감사를 표합니다. 너그러운 사랑과 관심을 보여 주었고, 기꺼이 시간을 내주었어요. 그 모든 것들에 감사를 표합니다! 모험에 대한 전염성 있는 열정을 보여 준 오빠 데이비드에게도 감사를 전합니다. 오지의 오토바이 캠핑에서부터 머나먼 지역에서의 현장 작업에 이르기까지 나와 함께하며 내가 능력을 발휘할 수 있도록 도와주었습니다. 우리는 함께 탁 트인 마른 호수에 짐을 펼쳐 놓고 맑은 밤하늘을 올려다보았고, 암석을 찾아 인도의 시골로 떠난 험난한 여행에서도 살아남았습니다. 겨울 중국 북부로의 추운 탐험도 즐겼고요. 우리의 모험은 영원히 내 가슴속에 간직될 거예요. 내 가장 친한 친구 레이철과 클라우디아는 내가 아는 사람 중에 가장 친절하고 정이 많은 사람입니다. 이 세상은 너희 두 사람이 있어서 진정 더 멋진 곳이란다. 하디 그랜트 어린이책 출판사의 모든 직원분들에게, 함께 일할 수 있어서 진정 기뻤습니다. 그리고 마지막으로 나의 아버지 팀. 아버지는 나에게 자연을 경이로운 눈으로 바라보게 해 주었어요. 아버지와 함께 멋지고 흥미진진한 책을 쓸 수 있는 이번 기회가 저에겐 얼마나 소중한지요.

엠마 플래너리

팀 플래너리 박사님과 엠마 플래너리 박사님이 들려주는
사라진 생물 이야기

### 멸종 생물 대탐험

초판 1쇄 인쇄 2023년 6월 16일 | 초판 1쇄 발행 2023년 6월 30일
**글** 팀 플래너리·엠마 플래너리 | **그림** 모드 게슨 | **옮김** 천미나 | **감수** 박시룡
**펴낸이** 방일권 | **편집** 한지연 | **디자인** 강소리 | **홍보관리** 손은영
**펴낸곳** 별숲 | **출판신고** 2010년 6월 17일 | **주소** 경기도 파주시 광인사길 68, 403호
**전화** 031-945-7980 | **팩스** 02-6209-7980 | **전자우편** everlys@naver.com

ISBN 979-11-92370-44-6   76470

- 이 책 내용의 전부 또는 일부를 사용하려면 반드시 저작권자와 별숲 양측의 서면 동의를 받아야 합니다.
- 책값은 뒤표지에 표시되어 있습니다.
- 잘못된 책은 바꾸어 드립니다.
- 별숲 블로그 blog.naver.com/everlys   별숲 인스타 @byeolsoop_insta

Original Title: **Explore Your World: Weirdest Creatures in Time**
Text copyright © 2021 Tim Flannery
Illustrations copyright © 2021 Maude Guesne
Design copyright © 2021 Hardie Grant Children's Publishing
First published in Australia by Hardie Grant Children's Publishing

Korean translation copyright © 2023 Byeolsoop Publishing
Published in the Korean language by arrangement with Hardie Grant Children's Publishing PTY. LTD. through Icarias Agency.

이 책의 한국어판 저작권은 Icarias Agency를 통해 Hardie Grant Children's Publishing PTY. LTD.와 독점 계약한 별숲에 있습니다.
저작권법에 의하여 한국 내에서 보호를 받는 저작물이므로 무단전재와 복제를 금합니다.